WENLIANG
Xiangjie 18 Yimu Gengdi Hongxian

问粮

详解 18 亿亩耕地红线

徐滇庆　贾帅帅　著

北京大学出版社
PEKING UNIVERSITY PRESS

图书在版编目(CIP)数据

问粮:详解18亿亩耕地红线/徐滇庆,贾帅帅著.—北京:北京大学出版社,2014.4
ISBN 978 - 7 - 301 - 24105 - 9

Ⅰ.①问… Ⅱ.①徐… ②贾… Ⅲ.①耕地资源-资源利用-中国 Ⅳ.①F323.211

中国版本图书馆CIP数据核字(2014)第068009号

书　　　名：	问粮——详解18亿亩耕地红线
著作责任者：	徐滇庆　贾帅帅　著
责 任 编 辑：	郝小楠
标 准 书 号：	ISBN 978 - 7 - 301 - 24105 - 9/F · 3927
出 版 发 行：	北京大学出版社
地　　　址：	北京市海淀区成府路205号　100871
网　　　址：	http://www.pup.cn
电 子 信 箱：	em@pup.cn　QQ:552063295
新 浪 微 博：	@北京大学出版社　@北京大学出版社经管图书
电　　　话：	邮购部62752015　发行部62750672　编辑部62752926　出版部62754962
印 　刷　 者：	北京大学印刷厂
经 　销　 者：	新华书店
	730毫米×1020毫米　16开本　20.25印张　281千字
	2014年4月第1版　2014年4月第1次印刷
定　　　价：	45.00元

未经许可,不得以任何方式复制或抄袭本书之部分或全部内容。
版权所有,侵权必究
举报电话:010 - 62752024　电子信箱:fd@pup.pku.edu.cn

PREFACE

序　言

18亿亩耕地红线是一个久盛不衰的热点话题。人们关心耕地红线,实际上就是在关心自己的饭碗。近年来出现了一大批严肃、认真的研究成果,例如,国务院发展研究中心的《中国特色农业现代化道路研究》,天则经济研究所茅于轼等人所著的《耕地保护和粮食安全》,北京工商大学的《中国粮食安全发展报告》等。《财经》杂志2013年第35期发表了"中国粮食安全报告",对耕地红线的研究做了比较全面的综述。尽管如此,在各类媒体上还是不断有人质疑中国的粮食安全,有些人语不惊人死不休,好像中国的粮食危机已经迫在眉睫。特别是在海外,"中国崩溃论"每隔一段时间就发作一次,生态危机、耕地危机几乎是必定要涉及的题目。

从2006年以后,坚守18亿亩耕地红线的口号家喻户晓。2013年年底,发布了第二次全国土地调查的结果,耕地总量从18.2亿亩上升为20.3亿亩。没料到,争论非但没有平息反而更激烈了。有些人质疑统计数据的准确性,有些人甚至猜测是不是房地产商鼓动统计部门修改了数据。

学风浮躁是当今社会的大敌。互联网的出现使得人们很容易表达意见。如果是茶余饭后随便说说,八卦一番倒也无妨,可是谈到严肃的经济问题就不能信口开河了。要尊重知识,敬畏规律。不唯上,不唯书,不逢迎,不跟风。切切不可道听途说,以讹传讹。说话要有根据,推论要有逻辑。有一说一,白是白,黑是黑,毫不含糊。特别是对于那些看似枯燥的经济数据更是来不得半点马虎。在18亿亩耕地红线的问题上尤其要相信科学,相信市场。

北京师范大学国民核算研究院自2011年建立以来,承担了一系列重大经济问题的核算、研究工作。在2013年,我很荣幸能够和国民核算研究院的朋友们一起投入了对18亿亩耕地红线的研究。我们详细核对了各种经济数据,厘定了许多术语的标准定义,拿世界各国的数据进行了横向比较。我们试图做到每一个分析都有根有据,经得起时间的考验。在研究院同事和学生们大量研究的基础上,我们写出了这本书。

毫无疑问,粮食安全,至关重要,万万不能掉以轻心。可是,过犹不及,如果人们对于粮食安全存在着莫名的恐惧,不敢放手调整农业生产结构,那就可能走到另外一个极端去了。千万注意,在历史上出现过许多类似的教训,一个倾向掩盖了另外一个倾向。目前,耕地保护和粮食安全问题尚未展开深入的探讨和争论,人们各持一端,似是而非。好像各方说得都有理,结果,举棋不定,犹豫徘徊,因循守旧,在传统农业结构上打圈圈,走不出新路来。正确的经济政策必然来源于调查研究。需要尽可能全面地掌握信息,去粗取精,去伪存真,由此及彼,由表及里。讨论经济问题一定要进行效益和成本定量分析,寻找最适合国情的发展途径。只有真正了解国际粮食市场的格局以及历史上粮食制裁的机理和始末,才能打破旧观念的束缚,破除对粮食制裁的恐惧,大胆地改革农业生产结构。

在考虑粮食安全的时候,要区分口粮、饲料和工业用粮。粮食安全的核心是口粮安全。人们常常拿粮食自给率说事,实际上,以谷物自给率作为粮食安全的主要指标更好。如果我们对口粮安全有信心,就可以放手大幅度调整农业生产结构,如果进口饲料在经济上合算,宁肯将部分土地休耕也要增加进口。但是务必保持大部分农田性质不变,保持粮食生产结构调整弹性。

我们的结论是乐观的。从过去十年耕地数量变动的态势来看,只要能够唤起民众的危机意识,全民重视保护耕地,中国完全能够保持耕地数量的动态平衡,在土地问题上掌握主动,立于不败之地。

我是张培刚老师"文化大革命"以后带的第一个研究生。1945年他在哈佛大学发表的论文《农业与工业化》早已成为发展经济学的经典。2013年11

月 23 日,我回到母校华中科技大学参加张培刚先生百年诞辰纪念会,得到了一本《张培刚传》。书中引用了张培刚老师的一些重要观点。

张老师认为:"要树立辩证的粮食安全观,我国目前 98%的粮食自给率太高,许多地方应从粮食生产领域中退出来,要退耕还林、退耕还草、退耕还湖,以保护生态环境。还要充分利用国际粮食市场,发展我国具有比较优势的产业和产品。就粮食自给而言,以保证口粮自给,即 95%的自给率为宜。"

张老师指出:"在 20 世纪的最后 20 年,随着中国的改革开放,粮食经济状况逐渐好转,可是粮食浪费现象却变得越来越严重。我国在粮食收割、脱粒、加工、运输、储藏、销售、消费等各个环节上均存在着严重的浪费现象。从深层次分析,其原因在于粮食经营体制不合理而导致的责权不清、管理混乱。中国自从取消粮食统购统销体制以来,对粮食经营时而放、时而收,始终没有改革到位。因此,在新世纪必须进一步深化粮食经营体制改革。粮食经营体制应实行国家宏观控制和微观市场化经营相结合。国家除制定粮食经营的法规、政策和掌握必要的粮食储备以外,微观上应放开经营,由市场调节。要允许民营粮食企业与国有粮食企业同台竞争。同时深化国有粮食企业改革,理清产权关系,明确责任界限,使其真正成为市场经济主体。"

在论述农业对工业化和国民经济的作用及贡献时,张老师认为:"20 世纪末,中国已基本解决了 13 亿人口的温饱问题,这一历史性成就标志着中国粮食经济在 20 世纪的巨大发展。然而,中国的'三农'(农业、农民、农村)问题,包括粮食问题,还远没有得到彻底解决。并且,由于片面强调解决粮食问题而引起生态环境遭到破坏也越来越严重。因此,在 21 世纪我国要继续密切关注粮食问题。但解决粮食问题,仅靠粗放式扩张和简单的行政命令是行不通的,而必须进行制度创新和技术创新。要进一步深化粮食生产制度和粮食经营体制的改革,要加强农业技术的研究和推广,同时要转变传统的粮食安全观,搞好粮食的对外贸易,走'高产、优质、高效、开放'的粮食生产经营之路。"

张培刚老师以耄耋之年,对中国粮食和土地问题有着如此深刻的真知灼见,实在令人钦佩万分。哲人仙去,风范永存。张老师的观点给我很大的启迪,极大地推动了我对中国粮食和土地问题的研究。

在写作这本书的过程中我们得到了许多朋友的帮助。丁声俊教授是研究粮食问题的专家,他不辞辛苦赶到北大来,给我不少帮助和指点。周其仁、卢锋教授在中国农业研究上造诣颇深,每当我有困惑之时,都大大得益于和他们的讨论与切磋。我们衷心地感谢刘国光、吴敬琏、周小川、茅于轼、张曙光、陈锡文、郑玉歆、汤敏、左小蕾、文贯中、李波、姚洋、李玲、李稻葵、霍德明、巴曙松、钟伟等人的支持和帮助。

衷心感谢北京师范大学国民核算研究院和北京大学中国经济研究中心给我提供了无与伦比的学术环境。在这里没有偏见,没有禁忌,每个人都可以发挥自己的专长,勇于探索。非常感谢加拿大西安大略大学休伦学院(Huron College, University of Western Ontario)给我提供了学术假,经济系的同事们分担了我的教学任务,使我能够从2013年元月开始在北京师范大学国民核算研究院做了整整一年的研究。本书中的许多数据、表格都来自我们编纂的《国民核算研究报告》。

无论我走到哪里,关克勤都和我在一起。她是世界上最好的贤内助。我在每本书的序言中都向她致谢,似乎重复次数太多。可是,如果没有她提供的后勤支持和各方面的帮助,想在这么短的时间内完成这本书的写作根本就不可能。

贾帅帅是北京师范大学国民核算研究院的博士生。2013年大年初三,当我回到国民核算研究院的时候他依然在办公室看书。他学习努力,工作勤奋,凡是交给他的科研任务,总能够以最快的速度完成。本书中的大部分数据处理和回归分析都是他完成的。在研究中他时常有些新的想法,只要坚持下去,敢于探索,勤于思考,今后在经济学研究领域中大有可为。

我和北京大学出版社合作多次,非常愉快。非常钦佩他们的高效率和严谨的工作态度。非常感谢林君秀和郝小楠对本书编辑做出的贡献。

我以前很少涉猎农业经济,学识浅薄。在本书中我直率地谈出自己的一些观点,但心里知道,难免有许多错误的地方,衷心地欢迎各位朋友不吝指教。

徐滇庆

2014年1月3日

CONTENTS

目　录

序言　/ 1

第 1 章　18 亿亩耕地红线和第二次土地调查　/ 1

  1.1　能守得住 18 亿亩耕地红线吗？　/ 1

  1.2　一石激起千层浪　/ 4

  1.3　第二次土地调查的目标和技术　/ 6

  1.4　土地调查的难言之隐　/ 9

第 2 章　中国耕地数量的变迁　/ 15

  2.1　中国的土地资源和"胡焕庸线"　/ 15

  2.2　耕地数量变迁的四个阶段　/ 16

  2.3　新中国成立初期的开荒高潮　/ 22

  2.4　大饥荒后的逆转　/ 23

  2.5　布朗冲击　/ 25

  2.6　1996 年耕地数量的剧变　/ 30

  2.7　耕地统计的难点　/ 31

2.8　不妨把耕地数量当作一个"黑盒子"　/ 33

第3章　中国是否缺粮　/ 35

3.1　中国粮食连续十年增产　/ 35
3.2　中国粮价稳定　/ 37
3.3　恩格尔系数不断下降　/ 39
3.4　中国粮食库存充足　/ 41
3.5　生物燃料生产大国　/ 43

第4章　耕地增减的原因剖析　/ 46

4.1　耕地总量增减的主要原因　/ 46
4.2　农业结构调整　/ 48
4.3　耕地复垦、整理和开发大有可为　/ 49
4.4　开发耕地的潜在空间　/ 55
4.5　阶段性的退耕还林　/ 57
4.6　耕地数量增减平衡表　/ 59

第5章　节约使用建设用地　/ 63

5.1　耕地红线和基本建设用地的矛盾　/ 63
5.2　审批建设用地的分类　/ 64
5.3　基本建设占用的耕地　/ 65
5.4　单独选址建设用地　/ 67
5.5　城镇村建设用地　/ 69

5.6　住宅用地中廉租房比例太低　/ 72

5.7　低效率的城镇面积扩张　/ 74

5.8　拔苗助长,大建新城和开发区　/ 76

5.9　工矿仓储用地中的效率问题　/ 78

第6章　粮食单产上升减轻耕地压力　/ 93

6.1　播种面积的结构发生巨变　/ 93

6.2　单产上升,播种面积下降　/ 100

6.3　单产上升减轻了耕地压力　/ 101

第7章　宅基地与耕地　/ 102

7.1　农村居民点用地粗放　/ 102

7.2　农村宅基地的定义和数量　/ 103

7.3　农村居民点和城镇容积率　/ 108

7.4　城乡土地利用效率比较　/ 110

7.5　农民工市民化可能释放出来的宅基地　/ 113

第8章　粮食的品种和用途　/ 115

8.1　粮食的定义和分类　/ 115

8.2　稻谷供需和用途　/ 118

8.3　小麦供需和用途　/ 120

8.4　玉米供需和用途　/ 122

8.5　大豆供需和用途　/ 125

8.6　各种粮食作物库存　/126

8.7　各种粮食用途的构成　/128

第9章　粮食、谷物和口粮自给率　/131

9.1　粮食自给率的定义　/131

9.2　大米、小麦、玉米和大豆的自给率　/132

9.3　谷物的自给率　/136

9.4　狭义和广义的粮食自给率　/138

9.5　口粮自给率　/141

9.6　饲料、工业用粮与粮食安全　/142

9.7　各国的粮食自给率　/144

第10章　进口大豆引起的争论　/146

10.1　进口大豆与帝国主义阴谋论　/146

10.2　饲料需求推动大豆进口　/151

10.3　世界上主要的大豆生产国　/154

10.4　国际市场上的大豆进口国　/158

10.5　国际市场上的大豆出口国　/161

10.6　大豆贸易的市场机制　/166

10.7　农民种田的决策原则　/169

10.8　大豆单产最低　/170

10.9　种大豆每亩利润最低　/173

10.10　种大豆用工最少　/181

10.11　进口大豆，出口大虾　/184

10.12　大豆贸易的多赢格局　/188

第 11 章　全球粮食生产潜能和国际粮价波动　/192

11.1　全球粮食生产稳步上升　/192

11.2　世界各国的国土和耕地面积　/194

11.3　各国粮食单产　/201

11.4　各国粮食生产的潜力　/202

11.5　国际粮价暴涨的教训　/205

11.6　国际粮价在 2007 年暴涨的原因　/208

11.7　供求边际调整和粮价波动　/209

11.8　国际粮食市场的主要参与方　/213

11.9　国际粮价上涨赖得着中国吗　/221

第 12 章　荒诞的粮食制裁　/223

12.1　经济制裁的目标和手段　/223

12.2　经济制裁的代价　/225

12.3　经济制裁的六条戒律　/226

12.4　历史上荒诞的粮食制裁　/232

12.5　粮食制裁的焦点是口粮　/236

12.6　中国遭遇粮食制裁的概率　/238

第13章 进口粮食,调整农业生产结构 /243

13.1 确保口粮绝对安全 /243
13.2 播种面积的优化配置 /244
13.3 永久基本农田的数量 /246
13.4 主动调整农业生产结构 /249
13.5 相对价格决定是否进口 /251
13.6 大豆进口是一个成功的案例 /253
13.7 农业生产结构调整方案模拟 /255

第14章 粮食仓储系统改革 /258

14.1 被忽视的粮食损耗 /258
14.2 他山之石,可以攻玉 /261
14.3 粮食储运改革要有魄力,要有新思路 /265
14.4 储粮改革是一个系统工程 /266
14.5 粮仓的产权与管理 /269
14.6 农民具有超凡的创造力 /270
14.7 粮食储运系统改革势在必行 /273
14.8 减少仓储损耗等于增加耕地 /274

第15章 城镇化和住房需求 /276

15.1 城镇住房总面积和人均住房面积 /276
15.2 人均住房面积的远期目标 /282
15.3 中国城镇化速度 /283

15.4 城镇化推高住房需求 /288

15.5 居民住宅的供给能力 /290

15.6 居民住房对土地的需求 /292

第16章 保护耕地,警钟长鸣 /296

16.1 耕地总量的动态平衡 /296

16.2 抑制土地财政的冲动 /300

16.3 耕地质量不容忽视 /301

16.4 因地制宜,群策群力,保护耕地资源 /301

16.5 建立保护耕地的长效机制 /303

参考文献 /306

第1章

18亿亩耕地红线和第二次土地调查

1.1 能守得住18亿亩耕地红线吗？

保护土地资源，人人有责。

近年来，在中央各部门三令五申下，坚守18亿亩耕地红线的口号，家喻户晓。

2004年，国土资源部颁布《关于深化改革严格土地管理的决定》（国发[2004]28号），其中第十六条规定，要实行强化节约和集约用地政策，把节约用地放在首位，重点在盘活存量上下功夫。

2006年3月，十届人大四次会议通过了《中华人民共和国国民经济和社会发展第十一个五年规划纲要》。"十一五"规划纲要提到了将耕地保有量保持1.2亿公顷（注：等于18亿亩）作为约束性指标，具有法律效力，纳入各地区、各部门经济社会发展综合评价和绩效考核。

2006年3月11日，十届人大四次会议记者招待会上，国土资源部副部长李元提到保有18亿亩耕地是约束性的指标，坚决不允许突破。

2007年3月，温家宝总理在十届全国人大五次会议上作政府工作报告时指出："在土地问题上，我们绝不能犯不可改正的历史性错误，遗祸子孙后代。一定要守住全国耕地不少于18亿亩这条红线。坚决实行最严格的土地管理制度。"

问　粮——详解18亿亩耕地红线

2007年，国土资源部部长徐绍史在回答《半月谈》记者采访时提到"十八亿亩耕地红线是高压线，谁都不能碰"，"要打一场保护18亿亩耕地持久战"。

2007年全国"两会"期间，政协委员、国土资源部咨询研究中心主任陈洲其指出18亿亩这个数字是经过有关部门科学测算过的。考虑到我国的人均消耗粮食量、耕地质量，以及平均亩产等要素，18亿亩是一个底线，要保障粮食安全绝不能突破。

2008年，国务院出台了《关于促进节约集约用地的通知》，要求按照节约集约用地原则，审查调整各类相关规划和用地标准；充分利用现有建设用地，大力提高建设用地利用效率。随后，十七届三中全会指出要坚持"最严格的节约用地制度"。在"十二五"规划中还专门列出"单位国内生产总值建设用地面积降低30%"的阶段性目标。节约集约用地已经成为国家基本战略。此后，在报刊、文件上频频见到"坚守18亿亩耕地红线"的口号。

2013年12月3日，中共中央政治局召开会议，分析研究2014年经济工作，听取第二次全国土地调查情况汇报。会议强调："要毫不动摇坚持最严格的耕地保护制度和节约用地制度。我国人多地少的基本国情没有改变，粗放利用土地现象依然突出，土地管理形势依然严峻。必须站在历史和全局高度，坚持实行最严格的耕地保护制度，坚决守住耕地保护红线和粮食安全底线，确保实有耕地数量基本稳定。必须坚定不移推进节约集约用地，优化土地利用结构，提高土地利用效率。要充分认识土地管理制度改革事关我国经济社会发展全局，积极稳妥推进土地管理制度改革，在全面考虑土地问题复杂性的基础上，进行周密周全的制度和政策设计，统筹谋划好土地管理制度改革。当前，要夯实土地权能这一基础，完善征地制度这一关键。"

2013年12月12日至13日在北京举行了中央城镇化工作会议。会议指出："提高城镇建设用地利用效率。要按照严守底线、调整结构、深化改革的思路，严控增量，盘活存量，优化结构，提升效率，切实提高城镇建设用地集约化程度。耕地红线一定要守住，红线包括数量，也包括质量。按照促进生产空间集约高效、生活空间宜居适度、生态空间山清水秀的总体要求，形成生产、生活、生态空间的合理结构。减少工业用地，适当增加生活用地特别是居住用地,切实保护耕地、园地、菜地等农业空间,划定生态红线。按照守住底线、试点先行的原则稳步推进土地制度改革。"①

2013年12月23日至24日在北京举行了中央农村工作会议,全面分析了"三农"工作面临的形势和任务。会议指出:"我们的饭碗应该主要装中国粮,一个国家只有立足粮食基本自给才能掌握粮食安全主动权,进而才能掌控经济社会发展这个大局。要进一步明确粮食安全的工作重点。合理配置资源,集中力量首先把最基本最重要的保住,确保谷物基本自给、口粮绝对安全。耕地红线要严防死守,18亿亩耕地红线仍然必须坚守,同时现有耕地面积必须保持基本稳定。"②

2014年"一号文件"指出:"抓紧构建新形势下的国家粮食安全战略。把饭碗牢牢端在自己手上,是治国理政必须长期坚持的基本方针。综合考虑国内资源环境条件、粮食供求格局和国际贸易环境变化,实施以我为主、立足国内、确保产能、适度进口、科技支撑的国家粮食安全战略。任何时候都不能放松国内粮食生产,严守耕地保护红线,划定永久基本农田,不断提升农业综合生产能力,确保谷物基本自给、口粮绝对安全。"

话虽这么说,可是人们心里还是没有底。官方正式发布的统计数据显示,耕地数量从1994年的19.51亿亩逐年下降,到2013年耕地总量只有18.2亿亩,离18亿亩耕地红线只剩下0.2亿亩。耕地面积会不会按照惯性继续下滑?

众所周知,随着城镇化、工业化、现代化进程,大批农民进城,城镇居民需要不断地改善住房条件,工矿企业和仓储用地在不断增加,修建高速公路、高速铁路、机场等基础设施也需要土地。无论上级怎么说,各地依然在轰轰烈烈地大兴土木,建工厂,修机场,修高速公路,数不清的高楼大厦拔地而起,难道不要占用耕地吗?城镇化是历史发展的必然趋势,占用耕地的事情时时发生,今后还将继续发生,不可能完全禁止。有人说,只要继续推进城镇化,迟早要突破18亿亩耕地红线。到了那个时候,"一定要守住18亿亩耕地红线"岂不

---

① 参见《人民网》,2013年12月14日。
② 参见《人民日报》,2013年12月25日。

成了一句空话？如果突破了18亿亩耕地红线，该追究谁的责任，找谁算账去？

毋庸置疑，中国人必须生产足够的粮食养活自己，世界上没有任何国家有能力养活中国的13亿人口。说18亿亩耕地红线，实际上是在关注粮食安全问题。坚守18亿亩耕地红线的潜台词是：倘若基本建设用地继续侵占农田，有可能导致粮食危机。万一粮食不够吃了，谁来养活中国13亿人？

世界上怕就怕"认真"二字。18亿亩耕地红线事关大局，我们必须端正学风，仔细核算，搞清家底，才能客观地研究对策：

第一，到底我们有多少耕地？

第二，每年有多少耕地被占用，灾害毁损多少？

第三，究竟需要多少耕地才能保障中国的粮食安全？今后，有没有足够的土地来兴建各类基础建设项目和居民住房？有没有必要强制叫停各项建设工程？

第四，每年有多少新开垦的耕地，能不能通过粮食生产的结构性调整增加耕地数量，能不能通过国际合作，进一步保护我们的土地资源？

毫无疑问，只有深入、详细地定量探讨我国土地的真实状况，认真严肃，下苦功夫，踏踏实实地把账算清楚，才能为制定宏观政策提供可靠的依据。

1.2 一石激起千层浪

为了摸清家底，2007年7月1日，全面启动了规模空前的第二次全国土地调查。历时三年，耗资百亿元，终于在2009年年底完成了一份普查报告，统一时点为2009年10月31日。这份土地调查报告已经在2010年3月上报国务院，却迟迟未能公布于众。许多学者议论纷纷，猜测其中的奥妙。按照惯例，国土资源部会在每年的《中国国土资源公报》中公布耕地保有量数据。可是，从2009年到2012年，连续4年，在《中国国土资源公报》上找不到耕地总数。显然，对于第二次土地调查得到的数据存在着不小的争议。起码，国土资源部对这次普查的数字心中没底。

2013年12月30日，第二次全国土地调查主要数据成果终于公布了。调查显示,截止到2009年年底,全国耕地203 077万亩,比基于第一次调查逐年变更到2009年的耕地数据多出20 380万亩。①

一石激起千层浪。听到这个消息之后,各界反应不一。

许多人疑惑重重。按照原有的统计数据,全国耕地数量从1998年的19.4亿亩下降到2009年的18.26亿亩,在十年内耕地数量下降了1.14亿亩。国土资源部在2012年年底发布的《2011年度全国土地变更调查数据》指出,截至2011年12月31日,全国耕地保有量为18.2476亿亩。耕地数量下降速度有所减缓,但是依然处于下降态势。可是,第二次土地调查给出的信息恰恰相反,全国耕地总量非但没有减少反而增加了2亿多亩。这是怎么回事?

有人解释说,2006年以前要征收农业税,所以农民倾向于少报耕地,以减少公粮征购的压力。在取消农业税之后,国家给耕地发放补贴,为了得到更多的粮食种植补贴,农民必然倾向于多报耕地数量。② 假若这种说法是正确的,那么耕地数量岂不成了根橡皮筋,一拉就长,一缩就短。耕地数量究竟有多大的水分?

有些人,特别是房地产开发商们欢欣鼓舞,既然比18亿亩土地红线多出来2亿多亩,每年用于住宅建设的土地仅需要200多万亩,今后尽可高枕无忧。他们希望政府放宽土地政策,多批一些土地,多盖些房子。

按照《全国土地利用总体规划纲要(2006—2020年)》的要求,我国耕地保有量到2010年和2020年要分别保持在18.18亿亩和18.05亿亩。如果耕地数量不断下降,才有必要坚守18亿亩耕地,如果耕地数量在持续增加,坚守"土地红线"还有什么意义?

许多人颇为不解,耕地是民生之本、发展之基,国家最重要的资产之一。耕地的数量有关国家经济安全、粮食安全、生态安全。前后两组数据,相差如此之远,到底哪个是正确的?原指望第二次土地调查数据的公布会让人们对

---

① 资料来源:《21世纪经济报道》,2013年12月6日。
② 例如,中国人民大学农业与农村发展学院副院长郑风田认为,在第二次土地调查中多出来的2亿亩,一部分来自各地土地的整理复垦,另一部分可能是统计水分。他认为,第一次土地调查时,还在征收农业税,各地尽量少报;而第二次调查则是国家给予种粮补贴,所以各地都尽量多报。

耕地数量心中有底,没料到,这池水似乎被搅得更浑了。

1.3　第二次土地调查的目标和技术

如何理解第二次土地调查给出的信息？有必要了解一下第二次土地调查的任务和技术手段。

第二次全国土地调查包括农村土地调查和城镇土地调查。

农村土地调查以县区为基本单位,主要根据1∶1万比例尺正射影像图,实地调查城镇以外的每块耕地、园地、草地、林地、农村居民点的地类、位置、范围、面积、分布和利用现状;查清农村集体土地所有权和公路、铁路、河流以及农、林、牧、渔场(含部队、劳改农场及使用的土地)等国有土地的使用权状况;将基本农田保护地块(区块)落实到土地利用现状图上,并登记上证、造册,建立土地利用数据库和地籍信息系统,实现调查信息的互联共享;在调查的基础上,建立土地资源变化信息的统计、监测与快速更新机制。

城镇土地调查主要确定城镇内部每宗土地的界址、范围、界线、数量、用途等,掌握工业用地、基础设施用地、金融商业服务用地、房地产用地、开发园区等土地利用和使用权等状况。

第二次土地调查采用了许多先进技术,例如,航天航空遥感、地理信息系统、全球卫星定位和数据库及网络通信等。在调查中,采用航空、航天遥感技术手段获取客观现势的地面影像作为调查的主要信息源。采用多平台、多波段、多信息源的遥感影像,包括航空、航天获取的光学及雷达数据,以实现对全国各类地形及气候条件下现势性遥感影像的全覆盖。采用基于DEM和GPS控制点的微分纠正技术,提高影像的正射纠正几何精度。采用星历参数和物理成像模型相结合的卫星影像定位技术和基于差分GPS/IMU的航空摄影技术,实现对无控制点或稀少控制点地区的影像纠正。

在GPS等技术帮助下,主要以1∶10 000比例尺的正射影像图作为调查基础底图,实地对每一块土地的地类、权属等情况进行外业调查。以外业调绘图件为基础,采用成熟的目视解译与计算机自动识别相结合的信息提取技术,对每一地块的形状、范围、位置进行数字化,准确获取每一块土地的界线、范围、面积等土地利用信息。

城镇土地调查以1∶500比例尺为主,充分运用全球定位系统、全站仪等现代化测量手段,开展大比例尺权属调查及地籍测量,确定每宗土地的位置、界址、权属等信息。地籍调查尽可能采用解析法。

采用内外业相结合的调查方法,形成集信息获取、处理、存储、传输、分析和应用服务为一体的土地调查技术流程,获取全国每一块土地的类型、面积、权属和分布信息,建立连通的"国家—省—市—县"四级土地调查数据库。系统整理外业调查记录,并以县区为单位,按照国家统一的土地利用数据库标准和技术规范,逐图斑录入调查记录,并对土地利用图斑的图形数据和图斑属性的表单数据进行属性联结,形成集图形、影像、属性、文档为一体的土地利用数据库。

以地理信息系统为图形平台,以大型的关系型数据库为后台管理数据库,存储各类土地调查成果数据,实现对土地利用的图形、属性、栅格影像空间数据及其他非空间数据的一体化管理,借助网络技术,采用集中式与分布式相结合方式,有效存储与管理调查数据。考虑到土地变更调查需求,采用多时序空间数据管理技术,实现对土地利用数据的历史回溯。另外,由于土地调查成果包括了土地利用现状数据、遥感影像数据、权属调查数据以及土地动态变化数据等,数据量庞大,记录繁多,采用数据库优化技术,提高数据查询、统计、分析的运行效率。[①]

毫无疑问,第二次土地调查采用的先进技术大大提高了我国土地调查的技术水平,翻开了土地调查工作新的一页,具有非常重要的理论和实践意义。

采用航空、航天遥感技术手段不仅可以准确地了解地块的位置、面积、形状等地理要素,还能判断地块是否属于耕地。在一般情况下,在收获季节耕地地表的承载物必然急剧减少,导致红外遥感图像的颜色发生骤变。如果再辅助以地表人工识别,基本上可以区分耕地与非耕地。

---

① 资料来源于国务院土地调查办公室的有关文件。

采用先进技术可以挤出以往土地调查时掺杂进来的水分。如果要求农民申报耕地数量，很难避免国家财税政策的影响。在征收土地税、农业税的情况下，某些农民会少报耕地数量，在发放耕地补贴的情况下会多报耕地数量。如果以航拍图片作为土地调查的基础，与农民的财税负担和补贴脱钩，得到的数据具有较高的可信性。

航拍或卫星遥感图像资料有一个很大的弱点：能够区分国界，却很难识别省界、县界、乡界。显然，如果耕地数量不能落实到行政单位和生产者，得到的数据就缺乏政策意义。为此，第二次土地调查动用了数十万人在全国各省市以 1∶10 000 比例尺的正射影像图作为调查基础底图，实地对每一块土地的地类、权属等情况进行外业调查，确认每块耕地的归属。这是一项很了不起的工程。在建立数据库之后，自然可以清晰地识别省界、县界和乡界。今后只要在原有数据库的基础上适度调整就可以追踪耕地的变化情况。

采用红外遥感技术能够根据收获季节地面承载物的变化情况识别耕地与非耕地。可是，很难区分果园和林地。果园属于耕地。近年来，由于种植果园的经济效益远高于大田作物，因此农民将大量耕地改为果园或茶园，水果产量迅速增加。在卫星遥感图片上无法识别采摘苹果前后的变化，很容易把果园当作林地。东北农民种植人参，要好几年才收获一次。在卫星图片上也许会将人参地误认为草地。只有派出调查人员，实地考察才能确认这些地块是否属于耕地。

遥感图像最大的局限性是很难区分耕地和农民家庭的"菜园"。事实上农民的宅基地中有很大的一部分用来种菜、种粮和种植各种农作物。而这些"宅基地"从来就没有被纳入"耕地"的统计数据。没有农民和农村基层干部的配合，根本不可能真正弄清楚有多少土地没有被纳入耕地统计数据。遥感图像不涉及地块的使用权归属，只要是耕地就统计在内。显而易见，在遥感图像技术基础上调查出来的耕地面积要大于以往的统计数据。毋庸置疑，采用先进的遥感技术得到的耕地数量要比走乡串户、问卷调查的结果更贴近真实。

1.4 土地调查的难言之隐

第二次土地调查运用了先进的技术,动用了大量的人力、物力,在全国范围内轰轰烈烈地干了三年多,在 2009 年就已经基本完成了土地调查,为什么土地调查数据直到 2013 年年底才与公众见面?其中确实有难言之隐。

在过去几年里一直在强调要坚守 18 亿亩耕地红线。多年来的统计数据告诉我们,耕地数量在逐年下降。人们看到城镇化高速进展,各地大兴土木,大量住宅和工业开发区拔地而起,修建了许多机场、高速公路和铁路。在大家的眼皮子底下许多耕地被转换成城镇和厂区。人们从身边观察到的现象出发对耕地数量下降这一点深信不疑。人们不禁担忧如此发展下去还有没有足够的耕地,还能不能保证中国人的粮食安全?这样的担忧合情合理,并且被历年的统计数据所证实。于是,坚守 18 亿亩耕地的说法很容易被广大民众所接受。

据《21 世纪经济报道》记者报道,"二调"刚结束之初,统计出来的耕地保有量和城乡建设用地面积的数据都和有关部门的预期不符。以耕地保有量为例,据其了解,二调数据显示可能超过 20 亿亩。而根据国土资源部统计,2005 年,耕地保有量为 18.3 亿亩,相比 1998 年的 19.4 亩下降了 1.14 亿亩。正是由于耕地总量在不断减少,为了确保粮食安全,才提出确保全国耕地 18 亿亩红线的政策底线。可是,按照普查结果,从 2005 年到 2010 年,耕地面积没有减少,反而有所增加。耕地保有量如果确实多出 2 亿亩,将为下一步大规模使用耕地指标提供了可能,国土部在用地管制上,可能将有所放松。有人乐观地认为"如果远大于 18 亿亩耕地数量,那么用地管控会相应放松;与此同时,供地量可能会加大,地价也会相对较为便宜,反之,则是收紧供地量等"。耕地的确切数量决定着未来土地政策,事关重大。也正因如此,为确保数据的真实性,国土部亦要求对各地上报的数据进行核查,并对重点省份进行了质询。

如果突然告诉民众,耕地不仅没有减少反而从 18.2 亿亩大幅度增加到 20.3 亿亩,也许会造成民众认识上的混乱。增加的耕地是从哪里来的?难道过去的统计数字是错的？如果过去这么多年的数字一直是错的,我们还能相信谁的统计？由此推出了下一个问题,在第二次土地调查数据公布之后还要不要严格控制土地政策,还要不要坚守18亿亩耕地红线？

为之,我们有必要认真地回顾、分析中国耕地变化的历史数据,从理论上动态剖析耕地总量增减,只有这样才能为制定长期的土地政策理清思路。

附录1：

关于第二次全国土地调查主要数据成果的公报(部分)

(2013年12月30日)

国土资源部

国家统计局

国务院第二次全国土地调查领导小组办公室

根据国务院决定,自2007年7月1日起,开展第二次全国土地调查(以下简称二次调查),并以2009年12月31日为标准时点汇总二次调查数据。二次调查首次采用统一的土地利用分类国家标准,首次采用政府统一组织、地方实地调查、国家掌控质量的组织模式,首次采用覆盖全国遥感影像的调查底图,实现了图、数、实地一致。全面查清了全国土地利用状况,掌握了各类土地资源家底。现将主要数据成果公布如下：

一、全国主要地类数据

耕地:13 538.5万公顷(203 077万亩)

其中,有564.9万公顷(8 474万亩)耕地位于东北、西北地区的林区、草原以及河流湖泊最高洪水位控制线范围内,还有431.4万公顷(6 471万亩)耕地位于25度以上陡坡。上述耕地中,有相当部分需要根据国家退耕还林、还草、还湿和耕地休养生息的总体安排作逐步调整。全国基本农田10 405.3万公顷(156 080万亩)。

园地：1 481.2 万公顷（22 218 万亩）

林地：25 395.0 万公顷（380 925 万亩）

草地：28 731.4 万公顷（430 970 万亩）

城镇村及工矿用地：2 873.9 万公顷（43 109 万亩）

交通运输用地：794.2 万公顷（11 913 万亩）

水域及水利设施用地：4 269.0 万公顷（64 036 万亩）

另外为其他土地。

二、全国耕地分布与质量状况

（一）耕地分布

全国耕地按地区划分，东部地区耕地 2 629.7 万公顷（39 446 万亩），占 19.4%；中部地区耕地 3 071.5 万公顷（46 072 万亩），占 22.7%；西部地区耕地 5 043.5 万公顷（75 652 万亩），占 37.3%；东北地区耕地 2 793.8 万公顷（41 907 万亩），占 20.6%。

（二）耕地质量

全国耕地按坡度划分，2 度以下耕地 7 735.6 万公顷（116 034 万亩），占 57.1%；2—6 度耕地 2 161.2 万公顷（32 418 万亩），占 15.9%；6—15 度耕地 2 026.5 万公顷（30 397 万亩），占 15.0%；15—25 度耕地 1 065.6 万公顷（15 984 万亩），占 7.9%；25 度以上的耕地（含陡坡耕地和梯田）549.6 万公顷（8 244 万亩），占 4.1%，主要分布在西部地区。

全国耕地中，有灌溉设施的耕地 6 107.6 万公顷（91 614 万亩），比重为 45.1%，无灌溉设施的耕地 7 430.9 万公顷（111 463 万亩），比重为 54.9%。分地区看，东部和中部地区有灌溉设施耕地比重大，西部和东北地区的无灌溉设施耕地比重大。

三、坚持实行最严格的耕地保护制度和节约用地制度，坚决守住耕地保护红线和粮食安全底线，确保我国实有耕地数量基本稳定

二次调查数据显示，2009 年全国耕地 13 538.5 万公顷（203 077 万亩），比

基于一次调查逐年变更到 2009 年的耕地数据多出 1 358.7 万公顷(20 380 万亩),主要是由于调查标准、技术方法的改进和农村税费政策调整等因素影响,使二次调查的数据更加全面、客观、准确。

从耕地总量和区位看,全国有 996.3 万公顷(14 945 万亩)耕地位于东北、西北地区的林区、草原以及河流湖泊最高洪水位控制线范围内和 25 度以上陡坡,其中,相当部分需要根据国家退耕还林、还草、还湿和耕地休养生息的总体安排作逐步调整;有相当数量耕地受到中、重度污染,大多不宜耕种;还有一定数量的耕地因开矿塌陷造成地表土层破坏、因地下水超采,已影响正常耕种。

从人均耕地看,全国人均耕地 0.101 公顷(1.52 亩),较 1996 年一次调查时的人均耕地 0.106 公顷(1.59 亩)有所下降,不到世界人均水平的一半。

综合考虑现有耕地数量、质量和人口增长、发展用地需求等因素,我国耕地保护形势仍十分严峻。人均耕地少、耕地质量总体不高、耕地后备资源不足的基本国情没有改变。同时,建设用地增加虽与经济社会发展要求相适应,但许多地方建设用地格局失衡、利用粗放、效率不高,建设用地供需矛盾仍很突出。土地利用变化反映出的生态环境问题也很严峻。因此,必须毫不动摇地坚持最严格的耕地保护制度和节约用地制度,在严格控制增量土地的同时,进一步加大盘活存量土地的力度,大力推进生态文明建设。

附录 2:

第二次土地调查的技术路线

围绕第二次土地调查总体目标和主要任务,农村土地调查按照土地调查技术规程,充分利用现有土地调查成果,采用无争议的权属资料,运用航天航空遥感、地理信息系统、全球卫星定位和数据库及网络通信等技术,采用内外业相结合的调查方法,形成集信息获取、处理、存储、传输、分析和应用服务为一体的土地调查技术流程,获取全国每一块土地的类型、面积、权属和分布信息,建立连通的"国家—省—市—县"四级土地调查数据库。

城镇土地调查,严格按照全国城镇土地调查的有关标准,开展地籍权属调查和地籍测绘工作,现场确定权属界线,实地测量界址和坐标,计算机自动量算土地面积,并以调查信息为基础,建立城镇地籍信息系统。

第二次土地调查的技术方法

1. 以航空、航天遥感影像为主要信息源

农村土地调查将以1:1万比例尺为主,充分应用航空、航天遥感技术手段,及时获取客观现势的地面影像作为调查的主要信息源。采用多平台、多波段、多信息源的遥感影像,包括航空、航天获取的光学及雷达数据,以实现在较短时间内对全国各类地形及气候条件下现势性遥感影像的全覆盖;采用基于DEM和GPS控制点的微分纠正技术,提高影像的正射纠正几何精度;采用星历参数和物理成像模型相结合的卫星影像定位技术和基于差分GPS/IMU的航空摄影技术,实现对无控制点或稀少控制点地区的影像纠正。

2. 基于内外业相结合的调查方法

农村土地调查以1:1万主比例尺,以正射影像图作为调查基础底图,充分利用现有资料,在GPS等技术手段引导下,实地对每一块土地的地类、权属等情况进行外业调查,并详细记录,绘制相应图件,填写外业调查记录表,确保每一地块的地类、权属等现状信息详细、准确、可靠。以外业调绘图件为基础,采用成熟的目视解译与计算机自动识别相结合的信息提取技术,对每一地块的形状、范围、位置进行数字化,准确获取每一块土地的界线、范围、面积等土地利用信息。

城镇土地调查以1:500比例尺为主,充分运用全球定位系统、全站仪等现代化测量手段,开展大比例尺权属调查及地籍测量,准确确定每宗土地的位置、界址、权属等信息。地籍调查尽可能采用解析法。

3. 基于统一标准的土地利用数据库建设方法

系统整理外业调查记录,并以县区为单位,按照国家统一的土地利用数据库标准和技术规范,逐图斑录入调查记录,并对土地利用图斑的图形数据和图斑属性的表单数据进行属性联结,形成集图形、影像、属性、文档为一体的土地利用数据库。

以地理信息系统为图形平台,以大型的关系型数据库为后台管理数据库,存储各类土地调查成果数据,实现对土地利用的图形、属性、栅格影像空间数据及其他非空间数据的一体化管理,借助网络技术,采用集中式与分布式相结合方式,有效存储与管理调查数据。考虑到土地变更调查需求,采用多时序空间数据管理技术,实现对土地利用数据的历史回溯。另外,由于土地调查成果包括了土地利用现状数据、遥感影像数据、权属调查数据以及土地动态变化数据等,数据量庞大,记录繁多,采用数据库优化技术,提高数据查询、统计、分析的运行效率。

4. 基于网络的信息共享及社会化服务技术方法

借助现有的国土资源信息网络框架,采用现代网络技术,建立先进、高速、大容量的全国土地利用信息管理、更新的网络体系,按照"国家—省—市—县"四级结构分级实施,实现各级互联和数据的及时交换与传输,为国土资源日常管理提供信息支撑。同时,借助现有的信息网络及服务系统,依托国家自然资源和空间地理基础数据库信息平台,实现与各行业的信息共享与数据交换,为各相关部门和社会提供土地基础信息和应用服务。

第 2 章

中国耕地数量的变迁

2.1 中国的土地资源和"胡焕庸线"

中国国土面积有960万平方公里,其中65%是山地和丘陵,33%是干旱地区和荒漠区,70%的面积很容易遭受天灾。适宜居住的国土面积只有182万平方公里,约为总面积的19%。[①]

中国人口分布极不均匀。1935年,地理学家胡焕庸在地图上画了一条线,从黑龙江的黑河到云南的腾冲,后人称之为"胡焕庸线"。有96%的人口居住在线的东南部(占国土面积的47.95%),仅仅4%左右的人居住在这条线的西北(占国土面积的52.05%)。这条线的东南主要是平原、丘陵和水网,是中华传统文化的发祥地,适合人类居住和发展。这条线的西北大多是草原、沙漠、崇山峻岭,生态脆弱,大部分地区不适合人类居住。

从胡焕庸的时代至今,将近80年过去了,中国经济发生了翻天覆地的变化,可是,历次人口普查的结果显示:人口的地理分布并没有发生重大变化,"胡焕庸线"依然存在。2012年,在这条线的东南居住着人口的94%,西北部分只有人口的6%。与人口分布相匹配,东南部分的国内生产总值也长期保持在94%以上。

---

① 资料来源:韩俊,"大力推进农民工市民化",《瞭望》,2012年,第40—41期,第24页。

中国平均人口密度为 120 人/平方公里,在世界各国当中属于人口密度较高的国家。可是,土地资源短缺的现象比平均数字更为严重。胡焕庸线的东南部分人口密度高达 294 人/平方公里。西北侧人口密度仅 15 人/平方公里。东、西两个部分的人口密度相差 21.63 倍。

进入 21 世纪以后,城镇化加速,大量人口从西部向东部迁移,从农村、小城镇向大城市迁移。东部沿海城镇人口高速增长。在 2000 年到 2010 年期间,乡村人口数量减少 1.21 亿人。2010 年城镇化率为 50.27%,比 2000 年高了 10.35 个百分点。平均每年增长 1 个百分点。如果把从西部、中部向东南沿海流动的人口计算在内,东部沿海和西部、中部的人口密度差距更为严重。

2.2 耕地数量变迁的四个阶段

耕地是最宝贵的资源之一。众所周知,中国人多地少,人均耕地面积只有世界平均水平的三分之一。

根据《中国国土资源统计年鉴》,在 2008 年,全国耕地总量 18.26 亿亩,相当于土地总面积 142.63 亿亩的 12.8%。居民点及工矿用地 4.04 亿亩,占总数的 2.83%,交通运输用地 0.37 亿亩,占总数的 0.26%(见表 2-1)。

表 2-1 中国土地资源状况(2008 年)

	面积(万公顷)	面积(亿亩)	占总面积比重(%)
耕地	12 171.6	18.26	12.80
园地	1 179.1	1.77	1.24
林地	23 609.2	35.41	24.83
牧草地	26 183.5	39.28	27.54
其他农用地	2 544.3	3.82	2.68
居民点及独立工矿用地	2 691.6	4.04	2.83
交通运输用地	249.6	0.37	0.26
水利设施用地	364.5	0.55	0.38
未利用土地	26 091.2	39.14	27.44
总计	95 084.6	142.63	100

注:1 平方公里 = 100 公顷 = 1 500 亩。
资料来源:《中国国土资源统计年鉴》,2012 年,第 4 页。

从统计年鉴的数字来看,中国耕地总量上下起伏,波动幅度很大。表 2-2 和表 2-3 给出了历年统计年鉴上公布的耕地面积、农作物播种面积和粮食播种面积及其变化率。

表 2-2　中国的耕地和播种面积

年份	耕地面积(亿亩)	农作物总播种面积(亿亩)	粮食播种面积(亿亩)
1949	14.68	18.64	16.49
1950	15.05	19.32	17.16
1951	15.55	19.93	17.67
1952	16.19	21.19	18.60
1953	16.28	21.61	19.00
1954	16.40	22.19	19.35
1955	16.52	22.66	19.48
1956	16.77	23.88	20.45
1957	16.77	23.59	20.04
1958	16.04	22.80	19.14
1959	15.69	21.36	17.40
1960	15.73	22.60	18.36
1961	15.50	21.48	18.22
1962	15.44	21.03	18.24
1963	15.41	21.03	18.11
1964	15.50	21.53	18.32
1965	15.54	21.49	17.94
1966	15.44	22.02	18.15
1967	15.38	21.74	17.88
1968	15.23	20.97	17.42
1969	15.22	21.14	17.64
1970	15.17	21.52	17.89
1971	15.10	21.85	18.13
1972	15.09	22.19	18.18
1973	15.03	22.28	18.17
1974	14.99	22.30	18.15
1975	14.96	22.43	18.16
1976	14.91	22.46	18.11

(续表)

年份	耕地面积(亿亩)	农作物总播种面积(亿亩)	粮食播种面积(亿亩)
1977	14.89	22.40	18.06
1978	14.91	22.52	18.09
1979	14.92	22.27	17.89
1980	14.90	21.96	17.59
1981	14.86	21.77	17.24
1982	14.79	21.71	17.02
1983	14.75	21.60	17.11
1984	14.68	21.63	16.93
1985	14.53	21.54	16.33
1986	14.43	21.63	16.64
1987	14.38	21.74	16.69
1988	14.36	21.73	16.52
1989	14.35	21.98	16.83
1990	14.35	22.25	17.02
1991	14.35	22.44	16.85
1992	14.31	22.35	16.58
1993	14.27	22.16	16.58
1994	14.24	22.24	16.43
1995	14.25	22.48	16.51
1996	19.51	22.86	16.88
1997	19.51	23.10	16.94
1998	19.51	23.36	17.07
1999	19.51	23.46	16.97
2000	19.51	23.44	16.27
2001	19.14	23.36	15.91
2002	18.89	23.20	15.58
2003	18.51	22.86	14.91
2004	18.37	23.03	15.24
2005	18.31	23.32	15.64
2006	18.27	22.82	15.74
2007	18.26	23.02	15.85
2008	18.26	23.44	16.02

(续表)

年份	耕地面积(亿亩)	农作物总播种面积(亿亩)	粮食播种面积(亿亩)
2009	18.26	23.79	16.35
2010	18.25	24.10	16.48
2011	18.25	24.34	16.59
2012	18.25	24.51	16.68

资料来源:2001年到2008年数据来自《中国国土资源统计年鉴》,2012年,第1页。其余数据来自《新中国六十年统计资料汇编》。

表2-3 耕地面积和播种面积变化率

年份	耕地面积变化率	农作物总播种面积变化率	粮食播种面积变化率
1950	2.52%	3.65%	4.06%
1951	3.32%	3.16%	2.97%
1952	4.12%	6.32%	5.26%
1953	0.56%	1.98%	2.15%
1954	0.74%	2.68%	1.84%
1955	0.73%	2.12%	0.67%
1956	1.51%	5.38%	4.98%
1957	0.00%	-1.21%	-2.00%
1958	-4.35%	-3.35%	-4.49%
1959	-2.18%	-6.32%	-9.09%
1960	0.25%	5.81%	5.52%
1961	-1.46%	-4.96%	-0.76%
1962	-0.39%	-2.09%	0.11%
1963	-0.19%	0.00%	-0.71%
1964	0.58%	2.38%	1.16%
1965	0.26%	-0.19%	-2.07%
1966	-0.64%	2.47%	1.17%
1967	-0.39%	-1.27%	-1.49%
1968	-0.98%	-3.54%	-2.57%
1969	-0.07%	0.81%	1.26%
1970	-0.33%	1.80%	1.42%
1971	-0.46%	1.53%	1.34%
1972	-0.07%	1.56%	0.28%
1973	-0.40%	0.41%	-0.06%
1974	-0.27%	0.09%	-0.11%

（续表）

年份	耕地面积变化率	农作物总播种面积变化率	粮食播种面积变化率
1975	-0.20%	0.58%	0.06%
1976	-0.33%	0.13%	-0.28%
1977	-0.13%	-0.27%	-0.28%
1978	0.13%	0.54%	0.17%
1979	0.07%	-1.11%	-1.11%
1980	-0.13%	-1.39%	-1.68%
1981	-0.27%	-0.87%	-1.99%
1982	-0.47%	-0.28%	-1.28%
1983	-0.27%	-0.51%	0.53%
1984	-0.47%	0.14%	-1.05%
1985	-1.02%	-0.42%	-3.54%
1986	-0.69%	0.42%	1.90%
1987	-0.35%	0.51%	0.30%
1988	-0.14%	-0.05%	-1.02%
1989	-0.07%	1.15%	1.88%
1990	0.00%	1.23%	1.13%
1991	0.00%	0.85%	-1.00%
1992	-0.28%	-0.40%	-1.60%
1993	-0.28%	-0.85%	0.00%
1994	-0.21%	0.36%	-0.90%
1995	0.07%	1.08%	0.49%
1996	36.91%	1.69%	2.24%
1997	0.00%	1.05%	0.36%
1998	0.00%	1.13%	0.77%
1999	0.00%	0.43%	-0.59%
2000	0.00%	-0.09%	-4.12%
2001	-1.90%	-0.34%	-2.21%
2002	-1.31%	-0.68%	-2.07%
2003	-2.01%	-1.47%	-4.30%
2004	-0.76%	0.74%	2.21%
2005	-0.33%	1.26%	2.62%
2006	-0.22%	-2.14%	0.64%
2007	-0.05%	0.88%	0.70%

(续表)

年份	耕地面积变化率	农作物总播种面积变化率	粮食播种面积变化率
2008	0.00%	1.82%	1.07%
2009	0.00%	1.49%	2.06%
2010	-0.05%	1.30%	0.80%
2011	0.00%	1.00%	0.67%
2012	0.00%	0.70%	0.54%

资料来源：根据表2-2计算。

根据官方已经公布的数据，中国耕地数量的变化可以分为四个阶段：

第一阶段，自1949年到1957年，中国耕地数量从1949年的14.68亿亩增加到1957年的16.77亿亩。在7年内增加了2.09亿亩，平均每年增加2986万亩。

第二阶段，从1957年到1995年，在38年内耕地数量逐年减少，到1996年为14.25亿亩。平均每年减少685万亩。

第三阶段，在1995年，耕地面积陡然增加到19.51亿亩。耕地增幅高达36.91%。这个数字在1997年到2000年期间保持5年不变。

第四阶段，从2001年开始，耕地数量由19.51亿亩逐年下降。在2005年下降为18.31亿亩。在5年内减少了1.2亿亩耕地，平均每年减少2400万亩。在2001年耕地面积下降了1.9%，在2002年下降1.31%，在2002年下降2.01%。下降速度之快令人震惊。官方公布的统计数据显示，耕地总量在2006年只有18.27亿亩，已经逼近18亿亩耕地红线。在2005年以后耕地总量下降速度减缓，耕地总量一直停留在18.25亿亩（见表2-4和图2-1）。

表2-4 耕地变化的四个阶段

年份		耕地总量（亿亩）	耕地变化量（万亩）	平均年增量（万亩）
第一阶段	1949	14.68	20 900	2 986
	1957	16.77		
第二阶段	1957	16.77	-25 200	-685
	1995	14.25		
第三阶段	1995	19.51	-12 000	-1 200
	2005	18.31		
第四阶段	2006	18.27	-1 260	-252
	2011	18.25		

资料来源：根据表2-2归纳计算。

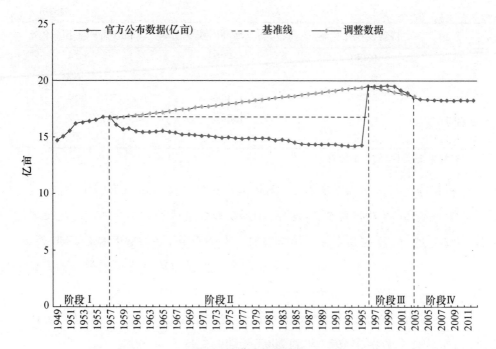

图 2-1　耕地数量变迁

纵观中国耕地总量的变化,有几个节点值得关注和探讨:

第一,为什么全国耕地数量在 1957 年发生逆转,由逐年递增变为逐年递减?

第二,为什么在 1994 年耕地总量暴增 36.1%?

第三,为什么在 2000 年到 2005 年期间耕地总量急剧下降?

第四,在 2006 年中央提出坚守 18 亿亩耕地红线之后,耕地总量居然停止下降,是采取了什么特殊措施保护耕地,还是在耕地数量上说了假话?

2.3　新中国成立初期的开荒高潮

新中国成立初期,农民在土地改革中获得了土地产权,开荒整地、扩展农田的积极性空前高涨。1956 年,在全国范围内核查土地,农民和基层干部积极配合。人们很认真地丈量土地,查清一块就登记一块。不仅注明耕地的边界和位置,还注明了这块耕地的主人姓名。农民拿到土地证,兴高采烈,在自家的地头打下界桩,把耕地看作自己的宝贝。全国耕地总量从1949年的14.68亿亩直线上升到1957年的16.77亿亩。每年耕地数量几乎上升3 000万亩。毋庸置疑,这个时期的耕地统计数字是可信的。全国谷物产量从1949年的11 318亿吨上升为1956年的19 275亿吨,几乎翻了一番,年均增产幅度将近10%。

2.4 大饥荒后的逆转

耕地数量变化的第二阶段从1956年到1994年。全国耕地总量的变化趋势在1957年发生逆转,由逐年增加变为逐年递减。从1956年的16.77亿亩逐年减少,到1994年只有14.25亿亩,平均每年减少耕地685万亩。

要理解中国,一定要理解中国的农民。

任何时候都不要轻视产权对农民的重要性。1956年掀起了农村社会主义改造高潮,从高级社迅速过渡到人民公社。农民刚刚到手的土地产权转眼之间消失得无影无踪。农民的生产积极性受到很大的打击。

随之而来的"大跃进"彻底搞乱了农业生产秩序。1958年,各地比赛着"吹大牛"、"放大炮"。明明中原地区粮食亩产只有600—800斤,却被吹成1 000斤、3 000斤、10 000斤,甚至30 000斤。吹牛的人似乎没有想到征购公粮与耕地数量有关。假若某乡有耕地1万亩,亩产粮食600斤,总粮食产量为600万斤。如果吹牛上报亩产10 000斤,总产量就高达1亿斤。上级看到各地报喜的数字,心花怒放。有人说既然粮食多得吃不完,就一天吃五顿。今后只要种三分之一的地就够了。粮食业务部门认为,既然亩产上万斤,每亩交1 000斤公粮不算多。给农民留下90%,无论如何也够吃。于是,每亩地征1 000斤公粮。面对征购任务,无论是农村基层干部还是农民都傻眼了。即使把所有的粮食都上交还是不能完成征购任务。耕地越多的农村,需要上交的粮食越多。当时,很少有干部敢向上级讲真话,敢于反映实情的人几乎都被打成右倾机会主义分子。征购任务下达之后,许多地方不得不派民兵强征公粮,结果许多农户连维持生存的口粮都没有留够。超额征购公粮是导致1959—

1961年大饥荒的一个重要原因。

农民从惨痛的经历中总结出两条教训：第一，他们再也不敢浮夸粮食产量。吹牛容易，交不上公粮，麻烦就大了。第二，他们坚决拒绝重新丈量土地。很简单，耕地多，征购就多。即使他们开荒增加了一些耕地，也隐瞒不报。从1958年开始，绝大多数地方的农民在耕地数字上不说真话。在土改的时候，农民积极丈量土地，因为丈量出来的土地归自己。公社化以后，他们坚决抵制丈量土地，因为丈量耕地会带来更高的征购指标，很可能危及妻儿老小的性命。产权归属和切身利益使得农民对耕地数字的态度发生180度大转弯。农村基层干部和农民在共同的利益基础上团结一致，如果来人丈量耕地，他们不仅不会带路，反而会千方百计刁难，甚至用扁担把丈量人员赶出村庄。

从1957年到1995年，在39年内没有全面丈量耕地面积。统计年鉴上公布的耕地数量只不过在1957年耕地数量上逐年扣除基本建设用地和耕地毁损数量而得。难怪耕地总量呈现为一条向下倾斜的曲线。

实际上，只要有可能，农民始终没有停止开荒。特别是在20世纪60年代，农业学大寨，几度掀起开荒高潮。山西的大寨、河北的下丁家等把荒山野岭开辟为层层梯田。政府组织在洞庭湖、鄱阳湖大规模围湖造田，在福建、广东沿海围海造田，还成立了黑龙江、内蒙古、新疆、云南等生产建设兵团，把大片草原变成耕地。仅仅黑龙江生产建设兵团就开荒200万亩。在这一时期内，城镇几乎没有新添住房，各级政府基本上没有盖办公楼，也没有修建高速公路和铁路，更没有办开发区。基本建设用地数量有限。按照逻辑判断，全国耕地总量肯定处于上升态势，可是，在统计数字上耕地总量却一路向下。

在这段时间内，一些农业政策在客观上进一步扭曲了耕地数字。例如，为了鼓励开荒，允许农民在一段时间内不将新开荒的地计入耕地面积。也就是说，免去了这段时期的农业税。事实上，即使规定的时期已过，农民和农村基层组织能拖就拖，能赖就赖。新开垦的耕地往往没有被计入耕地数量，成了农民逃税的"小金库"。而一旦遭遇天灾，农民和农村基层组织倾向于多报毁损耕地，从而得到较多的救济。

政策规定国家基本建设征用的农田可以减免农业税。农民和农村基层组织倾向于多报建设占用土地,从而减轻税收负担。不管这些基本建设项目是否已经施工,农民和农村基层组织立即按照设计规划扣除占地数量。有些地方,农民连续耕种了好几年,工程才开始施工。有些工程改变、取消了,除非上级督查,农民没有任何激励把这些耕地数字回归耕地统计。

有段时间,上级要求提高粮食单产,并且把提高粮食单产水平作为地方官员政绩考核的指标之一。倘若把那些"黑地"核查出来,粮食单产水平岂不是要下降?上级组织往往睁只眼,闭只眼,得过且过。

在耕地数量上,利益驱动使得农民、地方基层组织和统计部门产生矛盾。由于信息不对称,农民倾向于少报耕地数量,而统计部门对此则一筹莫展。

2.5 布朗冲击

讨论中国粮食安全问题的文章连篇累牍,许多问题似是而非。一旦外边刮来阵风,很容易在国内掀起波浪。对于恶意攻击和污蔑,完全可以置之不理。可是,如果一些对中国很友好的人士也提出这个问题,就难免引起人们的关注。

美国世界观察研究所的莱斯特·布朗在1994年9月写了本书——《谁来养活中国人》,把中国人吓得够呛。连他自己都没有想到这本书会在中国引起极大的震动。

布朗先生断言,"中国正以极危险的速度从农业社会向工业社会转变",世界上没有人能够养活中国。他的主要观点是:

第一,中国粮食产量将每年下降0.5%。谷物产量将从1990年的3.4亿吨下降到2030年的2.72亿吨,减少20%,仅相当于中国1973年的粮食总产量。他的理由是:(1)由于工业化将占用大量耕地,中国的耕地面积将大幅度地减少;(2)复种指数将下降;(3)蔬菜、水果等种植面积的增加导致粮食种植面积相对下降;(4)虽然中国单位土地的粮食产量会持续上升,但增长速度会减慢。中国的单产水平已很高,提高潜力不大。生物技术并没有如人们所希望的那样创造出好的品种,使谷物单产大幅提高。从1986年开始,中国的化肥施用量已超过美国,再加上中国水资源短缺等,综上所述,中国不可能大幅度提高粮食产量。

第二,由于中国人口不断增加,谷物消费不断增加,同时,由于人们的生活水平不断提高,要求相应地改善饮食结构,消费更多的肉类、家禽、水产等,为了生产这些副食品需要更多的饲料。按人均年消费粮食400千克计算,到2030年,中国粮食消费需求将达到6.41亿吨。国内生产的粮食只能满足总需求的41%。中国的粮食供不应求,粮食缺口将高达3.78亿吨。日本人口等于中国的十分之一,每年进口谷物2800万吨,如果按此推算,中国在2030年将进口2.8亿吨谷物。①

第三,由于中国产品畅销世界,积累了大量外汇,中国有足够的硬通货进口所需要的谷物。因为中国对粮食的需求量很大,世界粮食市场必将由买方市场转变为卖方市场。布朗以1990年为界,将前40年称为"粮食产量增长超过人口增长"的时代;以后的40年称为"食物短缺的时代"。布朗对世界上的主要谷物出口国和地区,例如澳大利亚、加拿大、美国、西欧、东欧、阿根廷、泰国的增产潜力进行了分析,认为这些国家和地区的谷物产量、出口量会有所增长,但是潜力不大。根据他的估算,全世界每年出口的粮食平均为2亿吨左右,即使把全世界可以出口的粮食都卖给中国,也养活不了中国人。

第四,中国大量进口粮食将导致世界粮价上升,致使第三世界的低收入国家和低收入人群无力购买必需的口粮。中国粮食进口将损害这些穷人的食品权利,加剧世界的贫困。

第五,巨大的人口对中国土地的压力将转变为对全球生态系统的压力,破坏森林、草原,水土流失,土壤板结,污染水和大气资源,触发全球生态危机。

布朗断言:"中国的粮食危机将引发全球生态危机,导致世界性的经济崩溃。粮食短缺对世界经济和政治的冲击将超过20世纪70年代中期的石油危机。粮价上涨还将引起世界范围内的经济崩溃。"按照布朗的预测,好像世界

---

① 布朗的数学和经济学知识实在不敢恭维。他对中国人口数字的预测是错误的,因此对中国粮食需求量的预测也错了。他对中国粮食生产的现状和潜力缺乏了解,采用的数字太离谱。拿日本的数字来推算中国的粮食进口更是荒谬。

末日将要来临,一切灾难的根源都在于没有谁能够养活中国人。

其实,类似的论调早就存在。有些学者认为,人类处于一个循环之中:当经济发展之后,人口持续增长,人均土地数量相对逐年减少,导致粮食供不应求,必然引起强制性的人口下降。其中,最可能出现的就是饥荒、瘟疫和土地战争。经过一场又一场灾难的洗劫,人口急剧下降。结果,人均土地数量上升,经过一段喘息之后又开始发展经济。中国历史上先后出现了几十个封建王朝,在每个王朝创建初期,都曾经出现过一定程度上的经济繁荣和农业生产的增长。可是,随着人口的增长,土地资源矛盾变得越来越尖锐,随后社会失去平衡,在动乱中旧王朝崩溃,人口在战乱和饥荒中急剧下降。在废墟上建立起来的新王朝又开始了下一个循环。

布朗的预测在全世界引起轩然大波,粮食问题成了中国街谈巷议的焦点,被热炒了相当长的时间。

2005年9月6日,中央电视台邀请我和莱斯特·布朗同台接受采访。当我按时赶到中央电视台的时候,布朗已经提前到了。他很和善,穿着朴素,并没有某些西方人的那种傲慢和张扬。言谈之中布朗对中国很友好,对北京的建设赞不绝口。为了保护环境,他在口袋里放块手绢,坚持不用纸巾。能走路的时候坚决不开车。一看就知道,这是一个倔老头。在电视节目中,我首先感谢布朗给中国敲响了警钟。确实,在任何时候中国都要有危机意识,居安思危,防范可能出现的危机。不仅是粮食危机,还要特别注意防范金融危机和社会危机。随后,我很明确地说,布朗的质疑建立在工业化过程中耕地大量流失的假设上,只要中国坚持正确的农业和土地政策,中国人完全有可能养活自己。任何悲观、怀疑的论点都是没有根据的。在回答主持人的问题时,我对布朗的善意给予了充分的肯定,同时也指出,他是研究社会学的专家,对于经济学缺乏训练,特别是对于中国的数据并不熟悉,张冠李戴,犯了不少技术上的错误。对于学术研究来说,跨越领域,到别的学科去说三道四是非常危险的,即使出于好心也可能犯下严重的错误。在录制节目之后,布朗和我亲切握手道别,他诚恳地表示今后要多多了解中国经济。

问　粮——详解18亿亩耕地红线

转眼之间，好多年过去了。布朗预测的粮食危机并没有光临中国。中国人不仅没有发生粮食短缺，反而吃得更饱，吃得更好。在一些地方由于粮食库存过量，造成了不必要的浪费。粮食安全的话题慢慢降温。我渐渐地把这件事情淡忘了。

2008年，国际市场上粮价猛涨，报纸、电视上一片惊呼："粮食危机来了。"可是，粮食危机和金融危机并不一样，尽管叫得很凶，却没有看到冲击波在中国登陆。有些人找到了炒作的话题，大谈特谈"粮食战争"，确实吸引了不少人的注意。①

没有料到，2008年6月莱斯特·布朗卷土重来，在接受《环球时报》采访时坚持说："谁来养活中国仍然是个问题。"我很仔细地阅读有关报道，多年之后他旧话重提，莫非发现了一些新的证据？他主要的依据有两条：第一，"中国的大豆自给能力下降"。2008年中国将消费掉4 900万吨大豆。其中进口大豆将达到3 400万吨，占大豆消费量的70%。在10—12年前，中国的大豆是自给自足的；现在却变成了世界排名第二的大豆进口国（日本以进口大豆5 000万吨排在第一位）。第二，"中国地下水位迅速下降。现在中国农业用水主要取自深层地下水。这些水被称为'化石地下水'，也就是说是不可再生的，用完了就没了"。②

读过之后，掩卷长叹。看起来，这个世界上似是而非的事情太多了。闪光的并不一定都是金子。学风浮躁不光是中国的问题，海外的学风问题也很严重。即使是著名的研究机构，甚至国际组织也可能在基本知识、逻辑上出现相当严重的失误和偏差。国内有些人一看到文章的落款是什么"联合国"或者美国的一个研究机构，就以为他们说的话有权威，一定是正确的。岂不知，真理在谁手里，和牌子大小并没有必然的联系。如果说错话，牌子越大，对民众

---

① 有一本中央电视台《中国财经报道》栏目组编的书，叫作《粮食战争》。书中声称："现在已经不是踏上他国国土地进行侵略才算战争的年代，也不是依靠火箭大炮去攻城略地才算战争的年代，粮食，在这个21世纪的时候，终于演化成一种悄无声息的武器，世界各地正硝烟四起，浓雾迷茫……"

② 和以往一样，布朗的观点对错搅混在一起，有合理的也有错误的。我们理应重视他指出的水资源保护问题，合理、节约用水。可是他引用大豆做例子来证明中国人不能养活自己却大错特错

的欺骗性就越大。

由于粮食安全事关重大,涉及每一个人的利益,只要有人一提这个话题就会掀起一阵波浪。某些新闻媒体唯恐天下不乱,趁机炒作,夸张渲染。在粮食安全问题上,"狼来了"的呼声似乎从来也没有间断过。为什么粮食安全变成了一个"娱乐"焦点?

这个世界充满不确定性,粮食供给尤其具有相当高的不确定性,什么稀奇古怪的事情都可能发生。人们担心,万一真的狼来了,该怎么办?毫无疑问,确实需要更多地研究中国的粮食安全,特别是要尽可能详尽地进行定量分析。如果不下一番苦功,不拿出一些有理有据的研究成果来,不仅许多类似布朗先生那样的朋友不断犯下判断错误,还会给某些人提供造谣中伤的机会。更严重的是,如果不把粮食安全问题搞清楚,势必会阻碍中国经济改革的深入发展,干扰新农村建设,不利于帮助农民走向现代化,不利于他们迅速摆脱贫困。

布朗做了一个极为粗略的估算,按照当时中国的农业生产率和供求关系来计算,到2030年前后,中国需要净进口粮食2亿吨,这恰好是当时整个国际市场谷物贸易总量。按照布朗先生的推论,很难避免两个悲剧性的结果:第一,中国有钱进口粮食,导致国际市场粮食市场严重供不应求,粮价暴涨,危及许多发展中国家的民众生存;第二,中国没有足够的资金进口粮食,导致国内爆发又一次大饥荒。

其实,在1994年以前,包括我在内的许多经济学者对中国的粮食安全也都忧心忡忡。我在1996年发表的一篇论文中估计中国很可能出现粮食供不应求。我使用官方公布的从1950年到1994年的耕地数据建立了一个数学模型,定量分析中国粮食供求关系。模拟结果显示,在2005年,在最好的情况下中国的粮食缺口为3 200万吨,在最坏的情况下可能达到6 000万吨。由于耕地数量逐年递减,粮食安全的压力会越来越大。[1]

可是,经过几年的观察,中国粮食价格一直很稳定,库存充足,不像出现粮

---

[1] 参见徐滇庆,"中国粮食问题研究",《国际贸易、税制与经济改革策略》,中国社会科学出版社,1997年,第135页。

食短缺的样子。面对着几乎无法解释的矛盾,我和许多经济学家一样,开始怀疑中国耕地的统计数据是否准确。当我们在 1996 年拿到更新的耕地统计数据之后大大地松了一口气。由于布朗先生是一个社会学学者,并不熟悉经济学的计算原则,特别是对中国的数据缺乏了解,对他的计算失误是可以谅解的。无论如何,要感谢布朗先生为我们敲响了警钟,我们确实必须严肃地关注粮食安全问题。

2.6 1996 年耕地数量的剧变

正当人们为中国耕地数量纳闷的时候,先进的科学技术为我们打开了一扇新的窗户。使用卫星遥感技术和航拍照片可以区分耕地与非耕地。如果是耕地,地面的承载物在收获季节必然急剧减少。在红外遥感照片上该地块的颜色会骤变。凡是在遥感照片上颜色发生突然变化的地块必定是耕地。1995 年中国开始采用航拍和卫星红外遥感技术统计耕地面积。人们使用计算机反复查对遥感照片的数据,发现中国耕地数量从 1995 年的 14.25 亿亩猛增为 1996 年的 19.51 亿亩,比统计数字多出来 5.26 亿亩,上升幅度为 36.1%。国家统计部门立即采用了这个数字,在统计报表上中国耕地数字体现了非同寻常的剧增。

仔细推敲一下不难发现,在 1995 年耕地数量猛增,只不过是统计数字上的变化。只要观察一下播种面积就可以看出耕地面积并没有急剧增加。耕地面积是地理概念,播种面积和农业生产相关。由于许多耕地在一年内多次轮种,通常播种面积大于耕地面积。在 1996 年耕地数量发生巨大变化,可是,农作物总播种面积从 1995 年的 22.48 亿亩增加到 1996 年的 22.86 亿亩,只增加了 0.38 亿亩。其中,粮食播种面积从 1995 年的 16.51 亿亩增加到 1996 年的 16.88 亿亩,只增加了 0.37 亿亩(见图 2-2)。农作物的播种面积并没有像耕地面积那样发生剧烈变动。由此可见,农作物播种面积的数字反映了农业生产的真实情况,而耕地数量的急剧变化意味着对长期数据扭曲的修正。

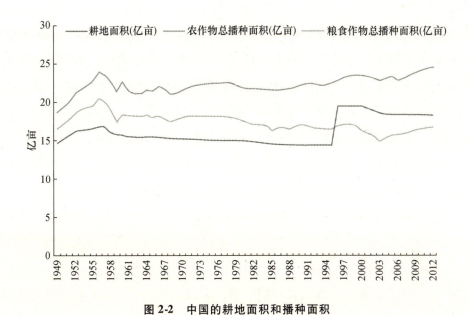

图 2-2 中国的耕地面积和播种面积

2.7 耕地统计的难点

1996 年以后,耕地数据统计进入第四阶段。由于在耕地统计方法上犹豫、徘徊,举棋不定,反映在统计年鉴上,在 1996 年到 2001 年期间耕地数字居然维持 5 年不变(见表 2-2)。

有些人主张开展全面的土地调查,摸清家底。想法虽然很好,却很难实施。如果采用 20 世纪 50 年代的做法,动员农民用人工来丈量耕地,不仅费时费力,在实践中也难以实施。无论官方还是民间都很清楚,没有任何激励机制来鼓励农民配合丈量耕地。

毋庸讳言,土地制度改革大大落后于经济发展。农村土地产权和使用权的归属频频调整、变更,不利于农业长期发展。年长的农民对 50 年前的大饥荒依然记忆犹新,经过大饥荒的深刻教训,中国农民懂得了必须保护自己,无论如何要给自己的家庭留下一块"自留地"或者"菜园"。包含在宅基地里的菜园不仅是农民自己的"小金库"、"私房财产",而且是保命的依托。农民对自家菜园的关心程度远远超过了一般耕地。事实上,在许多农村,耕种最好、产量最高、离村最近的好地大多属于村民的宅基地或菜园。在农户菜园数量上存在许多猫腻。这些良田从来没有被纳入耕地的统计之中。如果要动员农民进行土地调查,他们最大的顾虑是能否保住自家的菜园。他们担心,是不是又要根据耕地面积来增加公粮负担?更为担心是不是又要重新分配耕地?如果配合政府丈量耕地,弄不好搬起石头砸自己的脚。无论是地方政府、基层乡村干部还是普通农民都没有丈量耕地的积极性。农民够穷的了,无论如何也不要再去逼农民。没有农民的支持,传统模式的土地调查寸步难行。

好在事情逐渐有了转机。2005年12月29日,十届全国人大常委会第十九次会议决定,自2006年1月1日起废止《农业税条例》,除烟叶以外全部免征农业税。农民负担大为减轻,他们抵制丈量耕地的情绪有所缓解。也许还需要一段时间才能真正打消农民的顾虑。在此之前,轻易启动土地调查很可能事倍功半,甚至很可能被基层"忽悠",得不到真实数字。好在还没有哪个人头脑发热,贸然启动全面人工普查耕地。

既然靠人工来丈量耕地行不通,能不能靠现代科学技术了解耕地数量?

航拍和遥感照片可以提供大量的信息,可是卫星图像遇到三个难题:

第一,在卫星遥感图片中可以看出国境线,却分不清省界,更分不清县界、乡界。即使知道这块地是耕地,却说不清究竟属于谁家。如果耕地数量不能落实到行政单位和耕地使用者头上,在数据统计和财税政策上便没有多大意义。

第二,由于各地收获季节不同,许多地方在一年之内轮作、收获数次,在卫星照片上有些地块的颜色一年变好几次,比较容易引起误差或重复计算。此外,种植人参或某些药材的土地好几年才收获一次,很可能被忽略。在卫星图片上很难区分果园、茶园和一般的林地。

第三,在遥感、航拍的照片上可以确认是否属于耕地,但是却不能确认这块耕地是否已被纳入统计范围之内。有一些地块上虽然种着庄稼,却没有被包括在耕地统计数据中。其中,相当一部分就是包含在农民宅基地里的菜园。这些菜园或者宅基地不属于统计中的耕地,不必缴纳公粮或农业税。如果农民在离村庄较远的地方开垦了一些耕地,他们会在保持耕地总量不变(或略有增加)的情况下,把住房周边的耕地改变为宅基地,这些菜园或者宅基地往往是农村中条件最好的耕地。以前还可以在一定程度上根据缴纳农业税的情况来复核耕地面积,取消了农业税之后,从税收的途径来了解耕地状况的难度就更大了。

不知道是什么原因,即便有了新的遥感照片也没有及时调整耕地数量,甚至连基本建设占用耕地的数量都没有及时扣除。直到 2006 年才一次性扣除了耕地 1.25 亿亩。使得耕地总量下降到 18.26 亿亩。

先进的航拍、遥感技术起源于西方工业国家。它们地多人少,尚且有大量耕地闲置,因此,并不太重视对耕地的识别。西方的技术到了中国之后,水土不服,回答不了我们的问题。依靠人工丈量耕地行不通,依靠先进技术又不能充分识别耕地,唯一的办法是把两种手段结合起来,在取得遥感和航拍图片之后,再派人去看看、问问,在图纸上的那个地块是不是耕地,使用权属于哪个村民小组,然后把结果标写在图上。这样,耕地数量以及归属状况自然就摸清了。

说起来似乎容易,做起来工作量大得惊人。从 2007 年到 2009 年,动员了几十万人,花费上百亿元资金才完成了这项任务。第二次土地调查功德无量,有了这些基础数据,今后只要保持一定的专业人员对其定期更新就可以了。这些数据将成为我国制定各项农业政策、土地政策和环境保护政策的基础依据。

2.8 不妨把耕地数量当作一个"黑盒子"

如同所有的宏观经济数据一样,全国耕地总量对于制定政策具有很重要的意义,但是,不能指望这个数字有多高的准确度。在某种意义上,中国的耕地数量就像一个"黑盒子"。分解"黑盒子"内部的组成非常困难。与其把注意力放在耕地总量上,还不如更多地关注耕地的增减变化,动态地把握土地政策。耕地总量有增有减,就像资产负债表一样,一般来说,只要资产大于负债就没有多大危险。只要耕地的增量大于减少量,就不会因耕地数量变化而冲击粮食安全。

首先要回答的问题是当前中国是否缺粮。如果中国目前不缺粮,然后再具体剖析在过去历年中是什么原因导致耕地减少,具体减少了多少。毫无疑问,城镇化和工业化建设都需要占用大量耕地,不仅需要了解过去占用耕地的历史数据,还要做好今后占用耕地的规划。尽量做到节约用地,杜绝浪费,细水长流。

更为重要的是,我们能不能在今后增加耕地数量。从狭义上来讲,开荒是增加耕地的主要途径。众所周知,在东部沿海土地利用率已经很高,几乎没有开荒的空间。[①] 可是西部、中部不少地方还在继续开荒和整治耕地。从广义上来讲,集约使用土地,提高单位面积的粮食产量,通过进口粮食置换出国内耕地等措施也在客观上减轻了土地压力。

当前要解决这样的困惑:在城镇化和基本建设占用大量耕地之后,中国会不会遭遇粮食危机?一个简单的逻辑:如果现有的耕地能够养活13亿人,倘若耕地的数量在不断"增加",那么今后完全有把握保证中国人民的粮食安全。假设中国现有耕地的数量是 N 亿亩(我们没有必要去较真 N 的具体数量),今后如果能在此基础上增加 N_1、N_2、N_3、N_4、N_5 和 N_6,只要这些增量之和大于未来城镇化住房建设和基本建设的需要,中国就不存在由于减少耕地导致的粮食危机。

在这里,N_1 是开荒增加的耕地,N_2 是由于主要谷物单产不断上升释放出来的耕地,N_3 是由于进口粮食(玉米和大豆)节省下来的耕地,N_4 是城镇化过程中进城农民工释放出来的"宅基地"或"菜园",N_5 是提高城镇土地利用效率可以节省出来的土地,N_6 是提高储粮系统效率、减少粮食损耗可以节省出来的耕地。

在耕地数量不减反增的前提下,当前能实现粮食供求平衡,今后也能保证粮食安全。在这种情况下争论18亿亩土地红线的准确数值就失去了意义。

---

① 实际上,即使像江苏昆山那样人口密集的地区也通过整治耕地开发增加了不少耕地。详见本书第16章。

第 3 章

中国是否缺粮

3.1 中国粮食连续十年增产

当前中国是否缺粮?这是研究 18 亿亩土地红线的出发点。无论中国有多少耕地,如果当前不缺粮,那么只要耕地总数损补平衡,我们就能保证今后的粮食安全。

2013 年,天灾频繁,有些地方发大水,有些地方大旱,连"天无三日晴"的贵州居然也闹了旱灾。可是,中国农民硬是在极为不利的气候条件下夺得了第十个丰收年。据国家统计局公布的数字,2013 年全国粮食产量 60 194 万吨,比 2012 年增产 1 236 万吨,增长 2.1%。夏粮、早稻、秋粮分别增产 196 万吨、78 万吨和 962 万吨。粮食总产量首次突破 6 亿吨。[①]

表 3-1 和图 3-1 展示了 1978 年乃至 1949 年以来中国粮食产量的变化情况。

表 3-1 中国粮食产量　　　　　　　　　　　　(单位:万吨)

年份	粮食	谷物	稻谷	小麦	玉米	豆类	薯类
1978	30 476.5		13 693.0	5 384.0	5 594.5		3 174.0
1980	32 055.5		13 990.5	5 520.5	6 260.0		2 872.5

---

① 资料来源:《人民日报》,2013 年 11 月 30 日。

(续表)

年份	粮食	谷物	稻谷	小麦	玉米	豆类	薯类
1985	37 910.8		16 856.9	8 580.5	6 382.6		2 603.6
1990	44 624.3		18 933.1	9 822.9	9 681.9		2 743.3
1991	43 529.3	39 566.3	18 381.3	9 595.3	9 877.3	1 247.1	2 715.9
1992	44 265.8	40 169.6	18 622.2	10 158.7	9 538.3	1 252.0	2 844.2
1993	45 648.8	40 517.4	17 751.4	10 639.0	10 270.4	1 950.4	3 181.1
1994	44 510.1	39 389.1	17 593.3	9 929.7	9 927.5	2 095.6	3 025.4
1995	46 661.8	41 611.6	18 522.6	10 220.7	11 198.6	1 787.5	3 262.6
1996	50 453.5	45 127.1	19 510.3	11 056.9	12 747.1	1 790.3	3 536.0
1997	49 417.1	44 349.3	20 073.5	12 328.9	10 430.9	1 875.5	3 192.3
1998	51 229.5	45 624.7	19 871.3	10 972.6	13 295.4	2 000.6	3 604.2
1999	50 838.6	45 304.1	19 848.7	11 388.0	12 808.6	1 894.0	3 640.6
2000	46 217.5	40 522.4	18 790.8	9 963.6	10 600.0	2 010.0	3 685.2
2001	45 263.7	39 648.2	17 758.0	9 387.3	11 408.8	2 052.8	3 563.1
2002	45 705.8	39 798.7	17 453.9	9 029.0	12 130.8	2 241.2	3 665.9
2003	43 069.5	37 428.7	16 065.6	8 648.8	11 583.0	2 127.5	3 513.3
2004	46 946.9	41 157.2	17 908.8	9 195.2	13 028.7	2 232.1	3 557.7
2005	48 402.2	42 776.0	18 058.8	9 744.5	13 936.5	2 157.7	3 468.5
2006	49 804.2	45 099.2	18 171.8	10 846.6	15 160.3	2 003.7	2 701.3
2007	50 160.3	45 632.4	18 603.4	10 929.8	15 230.0	1 720.1	2 807.8
2008	52 870.9	47 847.4	19 189.6	11 246.4	16 591.4	2 043.3	2 980.2
2009	53 082.1	48 156.3	19 510.3	11 511.5	16 397.4	1 930.3	2 995.5
2010	54 647.7	49 637.1	19 576.1	11 518.1	17 724.5	1 896.5	3 114.1
2011	57 120.8	51 939.4	20 100.1	11 740.1	19 278.1	1 908.4	3 273.0
2012	58 958.0	53 947.0	20 424.0	12 102.0	20 561.0	1 732.0	3 279.0

资料来源:《中国统计摘要》,2013 年,第 117 页。

2013 年,夏粮播种面积 4.14 亿亩,比 2012 年增加 1.5 万亩,基本持平。夏粮亩产达 318.7 公斤,比 2012 年增加 4.7 公斤。① 2013 年粮食播种面积比 2012 年增加 747 公顷,因播种面积增加而增产的粮食约 396 万吨。②

---

① 资料来源:"夏粮十连丰,农民有赚头",《人民日报》,2013 年 7 月 15 日。
② 资料来源:《人民日报》,2013 年 11 月 30 日。

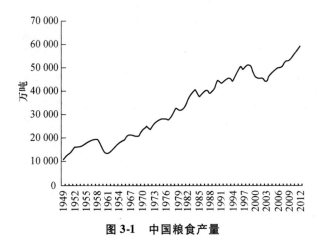

图 3-1　中国粮食产量

3.2　中国粮价稳定

粮价稳定是证明中国不缺粮的重要依据。

农产品市场高度分散,市场化程度较高。无论哪种农产品,如果出现短缺,其价格一定上涨。如果粮食短缺,粮价也一定上涨。前些时候,大蒜短缺,蒜价上涨,媒体称之为"蒜(算)你狠"。绿豆短缺,豆价上涨,媒体称之为"豆(逗)你玩"。猪肉短缺,价格上涨,有关部门马上给老母猪买保险。其实,政府完全没有必要过多地干预农产品市场。只要市场机制还能正常发挥作用,就用不着政府多管闲事。实践证明,大蒜、绿豆、猪肉价格波动一阵子之后在市场机制作用下又回归稳定。政府的干预劳民伤财,出力不讨好。

粮食对民众生活的重要性远远高于大蒜、绿豆和猪肉。倘若粮食短缺,粮价岂能不涨?唯独粮价一直很稳定(见表 3-2),说明粮食供求平衡。

表 3-2　农产品生产价格指数(上年 = 100)

	2008 年	2009 年	2010 年	2011 年
农产品生产价格指数	114.1	97.6	110.9	116.5
种植业产品	108.4	102.9	116.6	107.8
谷物	107.1	104.9	112.8	109.7
小麦	108.7	107.9	107.9	105.2

(续表)

	2008年	2009年	2010年	2011年
稻谷	106.6	105.2	112.8	113.3
玉米	107.3	98.5	116.1	109.9
大豆	119.7	92.3	107.9	106.3
油料	128.0	94.1	112.1	112.1
棉花	90.6	111.8	157.7	79.5
糖料	98.4	101.5	106.0	125.5
蔬菜	104.7	111.8	116.8	103.4
水果	101.4	107.9	118.9	106.2
林业产品	108.5	94.9	122.8	114.9
畜牧业产品	123.9	90.1	103.0	126.2
猪(毛重)	130.8	81.6	98.3	137.0
牛(毛重)	123.6	101.0	104.7	108.1
羊(毛重)	118.8	101.1	108.7	115.7
家禽(毛重)	111.9	102.2	107.0	112.0
蛋类	112.2	102.8	107.5	112.6
奶类	125.5	91.6	115.3	108.1
渔业产品	111.2	99.0	107.6	110.0

资料来源:《中国统计年鉴》,2012年,第315页。

从某种角度来讲,近年来粮价上涨的幅度不够(见图3-2)。受到农产品市场需求的约束,只要市场供求基本平衡,农民很难继续增产。生产多了,倘若卖不出去,农民的损失更大。农民穷,收入水平低。城里人不断涨工资,如果粮价不适度上涨,农民岂不是越来越穷?

由于粮食并不短缺,导致粮价偏低,农民普遍反映种粮不挣钱。据湖南省粮食局2012年调查表明,种植一亩双季稻,每亩平均净产值980元左右。种一亩双季稻平均要12个工日左右,种粮收入每天只有80元左右,而在农村打一天零工可收入120元左右,在城市从事建筑、装修等技术性工作,一天可收入150—200元。2005—2012年每亩双季稻种植效益比种植棉花、烤烟和西瓜的效益分别低25%、26%和17%,种植黄瓜、辣椒和莲藕的效益分别是种植双季稻收入的3.1倍、2.5倍和3.9倍。国务院发展研究中心副主任韩俊表示,从三

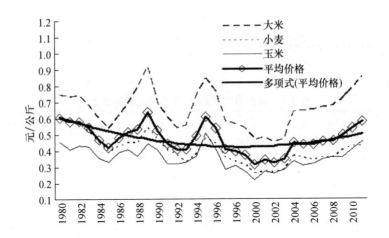

图 3-2　我国三种谷物实际平均价格(1980—2011 年,1978 年价格)
资料来源:转引自卢锋,"中国农业革命(1978—2012)——大国城镇化的前提条件",北京大学国家发展研究院"中国经济观察第 32 次报告会"。

年平均(2009—2011 年)收益来看,三种主粮的平均收益只有 223.4 元/亩。受成本上涨因素的影响,粮食种植实际收益增长缓慢,有些甚至出现负增长。如果剔除消费价格上涨的影响,三种主粮亩均种植收益在 2004—2011 年仅提高了 0.8 元,其中玉米提高了 91.4 元,稻谷提高了 8.6 元,小麦则下降了 97.8 元。[①]

由于粮价偏低,在广东、福建等地甚至出现一些耕地撂荒的现象。从另外一个角度说明,中国不缺粮。

3.3　恩格尔系数不断下降

恩格尔系数表示人们用于食品的费用占收入的比例。从恩格尔系数的变化也可以观察是否缺粮。如果一个国家缺粮,粮价必然上涨,人们用于食品的开销会相应上升,因此,恩格尔系数也不断攀升。

改革开放初期的 1978 年,中国城镇和农村居民家庭恩格尔系数分别为

---

① 参见《经济参考报》,2013 年 10 月 30 日。

57.5%和67.7%。随着经济改革的进展,恩格尔系数不断下降,到2008年,城乡居民家庭恩格尔系数分别为37.9%和43.7%。2012年,城乡居民家庭恩格尔系数分别为36.2%和39.3%(见表3-3)。

表3-3 城乡居民家庭人均收入及恩格尔系数

年份	城镇居民家庭人均可支配收入绝对数(元)	农村居民家庭人均纯收入绝对数(元)	城镇居民家庭恩格尔系数(%)	农村居民家庭恩格尔系数(%)
1978	343.4	133.6	57.5	67.7
1980	477.6	191.3	56.9	61.8
1985	739.1	397.6	53.3	57.8
1990	1 510.2	686.3	54.2	58.8
1991	1 700.6	708.6	53.8	57.6
1992	2 026.6	784.0	53.0	57.6
1993	2 577.4	921.6	50.3	58.1
1994	3 496.2	1 221.0	50.0	58.9
1995	4 283.0	1 577.7	50.1	58.6
1996	4 838.9	1 926.1	48.8	56.3
1997	5 160.3	2 090.1	46.6	55.1
1998	5 425.1	2 162.0	44.7	53.4
1999	5 854.0	2 210.3	42.1	52.6
2000	6 280.0	2 253.4	39.4	49.1
2001	6 859.6	2 366.4	38.2	47.7
2002	7 702.8	2 475.6	37.7	46.2
2003	8 472.2	2 622.2	37.1	45.6
2004	9 421.6	2 936.4	37.7	47.2
2005	10 493.0	3 254.9	36.7	45.5
2006	11 759.5	3 587.0	35.8	43.0
2007	13 785.8	4 140.4	36.3	43.1
2008	15 780.8	4 760.6	37.9	43.7
2009	17 174.7	5 153.2	36.5	41.0
2010	19 109.4	5 919.0	35.7	41.1
2011	21 809.8	6 977.3	36.3	40.4
2012	24 564.7	7 916.6	36.2	39.3

资料来源:《中国统计年鉴》,2013年,表11-2,第335页。

按照联合国粮农组织设定的标准：恩格尔系数在60%以上为贫困，59%—50%为温饱，49%—40%为小康，39%—30%为富裕，30%以下为最富裕。我国城镇居民生活的恩格尔系数在1993年为50.13%，处于温饱阶段，1995年下降到50%以下，进入小康阶段。1999年下降到40%以下，踏进了富裕阶段的大门。近年来城乡居民恩格尔系数持续下降，显然，人们用于食品的花费相对于他们的收入在下降。恩格尔系数不断下降从另外一个角度表明中国并不缺粮。

3.4 中国粮食库存充足

国家粮食储备是保障粮食安全的重要手段。

多年来，中国粮食库存总量一直保持在2.5亿吨以上。2011年年底和2002年相比，中央储备粮增加6%。食用油的储备量增加127%。国家地方储备粮增加94%，食用油储备量增加324%。[1]

根据中国科学院国情分析研究小组的报告，20世纪90年代中期国家粮食库存约2 000万—4 000万吨。2000年3月底，全国粮食总库存达2.65亿吨（原粮）。国家粮食库存总量约占市场流通量的70%—80%。[2]

《中国日报》在2000年12月6日报道，国务院发展研究中心有位官员说，在国家粮库中的粮食储备量大约2.5亿吨，此外，在农民家庭中还储存了1.35亿吨粮食。

美国农业部在2001年5月发布报告，估计中国的谷物库存量为2.297亿吨。当记者采访中国农业部的时候，农业部发言人回答，美国农业部的估计比较接近中国实际情况（见表3-4）。

---

[1] 资料来源：丁声俊，"中国书写世界粮食传奇"，《人民日报》，2013年1月22日。
[2] 资料来源：中国科学院国情分析研究小组，《两种资源，两个市场：构建中国资源安全保障体系研究》，天津人民出版社，2001年，第185页。

表 3-4　美国农业部对中国粮食库存的估计　　（单位：百万吨）

年份	小麦	玉米	稻谷	谷物
1995/1996	59.6	89.6	85.4	233.9
1996/1997	60.9	102.3	88.5	251.7
1997/1998	71.1	87.7	93.0	251.8
1998/1999	66.4	102.1	96.0	264.5
1999/2000	65.2	102.3	98.5	266.0
2000/2001	54.2	80.5	95.0	229.7

资料来源：美国农业部，"World Agricultural Supply and Demand Estimates"。

按照联合国粮农组织1974年提出的粮食安全的概念：期末谷物库存量至少相当于全年谷物消费量的17%—18%。也就是说，至少库存的谷物不得少于2个月的消费量。倘若一个国家的谷物库存量低于年消费量的17%则为谷物不安全。如果低于14%（相当于1.68个月的消费量）则进入紧急状态。2013年中国粮食消费量5.9亿吨，库存谷物2.5亿吨，超过了5个月的消费量。库存量比世界平均水平高一倍多。[①]

判断粮食够不够吃，还有一个很重要的指标：农民手里有没有足够的粮食。在2011年乡村人口总数为65 656万人。[②] 大约60%的粮食储藏在农户家中。根据2007年农村调查数据，按照每个农户4口人，每月每人消耗20公斤粮食计算，每户农民每年需要口粮960公斤。每户农民年末粮食结存数量为1 294公斤（见表3-5）。扣掉每年每户需用450公斤左右的饲料之后，农民储备的粮食可以支撑10个月以上的口粮需求。[③] 估计农民手里还有2亿多吨存粮，从国际比较来看，中国农户的储粮比例相当高，加上国家粮库的库存，可以肯定地说，中国不缺粮。[④]

[①] 参见尹成杰，《粮安天下：全球粮食危机与中国粮食安全》，中国经济出版社，2009年，第144页。
[②] 资料来源：《中国统计摘要》，2012年，第39页。
[③] 参见尹成杰，《粮安天下：全球粮食危机与中国粮食安全》，中国经济出版社，2009年，第157页。
[④] 著名的英国《经济学人》杂志在2013年发布"全球食物安全指数报告"，把中国在全球107个参评的国家中列为第42位，属于"表现良好"一组。

表 3-5 农户平均年末粮食结存数量　　　　　　（单位：公斤）

	2003 年	2004 年	2005 年	2006 年	2007 年
年末粮食结存	1 320	1 445	1 396	1 346	1 294
小麦	299	298	274	261	230
稻谷	426	437	437	414	407
玉米	408	487	461	484	490
大豆	27	62	52	36	24
薯类	33	31	26	25	22

资料来源：全国农村固定观察点调查系统的历年常规调查，转引自尹成杰，《粮安天下：全球粮食危机与中国粮食安全》，中国经济出版社，2009 年，第 157 页。

3.5　生物燃料生产大国

证明中国不缺粮的另外一个理由是：在世界上燃料乙醇生产国当中，中国排名第三（见表 3-6）。

煤炭、石油、天然气都属于化石能源。要花费几亿甚至几十亿年的自然演变才能形成化石能源。地球上化石能源的总量有限，不可再生，用一点就少一点。科学家和地质学家估计，再过 20 年左右，地球上的石油资源就可能面临枯竭。因此，工业国家都在大力发展替代化石能源的新能源。生物能源是新能源的重要组成部分。根据联合国能源署公布的信息，如果将地球的宜林地全部种植能源作物，每年地球上通过光合作用转化的生物能相当于 990 亿吨标准煤。2012 年全球使用的煤炭、石油和天然气合在一起相当于 130 亿吨标准煤。从理论上讲，生物能源具有全面替代化石能源的潜力。[①] 在欧洲国家，生物质能源在新能源中的比重超过 60%，远远超过风能和太阳能。

---

① 资料来源：陈义龙，"抓住生物能源的发展机遇"，《人民日报》，2013 年 7 月 15 日。

表 3-6　燃料乙醇生产

地区	产量(百万加仑)	占比(%)	国别	产量(百万加仑)	占比(%)
北美	14 401	64.6858	美国	13 900	62.4354
南美	5 771	25.9219	巴西	5 573	25.0326
欧洲	1 164	5.2284	中国	646	2.9017
亚洲	889	3.9932	加拿大	462	2.0752
非洲	38	0.1707	澳大利亚	87	0.3908

资料来源:"我国燃料乙醇发展状况及展望",钢联咨询,2012 年 11 月 20 日。

美国是世界上生物燃料第一大生产国。在 2011 年美国用 4 700 万吨玉米生产燃料乙醇 13 900 百万加仑,占世界总产量的 62.4%。为了保证能够稳定地保障能源供给,美国计划到 2020 年生产生物质燃料 1.1 亿吨,替代化石石油制品达 40% 左右。

巴西名列生物燃料生产国的第二位。巴西得天独厚,盛产甘蔗,主要用甘蔗渣生产生物燃料。巴西在 2011 年生产生物燃料乙醇 5 573 百万加仑,占全球生物燃料总产量的 25%。

中国的生物燃料产量远远落后于美国和巴西,但是在世界上依然排名第三。开发新能源是我们迫在眉睫的战略任务。2013 年中国石油对外依存度高达 58%。据估计,到 2020 年我国原油对外依存度可能超过 75%,每年需要从海外进口原油 4.5 亿吨。从理论上讲,我国农业耕地、林业林地、宜林地总面积 100 亿亩,生物质能源开发潜力很大。由于利用植物茎秆转化生物燃料的技术还不成熟,成本较高,尚且不能付诸实际生产,目前,实践中可行的方案还是利用玉米来生产生物燃料。

近年来中国燃料乙醇的产量节节上升。从 2004 年的 68 万吨,上升为 2011 年的 193 万吨(646 百万加仑),耗用的玉米从 2004 年的 180 万吨上升为 2011 年的 510 万吨(见表 3-7)。占全球燃料乙醇总产量的 2.9%。按说中国人多地少,没有条件用粮食来生产生物燃料。有关部门解释说,库存 1—3 年的粮食属于正常口粮。库存 3—5 年的粮食通常被用作饲料。超过 5 年的存粮连做饲料的资格都没有了,只好用来生产生物燃料。这从另外一个角度说明,既然仓库中还有那么多 5 年以上的陈粮,自然不可能在短期内出现粮食短缺。

表 3-7　中国燃料乙醇产量　　　　　　　　　　（单位：万吨）

年份	燃料乙醇产量	燃料乙醇需用玉米量	玉米总产量	燃料乙醇耗用玉米的比重
2004	68	180	13 029	1.4%
2005	102	269	13 937	1.9%
2006	130	343	14 548	2.4%
2007	137	362	15 230	2.4%
2008	146	386	16 591	2.3%
2009	173	457	16 397	2.8%
2010	187	494	17 725	2.8%
2011	193	510	19 278	2.6%

资料来源：张雪莲，"发展燃料乙醇对我国玉米生产和贸易的影响"，《生态经济》，2013年第5期，第151页；"我国燃料乙醇发展状况及展望"，钢联咨询，2012年11月20日。

近年来，中国粮食进口数量逐年递增。特别是大豆进口数量在 2011 年超过了 5 000 万吨，有些人搞不清楚来龙去脉，惊呼中国可能缺粮了。其实，是否进口粮食和国内粮食市场是否短缺并没有必然的联系。如果粮食短缺，只好进口。但是，逆命题却并不一定成立。即使国内粮食并不短缺，为了优化农业生产结构，实现资源有效配置，提高农民收入，提高社会福利也不妨进口。拿进口粮食与否来判断粮食供求态势，未免顾此失彼。

由于当今国内并不缺粮，我们有把握说，无论中国耕地的数量是多少，18 亿亩也好，20 亿亩也好，只要耕地数量没有减少，过去我们能够做到自己养活自己，今后也能够独立自主地养活自己，用不着杞人忧天。

第4章

耕地增减的原因剖析

4.1 耕地总量增减的主要原因

人们提出坚守18亿亩耕地红线的口号,其主要原因是看到中国耕地总量从1999年的19.45亿亩急剧下降为2008年的18.26亿亩。在10年之内平均每年减少1190万亩,如果按照这种趋势发展下去,耕地总量很快就会下降到18亿亩以下。这还了得?

有些人担忧,随着耕地总量不断减少,中国粮食产销结构越来越脆弱,遭遇粮食危机的概率越来越高。国务院发展研究中心农村经济研究部研究员肖俊彦估计:"中国粮食安全保障条件十分脆弱,稍有松懈即会引发全局性严重问题。如果耕地下降到18亿亩以下,加上单位产量的下降及干旱等因素,粮食总产很容易下降至50 000万吨,则进口8 000万—10 000万吨粮食是必然之事,意味着占国内产量的15%—20%。"

若要了解耕地的变化趋势,不仅要看总量,更要关注各项细节。需要仔细分析导致耕地数量增加或减少的原因,然后才能找到其中的规律。

导致耕地数量上升的主要因素是土地开发、土地整理、土地复垦和农业结构调整;导致耕地下降的主要因素是建设用地、灾害损毁、生态保护退耕、农业结构调整。

表 4-1 给出了国家统计局公布的导致耕地数量变化的各项数据。

表 4-1 耕地增减变动情况 （单位：万亩）

年份	年初耕地面积	年内增加耕地面积	土地整理	土地复垦	土地开发	农业结构调整
1999	194 463	608	0	0	0	0
2000	193 808	906	63	98	275	469
2001	192 365	399	65	37	202	95
2002	191 424	512	79	53	260	121
2003	188 894	515	97	49	321	49
2004	185 088	796	86	90	343	277
2005	183 666	934	107	106	247	474
2006	183 124	1 080	118	95	337	529
2007	182 664	450	68	40	186	156
2008	182 603	388	93	44	208	44

年份	年内减少耕地面积	建设占用	灾害损毁	生态退耕	农业结构调整
1999	1 263	308	202	592	161
2000	2 349	245	93	1 144	867
2001	1 340	245	46	886	163
2002	3 041	295	85	2 138	524
2003	4 321	344	76	3 356	546
2004	2 217	439	95	1 099	584
2005	1 477	318	80	585	493
2006	1 540	388	54	509	589
2007	511	282	27	38	164
2008	417	287	37	11	81

资料来源：《中国国土资源统计年鉴》，2012 年，第 8 页。

表中的统计指标解释：

土地整理，在一定区域内按照土地利用规划，对田、水、路、林、村综合整治，提高农地质量，增加有效农地面积，改善农业生产条件和生态环境。其内容主要包括用地结构调整，零散地块归并，土地平整，道路、渠道等综合治理，村庄及乡村企业的集中、搬迁和内部改造等。

土地复垦，是指对生产建设过程中挖损、塌陷、压占、污染等造成破坏的土地和洪灾、滑坡、崩塌、泥石流、风沙等自然灾害损毁的土地,采用生物和工程技术手段,使其恢复到可供利用状态的活动。

土地开发,是指按照土地利用规划,在保护和改善生态环境、防治水土流失和土地荒漠化的前提下,对滩涂、盐碱地、荒草地、裸土地等未利用地的宜农土地进行整治。

农业结构调整,是指由于经济发展和保护生态环境需要,在报告期内对原有种植业、林业、牧业、水产养殖业、副业等所占土地在农业生产中所占比例进行调整。农业结构调整导致增加耕地是指由于农业结构调整,将原其他农业用途的土地改为耕地的面积。

建设占用,是指因各类建设占用而减少的耕地面积。

灾害损毁,是指因水冲、沙压、山崩、泥石流、沟蚀、地震等自然灾害破坏而减少的耕地面积。

生态退耕,是指因生态环境建设需要,实际耕地退耕还林、还牧、还湖的面积。

年内增加耕地面积,是指本年度因土地整理、土地复垦、土地开发和农业结构调整导致增加耕地面积之和。

年内减少耕地面积,是指本年度因建设占用、灾害损毁、生态退耕和农业结构调整而减少的耕地面积之和。

4.2 农业结构调整

在耕地增加的原因中有农业结构调整,在耕地减少的原因中也有农业结构调整。显然,农业结构调整是影响耕地数量的一个重要因素(见表4-2)。

表4-2 农业结构调整改变耕地数量　　　　　　　　(单位:万亩)

年份	农业结构调整增加面积	农业结构调整减少面积	净增加面积
1999	0	161	-161
2000	469	867	-398
2001	95	163	-68

(续表)

年份	农业结构调整增加面积	农业结构调整减少面积	净增加面积
2002	121	524	-403
2003	49	546	-497
2004	277	584	-307
2005	474	493	-19
2006	529	589	-60
2007	156	164	-7
2008	44	81	-37
合计	2 214	4 171	-1 957

资料来源：根据表 4-1 数据计算。

由于经济发展和保护生态环境需要，种植业、林业、牧业、水产养殖业、副业所占土地经常发生调整。种植业占用的耕地数量有增有减。例如，2007 年农业结构调整增加耕地面积 156 万亩，同时减少耕地 164 万亩，增减相抵，净减少 7 万亩耕地。从 1999 年到 2008 年的数据来看，由于农业结构调整而导致耕地减少的量大于增加的量。在 10 年时间内，总共有 1 957 万亩耕地被转换使用于林、牧、副、渔等，占耕地总量的 1% 左右。

农业结构调整并不意味着耕地流失。近年来，市场对于奶制品、水产品的需求上升速度较快，必然会导致更多的耕地被用于牧业和水产养殖业。市场主导的耕地用途调整是合理的。耕地只不过改换了用途，并没有流失，不足为虑。因此，在讨论耕地红线的时候可以将农业结构调整的影响撇除在外。

4.3 耕地复垦、整理和开发大有可为

在国土面积不变的前提下，开荒造田和耕地复垦、整治是增加耕地的主要途径。中国农民只要有可能就会开荒造田，这是几千年来的优良传统和长期趋势。

众所周知，位于平原、河谷等地的备用土地资源已经基本用尽。东南沿海地区的农民精耕细作，充分利用了每一块耕地，几乎没有开垦荒地的可能。可是，从全国的统计数字来看，耕地只占全部土地资源的 12.8%，未利用土地占

国土面积的 27.44%（见表 2-1）。特别是在中西部地区还有很大的开发耕地的潜在空间。

根据第二次土地调查的数据，东部地区耕地 39 446 万亩，占耕地总量的 19.4%；中部地区耕地 46 072 万亩，占 22.7%；西部地区耕地 75 652 万亩，占 37.3%；东北地区耕地 41 907 万亩，占 20.6%。虽然西部地区人少地多，但是耕地质量较差，山区部分耕地的坡度较大，缺乏水利灌溉的条件，开荒的难度比较大。不过，随着科学技术的发展和交通运输条件的改善，以前做不到的事情现在做到了，许多地方仍然有增加耕地的空间。2013 年，中央电视台播出《远方的家，百山百川行》，报道了许多地方大山深处的农民开垦荒地、平整土地，整治河滩、修建梯田，除了粮食之外，还种植了大量的经济作物和树苗等。显然，偏远地区的开荒过程还可能持续很多年。

从全国耕地的历史数据来看，中国农民开荒造田的过程从来就没有中断过。

1956 年全国耕地总量 16.77 亿亩。这个数据比较可信。1996 年根据现代卫星遥感技术得出全国耕地总量 19.51 亿亩。这个数据也比较可信。在第二次全国土地调查中采用现代科技和人工实测相结合的方法得到在 2009 年全国耕地总量 20.3 亿亩。尽管有些人认为其精确度还有待提高，可是目前还找不到更准确的数据，这个数字基本上可信。

从这三个节点来看，中国耕地总量一直在增加。不同时期耕地增长速度不同，增速在下降。

在 1949 年到 1956 年期间，年均耕地增加 2 985.7 万亩。

在 1957 年到 1996 年期间，年均增加 913 万亩。

在 1996 年到 2009 年期间，年均增加 607 万亩。

耕地增加速度下降的原因可能有两个：第一，改革开放以后，城镇化速度加快，基本建设占用土地大幅度增加；第二，可供开垦的荒地越来越少，开荒难度越来越大。

按照统计年鉴上的数据，全国耕地数量持续下降，从 1957 年的 16.77 亿亩下降为 1995 年的 14.24 亿亩，平均每年减少 665 万亩（见表 4-3）。按照遥感图像提供的数据,在1957年到1995年期间,每年耕地增加913万亩。为什么两组数据的变化趋势相反?

表4-3 开荒增加的耕地数量　　　　　　　　　　　（单位:万亩）

年份	统计耕地数量	建设用地	实际耕地数量	累积新增耕地数量	每年开荒增加耕地
1957	167 745	8	168 420	675	675
1958	160 351	-7 394	169 103	8 752	8 077
1959	156 869	-3 482	169 786	12 917	4 165
1960	157 292	423	170 469	13 177	260
1961	154 966	-2 326	171 152	16 186	3 009
1962	154 355	-611	171 835	17 480	1 294
1963	154 090	-265	172 518	18 428	948
1964	154 968	878	173 201	18 233	-195
1965	155 391	423	173 885	18 493	260
1966	154 437	-954	174 568	20 131	1 637
1967	153 846	-591	175 251	21 405	1 274
1968	152 330	-1 516	175 934	23 604	2 199
1969	152 190	-140	176 617	24 427	823
1970	151 702	-488	177 300	25 598	1 171
1971	151 049	-653	177 983	26 934	1 336
1972	150 922	-127	178 666	27 744	810
1973	150 319	-603	179 349	29 030	1 286
1974	149 868	-451	180 032	30 164	1 134
1975	149 562	-306	180 715	31 153	989
1976	149 082	-480	181 398	32 316	1 163
1977	148 871	-211	182 081	33 210	894
1978	149 084	213	182 764	33 680	470
1979	149 247	163	183 447	34 200	520
1980	148 958	-289	184 130	35 172	972
1981	148 556	-402	184 813	36 257	1 085
1982	147 909	-647	185 496	37 587	1 330
1983	147 539	-370	186 179	38 640	1 053
1984	146 781	-758	186 862	40 081	1 441
1985	145 269	-1 512	187 546	42 276	2 195

（续表）

年份	统计耕地数量	建设用地	实际耕地数量	累积新增耕地数量	每年开荒增加耕地
1986	144 345	-924	188 229	43 884	1 607
1987	143 833	-512	188 912	45 079	1 195
1988	143 583	-250	189 595	46 012	933
1989	143 484	-99	190 278	46 794	782
1990	143 509	25	190 961	47 452	658
1991	143 480	-29	191 644	48 164	712
1992	143 139	-341	192 327	49 188	1 024
1993	142 652	-487	193 010	50 358	1 170
1994	142 360	-292	193 693	51 333	975
1995	142 456	96	194 376	51 920	587

注：建设用地＝历年统计数字之差；实际耕地数字取自1957年和1995年两年耕地数字的回归线；开荒新增耕地＝耕地回归线－耕地统计数量；每年新增耕地＝开荒新增耕地－建设用地。

在改革开放之前，"以阶级斗争为纲"的政治运动严重地干扰了经济建设。在动荡岁月中没有实际调查耕地数量。统计部门手中只有前一年各地上报来的基本建设占用土地的数据。于是，他们只能假定耕地总量不变，在前一年耕地数量上扣除基本建设占用土地数量，得到下一年的耕地数据。如此计算，全国耕地数量必然呈现逐年下降趋势。

表4-3中第二列数字是历年统计耕地数量之差，可以近似表示当年建设用地的数量。从数据可见，在1958年"大跃进"期间，占用农田7 394万亩。在1959年占用农田有所减少，3 482万亩。遭遇大饥荒之后，在1960年不仅没有新占农田还退耕423万亩。在改革开放之后，1985年和1986年基建占用农田最多，如此等等。显然，这个分析很粗略，远远不能作为讨论政策的依据。事实上，在这一时期内，统计部门曾经多次要求各地上报新增耕地数字，并且把这些数字加进了统计之中。由于没有科学的统计方法，各地上报的数字水分和误差很大，可信度比较低。低质量的数据加总，垃圾进，垃圾出，没有多大的意义。

在1995年，耕地总量从14.25亿亩增加为19.51亿亩，猛增5.26亿亩。毫无疑问，在任何时候全国耕地总量都不可能骤变。绝对不可能在一年时间内耕地数量猛增36%。这个增量是40年来开荒和土地治理的结果,平均每年土地开发增加1 315万亩。

如果把1956年耕地数量(16.77亿亩)和1996年耕地数量(19.51亿亩)这两点连接起来,可以近似推断这一时期的实际耕地数量。表4-3中第三列给出了线性回归分析后的实际耕地数据。如果从1956年耕地16.77亿亩画条水平线,在这条线之下和统计数据线之间的距离近似看成建设占用土地,回归线和统计数据线之间的距离近似看成开荒增加耕地数字,相关数据分别列在表4-3的第四和第五列。由于开荒新增耕地数量超过了1956年到1996年这40年内基本建设用地数量(2.52亿亩),才使得1996年的耕地面积比1956年增加了2.74亿亩。

因为在这段时间内耕地数据的精确度很差,计算出来的结果必然有较大的偏差,只能作为参考。无论如何我们可以得出这样的结论:在1957年到1995年期间,中国农民每年开荒造田增加的耕地扣除了基本建设占用之后,还能实现耕地总量逐年增加。

近年来,统计数据的覆盖面和准确程度有了很大的改进。在《中国国土资源统计年鉴》上给出了2003年以后土地项目整治竣工的数据。

表4-4　土地项目整治竣工情况(2011年)　　　　(单位:万亩)

	合计	土地整理	土地复垦	土地开发	新增农用地	新增耕地
2003	—	—	—	—	421.4	371.6
2004	—	—	—	—	437.4	397.8
2005	—	—	—	—	395.6	367.5
2006	1 122.7	786.3	104.3	232.2	428.1	401.2
2007	1 414.4	1 079.0	86.7	248.7	435.8	411.0
2008	1 595.9	1 234.2	89.1	272.6	504.0	479.0
2009	1 311.9	1 049.7	46.3	215.9	457.4	403.4
2010	2 110.2	1 717.4	75.3	317.6	575.3	560.6
2011	1 914.2	1 450.0	61.4	402.8	596.4	524.7
北京	14.5	14.2	0.0	0.3	0.8	0.8
天津	6.4	0.0	0.0	6.4	6.1	6.1

(续表)

	合计	土地整理	土地复垦	土地开发	新增农用地	新增耕地
河北	118.0	101.2	71.6	16.2	23.2	23.2
山西	15.6	4.9	0.3	10.4	9.7	9.5
内蒙古	51.0	38.4	0.0	12.7	13.7	13.7
辽宁	63.6	58.8	3.9	0.9	3.6	3.6
吉林	8.4	7.6	0.8	0.0	1.6	1.6
黑龙江	63.5	59.9	3.6	0.0	10.5	10.1
上海	6.7	1.3	3.8	1.6	5.1	5.1
江苏	86.3	69.4	10.3	6.6	20.7	20.7
浙江	20.8	1.9	0.0	18.9	16.8	16.7
安徽	42.1	13.8	15.9	12.4	85.4	23.9
福建	43.4	34.8	0.3	8.3	14.7	11.7
江西	30.2	8.6	2.4	19.2	17.9	17.9
山东	80.0	70.5	2.0	7.5	16.6	15.7
河南	149.0	110.9	4.4	33.7	44.5	43.5
湖北	98.0	73.8	2.8	21.4	28.2	27.8
湖南	41.8	20.7	0.3	20.8	18.0	17.8
广东	39.6	2.2	0.0	37.4	34.8	34.7
广西	32.0	13.9	0.0	18.0	15.1	15.1
海南	9.6	7.5	0.0	2.1	2.1	2.1
重庆	39.6	37.6	0.1	1.9	7.6	7.5
四川	435.5	427.3	0.7	7.6	51.6	50.0
贵州	41.0	11.5	1.4	28.1	26.4	26.3
云南	83.6	61.9	3.0	18.7	23.6	22.7
西藏	0.0	0.0	0.0	0.0	0.0	0.0
陕西	23.0	2.6	3.7	16.7	18.5	18.1
甘肃	157.9	113.5	0.9	43.5	42.4	42.2
青海	2.9	2.5	0.1	0.4	2.1	2.1
宁夏	25.7	9.7	0.0	16.0	12.6	12.3
新疆	84.4	69.2	0.0	15.2	22.4	22.1

资料来源：《中国国土资源统计年鉴，2012》，第38页。其中2003年、2004年与2005年新增农用地、新增耕地数据来自该年鉴第3页的图6"2003—2011年土地整治增加农用地和耕地面积情况"。

由表中数据可见,列入国家耕地整治项目的土地数量处于上升态势。土地开发的数量从2006年的232.2万亩逐年上升到2011年的402.8万亩。新增农用地从2003年的421.4万亩到2011年上升为596.4万亩。其中,新增耕地从2003年的372.6万亩(此处为另外计算结果,故与表中数字不符)上升为2011年的524.7万亩。

在1999年到2008年的10年内,全国总共开发土地2378万亩,通过土地整理增加耕地776万亩,土地复垦611万亩。三项合计增加耕地3765万亩,平均每年增加耕地376.5万亩。显然,受到自然条件的制约,最近几年开发耕地的数量大大低于上个世纪。可是,依然可以预期在未来保持这样的趋势:每年开发的耕地在200万—300万亩之间。通过土地整理和复垦还可以增加耕地100万—200万亩。

如同人们所预期的那样,内陆省区新增耕地数量遥遥领先。四川、河南等省人口密度很高,在2011年分别新增耕地50万亩和43.5万亩,名列前茅。人口较少的甘肃省也取得很好的成绩,新增耕地42.2万亩。连人口密度很高的东南沿海各省也在不断新增耕地,例如广东新增耕地34.7万亩,江苏新增耕地20.7万亩,浙江新增耕地16.7万亩,福建新增耕地11.7万亩。众所周知,东南沿海各省新增耕地的难度比内陆省区更大,但是实践证明,只要依靠农民群众,充分发挥市场机制的作用,不断改进农村土地制度,就有可能不断扩大新增耕地空间。绝对不能低估农民开荒造田的主观能动性。那种认为中国已经没有开发耕地空间的悲观论点可以休矣。

4.4 开发耕地的潜在空间

究竟中国有多少后备耕地可供开发?各个部门的估计数字大不相同。

国土资源部的《2005年土地变更调查报告》估计,全国可开发后备土地资源约为13.12亿亩,可开垦耕地约为2亿亩。其中,西北地区的河西走廊、准格尔盆地、伊犁河流域、塔里木盆地等耕地后备资源最为集中,可开发利用6000万亩;东北地区三江平原、松嫩平原、嫩江上游、辽河平原及西辽河流域等也有潜力,可开发利用1 000万亩。

2010年,国家发改委向全国人大报告粮食安全工作时认为,中国可开垦成耕地的土地不足7 000万亩。

在2011年,国土资源部公布的资料则认为,中国集中连片耕地后备资源1.1亿亩,主要分布在北方和西部的干旱地区。

国务院发展研究中心在一份报告中指出:"总体上,未来企图依靠后备资源弥补耕地'农转非'缺口是不现实的。大体估计,目前可靠的全国后备耕地在3 000万亩左右,但不能弥补2020年占用4 500万亩的缺口。"

他们有四点理由:

第一,长期内西北地区难以提供大规模可耕之地。2003年,中国工程院课题组向国务院提供的《西北地区水资源配置、生态环境建设和可持续发展战略研究》指出:西北地区(新疆、青海、甘肃、宁夏、陕西和内蒙古六省区)水资源量多年平均仅占全国总量的5.84%;水资源开发利用率严重超高,其中甘肃的河西走廊各河、新疆的塔里木河和天山北坡各河有的甚至超过100%。即使南水北调西线工程完成,也不能改变西北部地区严重缺水状态。因此该地区将来应该调整产业结构,减少粮食生产用地用水,而不是继续开垦土地用于粮食生产。

第二,村庄整治、农民变市民节约土地短期内难以实现。经过近十年村庄整治浪潮,便于整理节省之地已所剩无多,其余则多数处于山区、干旱半干旱以及荒漠之地。

第三,耕地质量继续下降难以避免。中国耕地总体质量不高,18亿亩耕地中,高标准基本农田仅占30%,中低产田分别为6亿亩和5亿多亩。而按照《全国主体功能区规划》提出的"两纵三横"的城市化战略格局,到2020年建设占用耕地用地3万平方公里(即4 500万亩),实际上仍是传统占地扩张思路。中国耕地质量等别分布上存在着人口稠密地区、经济发达地区与优质耕地分布区域三者高度复合的特点。按照规划,到2020年占用4 500万亩耕地,大多数是良田,相当于劣质耕地1亿亩以上,减少粮食产量应当不低于2 000万吨。即是说,21世纪头20年,中国将因为耕地"占优补劣"导致粮食生产量减少3 000万吨。

第四,为改善生态环境,国家从1999年起实施退耕还林工程,到2007年总计退耕还林1.4亿亩。但从2007年停止增加退耕还林面积,其目的是确保"十一五"期间耕地不少于18亿亩。中国土地过度开垦在生态安全方面还有欠账,稍有退耕即会突破18亿亩耕地安全线。

由于各家对后备耕地的定义不一样,报告的数字难免相差颇大。总的来说,虽然还有一定的后备耕地可供开发,但是,为了保护生态环境,不应当把保证粮食安全的希望寄托在开发后备耕地上。

4.5 阶段性的退耕还林

耕地数量受到一正一负两方面的影响:开荒和土地治理,增加耕地;基本建设(工业、交通、住房等)、灾害毁损、生态保护退耕,减少耕地。耕地面积或增或减,就看哪个影响更大。

灾害毁损的耕地数量占耕地总面积的比例不大。① 在1998年华东发生百年不遇的洪水,耕地毁损202万亩。随后,灾害毁损耕地的数量一直控制在80万亩左右。在2006年灾害毁损耕地54万亩。2007年灾害毁损耕地下降为27万亩,2008年灾害毁损耕地为37万亩。一般来说,倘若遭遇自然灾害,难免毁损一些耕地。灾害过后尚可重整治理,恢复垦种。

本节集中讨论生态保护退耕对耕地数量的影响。基本建设导致耕地数量减少的话题放在第5章讨论。

1998年,在遭遇百年不遇的大洪水之后,人们发现,洪灾爆发的频率越来越高,灾情越发严重,究其原因与水土流失、生态破坏密切相关。痛定思痛,亡羊补牢,中央在1999年决定从四川、陕西和甘肃开始大规模实施生态保护,退耕还林,从而导致耕地数量大幅度减少。国务院西部地区开发领导小组确定

---

① 假定全国耕地总量为18亿亩,倘若灾害毁损的耕地为180万亩,相当于耕地总面积的0.1%。

在 2001—2010 年退耕还林 1 467 万公顷(22 005 万亩)。① 根据中央颁布的退耕还林政策,黄河和海河流域每亩退耕地补助原粮每年 200 斤,长江和淮河流域每亩退耕地补助原粮每年 300 斤。还生态林的至少补助 8 年,还经济林的补助 5 年,还草的补助 2 年。每亩退耕地和宜林荒山荒地补助现金 20 元,种苗造林费 50 元。

不言而喻,实施退耕还林政策的前提是国家有足够的粮食发放原粮补贴。这从另外一个角度说明中国不缺粮。在短短几年期间,当初内蒙古、云南等生产建设兵团辛辛苦苦开垦出来的耕地几乎都退耕还林、退耕还牧了。从 1999 年到 2008 年,总共退耕 10 360 万亩。

退耕还林是 2002 年到 2006 年期间耕地减少的主要原因。例如,在 2002 年耕地减少 3 041 万亩,其中退耕还林 2 138 万亩,占耕地减少量的 70.3%。在 2003 年耕地减少 4 321 万亩,其中退耕 3 356 万亩,占 77.67%。2004 年耕地下降 2 217 万亩,其中退耕 1 099 万亩,占 49.6%。随后,退耕数量逐年减少。在 2005 年、2006 年分别退耕 585 万亩和 509 万亩。到了 2007 年退耕工作高潮已过,退耕数量只有 38 万亩。在 2008 年耕地减少 417 万亩,其中退耕数量只有 11 万亩,只占 2.64%。由于退耕涉及发放各种补贴,因此,这个统计数字比较准确。

截至 2012 年年底,为了退耕还林中央累计投入 3 247 亿元。全国有 2 279 个县,1.24 亿农民受益。实施退耕还林工程的地区森林覆盖率平均提高 3 个多百分点,水土流失和风沙危害明显减轻。

虽然全国范围大规模的退耕还林高峰期已经过去了,但是并不意味着可以忽视生态修复、环境保护的任务。在过去 30 年高速经济增长中,片面追求 GDP 高增长率,导致生态环境严重透支,欠账甚多。生态脆弱的面积已占国土总面积的 60%以上。2013 年 8 月,国家林业局启动生态红线保护行动,要求全国林地面积不低于 46.8 亿亩,森林面积不低于 37.4 亿亩,湿地面积不少于 8 亿亩,治理宜林宜草沙化土地、恢复荒漠植被不少于 53 万平方公里。生

---

① 参见《国务院关于进一步做好退耕还林还草试点工作的若干意见》(国发[2000]24 号)和《国务院关于进一步完善退耕还林政策措施的若干意见》(国发[2002]10 号)。

态保护的任务非常艰巨。根据第七次全国森林资源清查（2004—2008年）结果，现有森林面积29.25亿亩，远远低于森林红线的要求。几年来，全国每年造林八九千万亩，起码要继续努力8年以上才能达到要求。① 2012年9月19日，国务院常务会议要求，适当安排"十二五"时期重点生态脆弱区退耕还林任务。自2013年起，适当提高巩固退耕还林成果部分项目的补助标准。中央2013年一号文件明确提出，要巩固退耕还林成果，统筹安排新的退耕还林任务。

退耕还林纠正了过去违背自然规律，"左"倾蛮干的历史错误。众所周知，退耕还林是一项阶段性的工作。一旦完成之后就不会再度发生。可以预见，生态退耕不再成为今后耕地减少的主要原因。事实上，在政府财政支出中用于退耕还林的预算已经微乎其微。②

从1999年到2008年，总共退耕10 360万亩。如果扣除退耕还林导致的耕地减少，在1996年到2012年期间耕地减少2 140万亩，平均每年减少134万亩。不必大惊小怪。在核算今后耕地增减的时候没有必要考虑退耕的影响。某些人根据退耕还林高峰时期的数据线性外推，得出耕地会继续大幅度下降的结论，这样的判断缺乏现实数据的支持。

4.6 耕地数量增减平衡表

前几年，各级官员在强调坚守18亿亩土地红线的时候，反复阐明耕地面积在2006年只剩下18.27亿亩，已经非常接近红线了。按照公布的统计数据，1994年耕地总量为19.4亿亩，到2012年下降为18.25亿亩，耕地减少了1.2亿亩（具体数据参见表2-2），平均每年减少522万亩。各类媒体普遍引用这些数字，呼吁民众提高警觉，增强保护耕地的意识。

2013年12月底，国家统计局公布了第二次土地调查的结果，在2009年年

---

① 资料来源：顾仲阳，"生态红线为何高设"，《人民日报》，2013年8月4日。
② 为了继续治理生态环境，延安市政府决定自筹资金30亿元，用4年时间，逐步将全市25度以上的坡耕地224万亩全部退耕还林。详见《人民日报》，2013年5月14日。

底，全国耕地数字为 20.2 亿亩。和原来官方公布的数字相比，耕地总量多出来 2 亿亩。在 1994 年到 2009 年期间，耕地从 19.4 亿亩增加到 20.2 亿亩，净增 8 000 万亩，平均每年增加 533 万亩。

人们不禁要问，究竟哪个数字比较靠谱？

两组数字来自不同的统计手段，难免相差甚远。

在任何时候都要相信科学。第二次土地调查投入了大量人力物力，将现代科学技术和人工核查结合在一起，学风比较严谨，得出的数字更贴近真实。

有必要进一步剖析这两个不同的变化趋势。

在《中国国土资源统计年鉴》中有两组数据，第一组是耕地增减变动情况（在本书中列为表 4-1），另一组是土地项目整治竣工情况（表 4-4）。土地整治项目主要由国家投资，列入计划。通常只有规模较大的项目才能被纳入土地整治项目的统计。农村集体或个人进行的土地整治（开荒、复垦、整理等）分散于各地，零零星星，规模不大，很难统计，所以没有被纳入统计数字。可是，千家万户的农民开荒、复垦、整理土地，加到一起，数字非常可观，不可忽视。

按照一般道理来讲，全国耕地增加数量应当大于土地项目整治竣工数字。可是，耕地总量变化数据中土地整理、复垦、开发的数字却明显低于由政府主导的土地整治项目竣工数字。① 按照总量统计数据，在 2006 年到 2008 年的三年内，土地整理、复垦和开发平均每年 396 万亩（见表 4-5）。按照政府主导的土地整治项目统计数据，在这个时期内土地整理、复垦、开发平均每年 1 378 万亩（见表 4-6）。无论如何，全国耕地增加量应当大于政府主导的土地整理、复垦和开发数量。由于涉及政府的行政开支，政府主导的土地整理、复垦、开发的数字比较可信。由此可以判断，由于严重缺失了民间开荒、整治土地的数字，全国耕地总量中土地整理、复垦和开发的数字被低估了。

---

① 在《中国国土资源统计年鉴》中耕地变更数据只显示到 2008 年。显然，在开展了第二次土地调查之后，统计当局已经注意到原有耕地数据中存在的问题。因此，我们的分析比较只能局限在 2006 年到 2008 年这三年的数据。

表 4-5　耕地总量中土地整理、复垦、开发数量　　（单位：万亩）

年份	土地整理	土地复垦	土地开发	合计
2006	118	95	337	550
2007	68	40	186	294
2008	93	44	208	345
平均值	93	60	244	396

资料来源：根据表 4-1 计算。

表 4-6　土地整治项目竣工中土地整理、复垦、开发的数量　　（单位：万亩）

年份	土地整理	土地复垦	土地开发	合计
2006	786	104	232	1 123
2007	1 079	87	249	1 414
2008	1 234	89	273	1 596
平均值	1 033	93	251	1 378

资料来源：根据表 4-4 计算。

相对来说，耕地减少的数据比较准确。在 2006 年到 2008 年期间，每年建设占用的土地平均为 319 万亩。由于灾害毁损的土地平均 39 万亩。两者合计，每年平均减少耕地 358 万亩（见表 4-7）。

表 4-7　每年减少的耕地面积　　（单位：万亩）

年份	建设占用	灾害损毁	合计
2006	388	54	442
2007	282	27	309
2008	287	37	324
平均值	319	39	358

资料来源：根据表 4-1 计算。

从表 4-4 可见，在土地整理、复垦、开发总量中新增耕地数量仅占三分之一左右。在 2006 年到 2008 年期间，新增耕地平均每年为 430 万亩。[①]

从上述简单的计算中可以得到这样的耕地增减平衡关系：如果仅仅考虑政府主导的耕地整治开发，姑且不计民间的开荒、造田，在 2006 年到 2008 年

[①] 在本章的计算中没有考虑农业结构调整导致的耕地数量变化。由于生态退耕任务已经在 2007 年基本告一段落，因此在讨论耕地数量变化的长期趋势时也没有考虑生态退耕对耕地的影响。

期间,耕地增加每年平均430万亩,减少358万亩。增减相抵,每年净增72万亩。总的来说,中国耕地总量处于上升态势。当然,并不排除在2000年到2007年大规模退耕还林期间耕地总量下降的状况。

必须指出,在这个计算中耕地增加量仅仅考虑了由政府主导的耕地整治项目,而没有包括广大农民自己开荒、整治土地所增加的耕地在内。如前所述,由于土地产权不清晰,没有任何激励机制鼓励农民报告开荒所增加的耕地。在短期内很难得到确切的耕地数字。但是,我们相信中国农民的勤劳、勇敢和无穷的创造力,只要有条件,他们一定会以愚公移山的精神不断地开拓耕地。因此,我们可以有把握地判断,中国耕地的总量并没有减少,而且一直保持着增长态势。

第二次全国土地调查得到的数据证实了这个判断。全国耕地总量从1994年的19.2亿亩增加到2009年的20.2亿亩,平均每年增加533万亩。政府对增加耕地的贡献大约占13.5%左右,农民的贡献占据绝对主力。

中国农民的艰苦奋斗精神真了不起。政府主导的耕地整治项目固然很重要,可是千百万农民对增加耕地的贡献远远大于政府项目。在扣除了2000年到2007年期间大规模退耕还林的土地之后还能保持中国耕地不断增长的趋势,彰显出中国农民无穷的创造力。中国农民万岁!

第 5 章

节约使用建设用地

5.1 耕地红线和基本建设用地的矛盾

提出坚守 18 亿亩耕地红线的口号很简单,如何执行却是另外一回事。坚守 18 亿亩耕地红线似乎和城镇化相互矛盾。

人人都知道,城镇化是不可阻挡的历史潮流。2012 年全国城镇人口 7.1 亿,城镇化率 52.57%。和外国相比,2010 年北美的城镇化率为 80.7%,拉丁美洲 79.6%,欧洲 72.8%,大洋洲 70.2%,亚洲 39.8%,非洲 37.9%。全球城镇化的平均值为 52.55%。中国的城镇化率在 2012 年刚刚达到全球的平均水平。按照比较保守的估计,如果在今后 10 年内城镇化程度达到东欧各国的水平,起码有 1 亿多人口要从农村转移进城。这些人不仅要有住房,还要相应地建设公共服务、厂房、仓储、运输设施。哪一项不要占用土地?按照官方统计数据,在 2012 年耕地总量 18.2 亿亩,已经很接近 18 亿亩红线了。今后还要不要审批建设用地?

显然,绝对不批准新的住房、工业、交通等基本建设项目是不可能的,批少了也不行。保障粮食安全的关键在于开源节流,量入为出,一方面要千方百计通过开荒、整治、置换等增加耕地数量,另外一方面要严格控制基本建设用地,节约用地,提高土地利用效率。因此,有必要拓展视野,详细剖析基本建设用地的结构和数量,在耕地增减变动数据后面探索更多的信息,只有这样才能为制定土地政策提供更踏实的数据基础。

5.2 审批建设用地的分类

按照统计口径,建设用地分为城镇村建设用地和单独选址建设用地两大类。

城镇建设用地分为商业服务、工矿仓储、住宅、公共管理与服务、交通运输等用地。

单独选址建设用地分为交通运输、水利设施和能源用地。

从表5-1中可见,城镇村建设用地逐年增加,从2006年的359.8万亩上升为2011年的556.9万亩。单独选址建设用地从2006年的249.2万亩上升为2011年的360.6万亩。在多数年份,城镇村建设用地占60%左右,单独选址建设用地占40%左右。

表5-1 审批建设用地 （单位:万亩）

	总计	城镇村建设用地	占比	单独选址建设用地	占比
2006	609.0	359.8	59.1%	249.2	40.9%
2007	619.2	370.1	59.8%	249.1	40.2%
2008	598.2	387.7	64.8%	210.4	35.2%
2009	881.5	425.3	48.2%	456.3	51.8%
2010	808.9	508.8	62.9%	300.2	37.1%
2011	917.5	556.9	60.7%	360.6	39.3%
北京	3.0	3.0	100.0%	0.0	0.0%
天津	12.2	10.2	83.6%	2.0	16.4%
河北	35.2	27.5	78.1%	7.8	22.2%
山西	24.8	16.2	65.3%	8.5	34.3%
内蒙古	44.1	25.6	58.0%	18.4	41.7%
辽宁	52.7	31.6	60.0%	21.1	40.0%
吉林	26.9	16.9	62.8%	10.0	37.2%
黑龙江	31.2	15.9	51.0%	15.3	49.0%
上海	5.0	3.9	78.0%	1.1	22.0%
江苏	46.3	33.8	73.0%	12.6	27.2%

(续表)

	总计	城镇村建设用地	占比	单独选址建设用地	占比
浙江	25.7	19.2	74.7%	6.5	25.3%
安徽	28.8	21.6	75.0%	7.2	25.0%
福建	25.9	19.4	74.9%	6.5	25.1%
江西	44.5	29.3	65.8%	15.2	34.2%
山东	33.4	27.7	82.9%	5.7	17.1%
河南	63.2	28.4	44.9%	34.8	55.1%
湖北	35.6	29.9	84.0%	5.8	16.3%
湖南	39.7	25.9	65.2%	13.8	34.8%
广东	36.9	21.9	59.3%	15.0	40.7%
广西	27.0	15.4	57.0%	11.6	43.0%
海南	10.7	4.6	43.0%	6.1	57.0%
重庆	14.0	8.7	62.1%	5.3	37.9%
四川	48.1	32.6	67.8%	15.4	32.0%
贵州	39.6	18.2	46.0%	21.4	54.0%
云南	28.5	9.8	34.4%	18.7	65.6%
西藏	—	—	—	—	—
陕西	30.5	18.2	59.7%	12.2	40.0%
甘肃	17.0	5.9	34.7%	11.2	65.9%
青海	3.7	1.3	35.1%	2.4	64.9%
宁夏	10.7	8.4	78.5%	2.3	21.5%
新疆	72.6	25.9	35.7%	46.7	64.3%

资料来源:根据《中国国土资源统计年鉴》,2012年,第75页,由公顷折算为万亩。

5.3 基本建设占用的耕地

经过国土资源部门审批用于基本建设的土地并不全部是耕地。从表5-2中可见,在2011年审批建设用地917.5万亩,其中农用地转用615.8万亩,占用耕地的面积为379.5万亩。在全部审批建设用地当中有41.4%是耕地。在审批建设用地中耕地比例超过50%的有辽宁、吉林、黑龙江、浙江、河南、湖北、重庆、四川、陕西等。占用耕地最少的有内蒙古、海南和北京。

表 5-2 审批用地中耕地的比例　　　　　　　　　　（单位：万亩）

	审批用地	农用地转用	耕地	耕地占审批用地比例
2006	609.0	432.1	283.1	46.5%
2007	619.2	411.5	265.3	42.8%
2008	598.2	405.3	260.0	43.5%
2009	881.5	620.7	366.5	41.6%
2010	808.9	562.4	350.6	43.3%
2011	917.5	615.8	379.5	41.4%
北京	3.0	1.5	0.8	26.7%
天津	12.2	8.5	5.3	43.4%
河北	35.2	20.2	14.4	40.9%
山西	24.8	15.9	12.3	49.6%
内蒙古	44.1	24.0	8.2	18.6%
辽宁	52.7	38.1	28.6	54.3%
吉林	26.9	23.0	17.2	63.9%
黑龙江	31.2	25.5	18.5	59.3%
上海	5.0	3.4	2.5	50.0%
江苏	46.3	23.4	16.6	35.9%
浙江	25.7	18.8	13.3	51.8%
安徽	28.8	15.4	11.0	38.2%
福建	25.9	20.0	8.4	32.4%
江西	44.5	33.7	14.2	31.9%
山东	33.4	20.7	15.4	46.1%
河南	63.2	37.6	32.0	50.6%
湖北	35.6	28.7	19.1	53.7%
湖南	39.7	30.3	15.6	39.3%
广东	36.9	26.2	7.5	20.3%
广西	27.0	21.6	11.1	41.1%
海南	10.7	9.1	2.1	19.6%
重庆	14.0	11.3	7.3	52.1%
四川	48.1	37.7	25.0	52.0%
贵州	39.6	26.3	18.3	46.2%
云南	28.5	21.8	12.4	43.5%
西藏	—	—	—	

(续表)

	审批用地	农用地转用	耕地	耕地占审批用地比例
陕西	30.5	23.4	16.3	53.4%
甘肃	17.0	8.4	6.6	38.8%
青海	3.7	2.2	1.0	27.0%
宁夏	10.7	5.9	4.2	39.3%
新疆	72.6	32.7	14.4	19.8%

资料来源:《中国国土资源统计年鉴》,2012年,第75页。

5.4 单独选址建设用地

在单独选址建设用地当中交通运输占地的比例最高。

高铁和高速公路建设突飞猛进。截至2013年年底,铁路营业里程已经突破10万公里,其中高铁运营里程突破1万公里。在此基础上,2014年国家将投资修建铁路新线6 600公里,开工项目44个。我国高速公路的通车总里程已达9.56万公里,居世界第一位。每年全国新增高速公路里程都在3 000公里以上,基本形成了贯通全国的高速公路网。① 交通运输用地也逐年增加,从2006年的82.6万亩上升到2011年的212.1万亩。交通运输用地占单独选址建设用地的比例从2006年的33.1%上升为2011年的58.8%。在2010年曾经达到59.3%(见表5-3)。

表5-3 单独选址建设用地 （单位:万亩）

	总计	交通运输用地	占比	水利设施用地	占比	能源用地	占比
2006	249.2	82.6	33.1%	91.9	36.9%	—	—
2007	249.1	109.0	43.8%	60.5	24.3%	—	—
2008	210.4	119.4	56.7%	51.4	24.4%	—	—
2009	456.3	237.5	52.0%	65.6	14.4%	121.2	26.6%
2010	300.2	177.9	59.3%	33.4	11.1%	61.0	20.3%
2011	360.6	212.1	58.8%	79.5	22.0%	41.3	11.5%

① 资料来源:"数字中国",《人民日报》,2014年1月10日。

(续表)

	总计	交通运输用地	占比	水利设施用地	占比	能源用地	占比
北京	0.0	0.0		0.0		0.0	
天津	2.0	2.0	100.0%	0.0	0.0%	0.0	0.0%
河北	7.8	5.8	74.4%	0.3	3.8%	1.6	20.5%
山西	8.5	5.6	65.9%	1.3	15.3%	1.4	16.5%
内蒙古	18.4	12.4	67.4%	1.2	6.5%	3.7	20.1%
辽宁	21.1	8.7	41.2%	9.5	45.0%	2.7	12.8%
吉林	10.0	8.2	82.0%	0.5	5.0%	0.7	7.0%
黑龙江	15.3	8.8	57.5%	3.5	22.9%	2.9	19.0%
上海	1.1	0.0	0.0%	0.0	0.0%	0.0	0.0%
江苏	12.6	10.4	82.5%	0.8	6.3%	0.3	2.4%
浙江	6.5	3.3	50.8%	2.6	40.0%	0.4	6.2%
安徽	7.2	5.1	70.8%	0.0	0.0%	0.7	9.7%
福建	6.5	6.4	98.5%	0.1	1.5%	0.0	0.0%
江西	15.2	13.7	90.1%	0.0	0.0%	0.8	5.3%
山东	5.7	4.7	82.5%	0.0	0.0%	0.5	8.8%
河南	34.8	3.5	10.1%	30.7	88.2%	0.3	0.9%
湖北	5.8	2.4	41.4%	2.6	44.8%	0.4	6.9%
湖南	13.8	12.1	87.7%	0.7	5.1%	0.2	1.4%
广东	15.0	11.1	74.0%	1.5	10.0%	1.7	11.3%
广西	11.6	9.1	78.4%	1.3	11.2%	0.2	1.7%
海南	6.1	0.0	0.0%	4.3	70.5%	0.0	0.0%
重庆	5.3	3.3	62.3%	1.1	20.8%	0.3	5.7%
四川	15.4	9.9	64.3%	1.0	6.5%	3.0	19.5%
贵州	21.4	7.9	36.9%	4.3	20.1%	9.1	42.5%
云南	18.7	11.0	58.8%	3.6	19.3%	0.4	2.1%
西藏	—	—	—	—	—	—	—
陕西	12.2	10.4	87.7%	0.7	5.7%	0.7	5.7%
甘肃	11.2	8.4	75.0%	0.2	1.8%	2.6	23.2%
青海	2.4	1.1	45.8%	1.0	41.7%	0.2	8.3%
宁夏	2.3	0.9	39.1%	0.0	0.0%	0.4	17.4%
新疆	46.7	25.5	54.6%	6.9	14.8%	6.2	13.3%

资料来源:根据《中国国土资源统计年鉴》,2012年,第75页,由公顷折算为万亩。

由于南水北调工程和水库建设纷纷上马,水利设施用地数量在2006年为91.9万亩,随后各年一直保持在50万到80万亩之间。

在2009年以后能源建设用地迅速增加。在2009年用于能源建设的土地为121.2万亩,在2010年用地61万亩,2011年用地41.3万亩。在2009年能源建设占单独选址建设用地的26.6%。

在2006年到2011年期间,平均每年单独选址建设用地为304万亩。其中交通运输用地156.4万亩,水利设施用地63.7万亩,能源用地37.3万亩。由于单独选址建设用地的审批程序比较严格,因此虽然还有改进的余地,一般来说,浪费土地的现象并不十分严重。

5.5 城镇村建设用地

由于人们每天都能看到眼前拔地而起的高层住宅,因此,许多人在讨论城镇化和耕地矛盾的时候较多地关注住宅占用的土地。其实,在城镇村建设用地当中,住宅占用土地的比例远远不及工业和仓储用地。近年来,工厂、矿山和仓储设施用地占城镇村建设用地的40%—45%。住宅用地占城镇村建设用地的比例从2006年的18.5%上升为2011年的25%。住宅占用的土地大约是工矿仓储占用土地的一半左右(见表5-4和表5-5)。

表 5-4 城镇村建设用地 （单位:万亩）

	总计	商服用地	工矿仓储	住宅	公共管理与服务	交通运输
2006	359.8	23.5	163.0	66.5	—	—
2007	370.1	18.5	164.5	76.5	—	—
2008	387.7	24.9	174.3	86.9	—	—
2009	425.3	39.7	189.8	96.4	60.2	25.6
2010	508.8	55.4	213.0	126.5	69.1	31.5
2011	556.9	67.6	227.9	139.5	71.4	38.1
北京	3.0	0.3	0.2	1.3	0.2	0.7
天津	10.2	0.9	4.4	3.5	0.6	0.7

(续表)

	总计	商服用地	工矿仓储	住宅	公共管理与服务	交通运输
河北	27.5	3.6	11.5	8.8	2.9	0.5
山西	16.2	2.1	5.1	4.4	3.6	0.5
内蒙古	25.6	5.2	11.8	4.8	3.3	0.5
辽宁	31.6	2.7	12.8	11.4	2.0	2.6
吉林	16.9	4.2	5.9	4.6	1.3	0.6
黑龙江	15.9	1.7	5.2	5.4	2.1	1.3
上海	3.9	0.5	1.0	1.0	0.5	0.7
江苏	33.8	4.1	15.4	9.0	3.4	1.5
浙江	19.2	2.3	6.3	5.1	2.5	2.1
安徽	21.6	2.5	9.3	5.8	2.3	1.4
福建	19.4	1.3	9.3	3.9	2.8	1.8
江西	29.3	3.7	15.3	4.7	4.6	0.9
山东	27.7	3.6	13.0	7.8	2.6	0.6
河南	28.4	2.8	12.0	7.7	3.9	1.6
湖北	29.9	3.3	14.9	6.5	3.0	1.9
湖南	25.9	3.5	9.7	6.5	3.0	2.9
广东	21.9	2.6	10.3	2.8	2.4	3.4
广西	15.4	2.1	5.9	2.8	2.3	2.0
海南	4.6	0.9	0.4	1.3	0.6	1.4
重庆	8.7	0.3	3.3	1.8	1.7	1.5
四川	32.6	2.8	13.2	7.7	6.7	2.0
贵州	18.2	1.9	8.6	3.8	2.5	1.2
云南	9.8	2.7	1.4	3.5	1.8	0.5
西藏	—					
陕西	18.2	2.1	7.4	4.6	3.1	0.9
甘肃	5.9	0.8	1.6	1.4	1.3	0.6
青海	1.3	0.3	0.3	0.3	0.3	0.1
宁夏	8.4	0.2	1.4	0.5	0.1	0.2
新疆	25.9	2.6	10.8	6.8	3.9	1.7

资料来源：根据《中国国土资源统计年鉴》，2012年，第75页，由公顷折算为万亩。

表 5-5 城镇村建设用地占比

年份	总计	商服用地	工矿仓储	住宅	公共管理与服务	交通运输
2006	100.0%	6.5%	45.3%	18.5%	—	—
2007	100.0%	5.0%	44.4%	20.7%	—	—
2008	100.0%	6.4%	45.0%	22.4%	—	—
2009	100.0%	9.3%	44.6%	22.7%	14.2%	6.0%
2010	100.0%	10.9%	41.9%	24.9%	13.6%	6.2%
2011	100.0%	12.1%	40.9%	25.0%	12.8%	6.8%

资料来源:根据表 5-4 计算。

在城镇村建设用地当中,商业、服务业用地以及商品房用地的市场化程度比较高,土地的产权(或使用权)比较清晰。为了提高利润,开发商巴不得在既定的地盘上多盖些房子,浪费土地的现象并不十分严重。值得指出的是,有一部分住宅的土地被用来修建高尔夫球场、高档别墅。尽管开发商的商业利润很高,却不符合中国人多地少的国情,特别是在大都市地区有必要严格限制高尔夫球场和高档别墅的建设。

在 2009 年以后公共管理与服务占用的土地大幅度上升。公共管理与服务占用土地主要是建设机场、图书馆、学校、公园等,但是也有不少属于政府办公大楼、楼堂馆所、广场等。公共管理与服务用地在 2006 年占供地总量的 9.6%,随后逐年上升,在 2011 年达到 25.8%,在 2012 年下降为 14.4%。[①] 在公共管理与服务用地当中,建设学校、公园、绿地、图书馆、剧院、医院等是合理的,无可厚非,可是各地政府盲目地修建楼堂馆所、超豪华的办公大楼、大广场等就未必合适了。

相比之下,工矿仓储用地和公共管理服务用地的产权(或使用权)界定比较模糊,各级政府对于这些土地的使用干预较大,因此存在着相当严重的滥用浪费现象。在研究如何节约使用土地的时候应当把更多的注意力放在工矿企业、仓储设施以及公共管理服务占用土地上。

[①] 资料来源:《中国国土资源统计年鉴,2012》及有关政府工作报告。

5.6 住宅用地中廉租房比例太低

根据国土资源部提供的国有建设供地的数据,在2010年审批建设用地808.9万亩,国有建设供地648.8万亩(占全部审批建设用地的80.2%)。在2011年审批建设用地917.5万亩,国有建设供地889.9万亩,所占比例高达97%(见表5-6)。国有单位在土地一级市场上取得土地(农用地或非农用地)之后再通过招拍挂转让土地使用权,因此国有建设供地在所有审批建设用地中所占比例甚高。

表5-6 国有建设供地 (单位:万亩)

		2006年	2007年	2008年	2009年	2010年	2011年
供地总量		460.2	513.0	351.3	542.5	648.8	889.9
工矿仓储用地		232.0	212.6	139.4	212.2	231.0	287.0
商服用地		48.2	86.6	39.8	41.4	58.4	63.9
住宅用地	合计	97.7	120.3	93.0	122.3	172.9	189.7
	普通商品住房	72.0	89.4	69.5	103.6	146.8	155.5
	中低价位、中小套型	—	—	—	19.4	31.1	48.5
	经济适用住房	7.9	7.6	7.7	15.5	19.9	24.4
	廉租住房	—	—	—	2.1	5.1	9.2
	高档住宅	0.0	0.1	0.0	1.1	1.1	0.6
其他用地	合计	82.3	93.5	79.1	166.6	186.6	349.3
	公共管理与公共服务用地	44.4	49.9	39.9	65.6	79.4	118.9
	特殊用地	3.4	2.9	3.9	2.6	3.8	4.1
	交通运输用地	27.2	30.4	25.5	68.4	73.2	166.3
	水域及水利设施用地	7.4	10.3	9.8	29.2	29.2	58.5
	其他土地	0.0	0.0	0.0	0.7	1.0	1.4

资料来源:《中国国土资源统计年鉴》,2012年,第106页,由公顷折算为万亩。

2011年商品房用地155.5万亩,占居民住宅用地189.7万亩的81.9%。其中,经济适用房用地24.4万亩,占全部住宅用地的12.9%。廉租房用地9.2万亩,占居民住宅用地总数的4.85%。不言而喻,由政府无偿提供给低收入群体的廉租房的比例实在太小了。回过头来看一看前几年的数据,廉租房的用地面积更是少得可怜。2010年廉租房用地面积5.1万亩,占全部居民住宅用地172.9万亩的2.95%。2010年廉租房用地2.1万亩,占住宅用地122.3万亩的1.72%。无论是谁都很难交代,为什么政府拨给廉租房的土地会这么少?

答案很清楚,修建商品房可以给地方政府带来巨额的土地出让金和税收,而兴建廉租房非但不会给各级政府带来任何经济利益,反而要政府从行政预算中拨款,从已经到手的土地出让金当中拿出净收益的10%。许多地方财政入不敷出,债台高筑,好像一个填不满的窟窿。根据中国社科院在2014年1月发布的《中国国家资产负债表,2013》,截至2012年年底,地方政府债务总额19.94万亿元。① 在高额债务重压下,许多地方政府热衷于商品房带来的土地财政,却对兴建廉租房缺乏动力,能拖就拖。

香港居民中有48%的低收入群体住在政府提供的公屋和居屋中。迄今为止,我们还找不到内地已经建成的廉租房总面积统计数字。在香港可以看到一片又一片的公屋,可是,人们在北京、上海、广州等地很难见到纯粹的廉租房的身影。

世界发达国家中用于照顾穷人住房的支出一般占政府预算的2%—3%,中国香港和新加坡用于帮助低收入居民解决住房的经费超过政府总预算的4%。从财政预算来看,在过去几年中,用于廉租房建设的全部经费还不到政府财政预算的1%。除了政府财政拨款以外,兴建廉租房的另一个财源来自土地出让金。按照中央规定,土地出让金净收益的10%必须用于廉租房。说到底,土地出让金是国有资产变现,从中拿一部分出来帮助弱势群体,天经地

---

① 按照国家审计署的报告,2010年全国地方政府债务负担仅为10.7万亿元。此后,地方政府的债务负担不断上升。据国家审计署的统计,2013年在36个地方政府的本级政府性债务审计中,有16家债务率超过100%。参见《人民日报》,2013年12月28日。

义。非常遗憾,从 2004 年至今,各地用于廉租房的资金都不到土地出让金净收益的 10%。也可以说,政府开支根本就没有花在廉租房建设上。事实上,中央政府确实拨了部分款项支持廉租房建设。因此,只能理解为,某些地方政府不仅挪用了本该用于廉租房建设的土地出让金净收益,还部分扣留了中央的专项拨款。难怪低收入群体对住房难的问题怨气这么大。

5.7 低效率的城镇面积扩张

2001—2011 年间,城镇建成面积从 3 604 万亩增加到 6 540 万亩,增长 81.5%。城镇居民人口从 48 064 万人增加到 69 079 万人,增长 43.7%(见表 5-7)。1996—2010 年,全国建设用地面积增加了 7 410 万亩,增幅为 16.9%,年均增加 529.3 万亩。其中,2010 年全国土地供应总量达 645 万亩,比 2006 增长 83.8%,2006—2010 年间年均新增建设用地 714 万亩以上。2005—2010 年,我国征地面积占新增居民点工矿用地面积的比重达 67.28%。

表 5-7 城镇面积和人口增长率

年份	城市建成面积（万亩）	城镇面积增长率	城镇人口（万人）	城镇人口增长率	城镇住房面积（亿平方米）	城镇住房面积增长率
2001	3 604	7.1%	48 064	4.7%	99.97	—
2002	3 896	8.1%	50 212	4.5%	100.21	0.2%
2003	4 246	9.0%	52 376	4.3%	100.89	0.7%
2004	4 561	7.4%	54 283	3.6%	102.24	1.3%
2005	4 878	7.0%	56 212	3.6%	104.02	1.7%
2006	5 049	3.5%	58 288	3.7%	107.52	3.4%
2007	5 320	5.4%	60 633	4.0%	111.55	3.7%
2008	5 444	2.3%	62 403	2.9%	117.06	4.9%
2009	5 716	5.0%	64 512	3.4%	121.31	3.6%
2010	6 009	5.1%	66 978	3.8%	128.36	5.8%
2011	6 540	8.8%	69 079	3.1%	136.27	6.2%

资料来源:城市建成面积来自《中国国土资源年鉴》,2012 年;城镇人口来自《中国统计摘要》,2013 年,第 39 页;城镇住房面积来自北京师范大学国民核算研究院,《国民核算研究报告》,2013 年。

在此期间,城市建成面积平均每年增长 7.41%,城镇人口平均每年增长 3.97%,城镇居民住房平均每年增长 3.3%。城镇人口密度从 2000 年的每平方公里 8 500 人下降为 2011 年的 7 700 人。无论是在大城市还是在中小城市,到处可以见到豪华的政府办公大楼、大广场、大马路、大厂区。城市建成面积的增长速度大大超过了城镇人口的增长速度,也超过了城镇居民住房面积的增长速度。

中科院院士陆大道教授指出:"从 1980 年到 2005 年,在我国经济快速发展、城市化急剧扩张的时期,经济每增长 1%,会占用农地 30 万亩左右。与日本的快速发展时期相比较,我国 GDP 每增长 1%,对土地的占用量差不多是日本的 8 倍。""目前,我国内地大中城市人均综合用地已超过 120 平方米,对照国际上的大都市,东京人均综合用地仅 78 平方米,香港才 37 平方米。"[①]

毫无疑问,由于在相同面积的土地上,城镇比农村能够容纳更多的人口,世界各国在城镇化过程中城镇面积扩张的速度和城镇人口扩张速度之比大约为 1∶1.23。可是中国的数据却反了过来,城镇面积扩张的速度比城镇人口增速高了 1.86 倍。如何解释中国数据和其他国家数据之间的相悖现象?

土地浪费现象主要发生在工业仓储用地和政府用地上。由于在城镇建成面积中工矿企业、仓储用地占的比例比居民住房多了一倍,如果工矿企业、仓储用地发生浪费,其影响特别显著。

众所周知,"看不见的手"(市场机制)能够实现资源的有效配置,"看得见的手"(政府干预)就不一定了。在外国城镇化的过程中,市场机制起主导作用。无论是新建住宅还是办公楼、厂房,业主都要降低成本,优化使用土地。而在中国的城镇化过程中,居民住宅建设的市场化程度比较高,所以土地浪费现象并不严重。在工矿企业和政府用地上,各级地方政府往往过度干预,直接插手,这是导致土地浪费的主要原因。也就是说,在土地使用和配置上,各级政府越位了。在许多地方,设立经济开发区和修建政府办公大楼、市政广场时

---

① 参见《瞭望》,2013 年 6 月 24 日。

起决定性作用的不是市场机制,而是各级官员的意志,导致城镇规模超常规扩张,大大降低了城镇土地的利用效率。

5.8 拔苗助长,大建新城和开发区

最近十几年,全国刮起一阵风,到处大建新城或各种名目的开发区。根据国家发改委城市和小城镇改革发展中心对12个省区的调查,12个省会城市全部提出要推进新城、新区建设,共规划建设了55个新城、新区,其中,沈阳要建设13个新城、新区,武汉也规划了11个新城、新区。在144个地级城市中,有133个提出要建设新城、新区,占92.4%,平均每个地级市提出建设1.5个新城、新区。161个县级城市中,提出新城、新区建设的有67个,占41.6%。①

据不完全统计,截至2014年1月,全国各类(省级以上)经济开发区共1 632个,其中,国家级经济技术开发区208个,国家级高新技术产业开发区113个,国家级保税区13个,国家级边境经济合作区15个,国家级出口加工区63个,其他国家级开发区42个,省级开发区1 178个。2010年全国131个经济技术开发区累积开发土地面积2 904.2平方公里(435.6万亩),2011年开发区面积增加到3 704.7平方公里(558.7万亩)。② 各类新城和开发区,名目繁多,良莠不齐。③

国家发改委城市和小城镇改革发展中心主任李铁指出,目前一些地方新城、新区建设中普遍存在着"数量过多、规模过大、标准过高"等问题。"在我们调查的城市中,有很多新城的规划面积达到了现有城市面积的一半多,规划的新城、新区人口基本相当于现有城市人口。而且,不少地方新城、新区建设都提出了较高的建设标准,生态城、智慧城、科技城、现代城等比比皆是,建设

---

① 资料来源:参见"耕地进入警戒红线",《瞭望》,2013年9月30日。
② 参见"2012年1—6月,国家级经济技术开发区主要经济指标情况综述",2012年12月13日,商务部网站。
③ 在2007年,各地申报的开发区多达6 866个,国家发改委核减到1 568个。规划面积由3.86万平方公里压缩至9 949平方公里。资料来源:《光明日报》,2007年4月20日。

配置标准大多是国内和国际领先标准。"不少地方出现"大手笔"的新城建设,工业园区、创业新区等如雨后春笋般涌现。甚至在一些农村和乡镇,也不断涌现出占地动辄几千亩甚至上万亩的示范园、生态园等项目。有些官员认为只要在城市周边圈上一块地,规划一个新城,吹得天花乱坠,再按高标准建设一批办公楼、大马路、大广场,立刻可以提高城市的档次,吸引舆论的注意。有了这些政绩,很快就能得到上级的赏识,获得提升。由于他们缺乏经济学知识,缺乏市场竞争意识,没有很好地分析当地的比较优势和劣势,一厢情愿,闭门造车,新城建好了,却招不来商,引不来资。有些新城占地几十、上百平方公里,空旷的开发区内杂草丛生,了无生气。到了夜晚,一片漆黑。

毫无疑问,有些开发区非常成功,例如上海浦东新区、大连金州新区等。可是有些城市完全脱离现实,大搞高科技园区,摆了一个空架子,骑虎难下。在史无前例的改革开放进程中,由于缺乏经验难免犯些错误,可是,为什么在开发区建设上犯错误的概率这么高?很清楚,绝大部分新城和开发区都是政府主导的。某些地方政府官员认为产业升级的难度较大,支持教育、科研费时费力,见效缓慢,为了突出自己的政绩,不如搞几个新城,只要加大政府投资,就可以立竿见影,拉动 GDP 增速,创造就业,带来地区经济繁荣。他们贪大求洋,拼命扩大新城和开发区的规模。这种脱离现实、违背经济规律、拔苗助长的做法不仅严重浪费土地资源,而且留下来一些拖累地方经济发展的"烂尾楼"。

众所周知,建设新城需要巨额资金。许多地方政府通过融资平台为新城建设筹集资金。他们预期新城开发之后,地价将大幅度上升,土地出让金不仅可以偿还贷款,还能给地方政府带来丰厚的土地财政收入。事实上,按照国土资源部统计数据,截至 2012 年年底,全国 84 个重点城市处于抵押状态的土地面积为 523 万亩,抵押贷款总额 5.95 万亿元,同比分别增长 15.7% 和 23.2%。在 2011 年土地出让金总额高达 3.15 万亿元。在许多地方政府的开支中土地出让金占 40% 以上。可是,在 2012 年土地出让金总额下降为 2.69 万亿元。中央政府又从土地出让收入中提取了水利、教育等基金,一减一增,打乱了一些地方政府的预算计划,很快就暴露出债务风险。近年来地方债务急剧上升,国家审计署对36个地方政府2011年以来政府性债务情况进行抽查,结果显示,两年来地方政府债务余额增长了12.94%,某些城市的债务余额是当地综合财力的两倍多。

有必要给"新城热"泼一盆冷水。今后,不是不要建新城,而是要规范地方政府行为。凡是能够交给市场的就不要让政府插手。城镇化的核心是人的城镇化,要相信民众的智慧,因势利导,主要由市场来决定是不是要建新城,要建多大。政府的职责主要是严格审批土地使用,尽量提高土地利用效率。

5.9 工矿仓储用地中的效率问题

从供地的结构来看,占用土地最多的是工矿仓储用地。

2011年全国基本建设供地889.9万亩,其中工矿仓储用地287万亩(占32.3%),住宅用地189.7万亩(占21.3%),交通运输用地166.3万亩(占18.7%),公共管理和公共服务用地118.9万亩(占25.8%),水利设施用地58.5万亩(占6.57%),商业服务用地63.9万亩(占7.2%)。在2006年到2011年期间,用于工矿仓储的土地占总数的39.7%,用于居民住宅的土地占23.6%,用于商业和服务的土地占总数的10.4%(见表5-8)。

表5-8 国有建设供地结构

	2006年	2007年	2008年	2009年	2010年	2011年	期间均值
供地总量	100.0%	100.0%	100.0%	100.0%	100.0%	100.0%	100.0%
工矿仓储	50.4%	41.4%	39.7%	39.1%	35.6%	32.3%	38.6%
商服用地	10.5%	16.9%	11.3%	7.6%	9.0%	7.2%	9.9%
住宅用地	21.2%	23.5%	26.5%	22.5%	26.6%	21.3%	23.4%
其他	17.9%	18.2%	22.5%	30.7%	28.8%	39.3%	28.1%
公共管理与服务	9.6%	9.7%	11.4%	12.1%	12.2%	13.4%	11.7%
特殊用地	0.7%	0.6%	1.1%	0.5%	0.6%	0.5%	0.6%
交通运输	5.9%	5.9%	7.3%	12.6%	11.3%	18.7%	11.5%
水利设施	1.6%	2.0%	2.8%	5.4%	4.5%	6.6%	4.2%
其他	0.0%	0.0%	0.0%	0.1%	0.0%	0.2%	0.1%

资料来源:根据表5-6计算。

按照国外的统计数据,工业用地占城镇总面积的15%左右。可是,在中国许多城市的工业用地占比超过25%。某些城市工业用地的占比甚至超过了35%。发达国家的工业项目容积率大多在1以上,可是中国的工业项目用地容积率仅为0.3—0.6。

国土资源部副部长胡存智指出:"从单位土地承载的经济总量来看,我国每平方公里土地上承载的GDP,即国土经济密度,远低于发达国家:我国与美国的陆地疆域面积相当,目前我国国土经济密度约为美国的1/5—1/4。韩国国土面积9.9万平方公里,与我国江苏、浙江面积相当,但国土经济密度2.8倍于江苏,4倍于浙江。

"从城镇工业用地投入产出效率来看:我国一般的大城市土地实现的工业产值约为每平方公里数亿元,美国、日本的同类城市约为每平方公里50亿元以上,说明我国的土地集约利用水平与发达国家相比有明显差距。工业用地投入产出效率差距同样明显,北京的工业用地效率仅相当于东京历年平均水平的5.0%左右;每公顷工业用地的从业人员数只相当于东京历年平均水平的12%左右。"[①]

因此,保护耕地的重点应当放在对工矿、仓储用地的严格管理和控制上。

参照国际标准,只要改变工业仓储用地的审批规则,强调市场机制的作用,完全有可能在保证工业化进展速度的前提下把工业仓储用地的规模降低25%—40%。根据2011年数据,全国工矿仓储用地287万亩加上公共管理和公共服务用地118.9万亩,如果能够减少25%就意味着可以节省下来101.5万亩土地。和同期居民住宅用地189.7万亩相比,仅节约下来的土地就可以满足居民住房用地的53.5%。由此可见,严格控制工业企业和仓储用地,压缩各级政府公共服务用地意义重大,大有可为。

[①] 参见"最严格节约用地",《瞭望》,2012年10月8日。

附录：

各类开发区占地情况[①]

表 A5-1 各类经济开发区整体情况统计

开发区类别	数量	规划面积（平方公里）	折合万亩数
国家级经济技术开发区	208	23 070	3 460
国家级高新技术产业开发区	113	6 560	984
国家级出口加工区	63	162	24
国家级保税区	12	295	44
中国（上海）自由贸易区	1	29	4
其他国家级经济技术开发区	42	2 898	435
省级经济开发区	1 167	34 994	5 249
合计	1 606	68 009	10 201

表 A5-2 省级经济开发区

省区	省级开发区数量	省区	省级开发区数量	省区	省级开发区数量
山东	140	内蒙古	37	山西	19
浙江	87	辽宁	35	比较	16
江苏	85	四川	33	海南	16
湖北	81	重庆	33	贵州	13
江西	77	甘肃	29	河南	13
安徽	73	吉林	29	宁夏	13
湖南	65	黑龙江	24	陕西	12
广东	64	上海	23	云南	11
福建	60	天津	22	新疆	8
河北	39	广西	20	青海	1

---

① 资料来源："2012年1—6月，国家级经济技术开发区主要经济指标情况综述"，2012年12月13日，商务部网站。

表 A5-3　省级经济开发区统计

省区	省级开发区数量	规划面积(平方公里)	折合万亩数
北京	16	133	20
天津	22	594	89
河北	39	1 935	290
山西	19	334	50
内蒙古	37	1 359	204
黑龙江	24	405	61
吉林	29	841	126
辽宁	35	1 721	258
上海	23	389	58
江苏	85	3 569	535
浙江	87	3 540	531
安徽	73	1 836	275
福建	60	1 692	254
江西	77	1 049	157
山东	140	4 790	719
河南	13	374	56
湖北	81	1 655	248
湖南	65	1 219	183
广东	64	2 385	358
广西	20	401	60
海南	5	187	28
重庆	33	969	145
四川	33	562	84
贵州	13	1 093	164
云南	11	214	32
西藏	0	0	0
陕西	12	196	29
甘肃	29	583	87
青海	1	33	5
宁夏	13	687	103
新疆	8	249	37
合计	1 167	34 994	5 249

表 A5-4 规划面积超过 100 平方公里的开发区名单

开发区名称	规划面积（平方公里）	开发区名称	规划面积（平方公里）	开发区名称	规划面积（平方公里）
宁夏宁东化工产业园区	394	贵州都匀经济开发区	150	山东潍坊经济开发区	106
河北唐山南堡经济开发区	393.74	河北张家口沙城经济开发区	147	贵州玉屏大龙经济开发区	106
广东湛江东海岛经济开发区	354	山东济南临港经济开发区	145.50	辽宁铁岭经济开发区	105.40
辽宁长兴岛经济开发区	349.50	浙江桐庐经济开发区	141.30	浙江余姚经济开发区	105.15
河北唐山市曹妃甸工业区	310	浙江武义经济开发区	136.76	辽宁鞍山经济开发区	105
浙江杭州湾上虞工业园区	275	天津子牙工业园区	135	浙江杭州江东工业园区	105
广东佛山南海经济开发区	256	河北唐山芦台经济开发区	133	山东费县经济开发区	105
广东清远经济开发区	240	内蒙古赤峰经济开发区	132	河南驻马店经济开发区	104.90
山东东营港经济开发区	232	浙江兰溪经济开发区	130.10	浙江宁波鄞州工业园区	102.80
广东饶平潮州港经济开发	220	贵州六盘水红果经济开发区	126.36	内蒙古准格尔经济开发区	102.60
河北邢台经济开发区	208.30	内蒙古阿拉善经济开发区	124	黑龙江肇东经济开发区	101.20
沈阳棋盘山经济开发区	203	浙江诸暨经济开发区	122.48	广东佛山三水工业园区	100.97
武汉蔡甸经济开发区	197	河北永清工业园区	120	江苏海门工业园区	100.95
吉林白城经济开发区	171	天津静海经济开发区	120	吉林白山经济开发区	100.70
贵州安顺经济开发区	170	山东日照高新技术产业园区	115	江苏江都经济开发区	100
贵州凯里经济开发区	168	山东沂水经济开发区	115	江苏泗洪经济开发区	100

(续表)

开发区名称	规划面积（平方公里）	开发区名称	规划面积（平方公里）	开发区名称	规划面积（平方公里）
浙江金东经济开发区	165	福建闽北经济开发区	112.06	安徽蚌埠经济开发区	100
浙江杭州萧山临江工业园区	160.20	江苏徐州工业园区	110	浙江绍兴滨海工业园区	100
福建福清江阴经济开发区	158.60	重庆合川工业园区	110	辽宁辽中经济开发区	100
福建漳州古雷港经济开发区	153.81	内蒙古金山经济开发区	109	山东莱州工业园区	100
广东珠海富山工业园区	151.59	广东汕尾红海湾经济开发区	109	江苏姜堰经济开发区	100
江苏江阴临港经济开发区	150	贵州兴义顶效经济开发区	107.70	甘肃玉门经济开发区	100

表 A5-5　国家级技术开发区

名称	规划面积（平方公里）	名称	规划面积（平方公里）
大连经济技术开发区	1 047.6	秦皇岛经济技术开发区	128
青岛经济技术开发区	274.1	宁波经济技术开发区	29.6
天津经济技术开发区	33	连云港经济技术开发区	126
广州经济技术开发区	30	福州经济技术开发区	184
虹桥经济技术开发区	0.652	上海漕河泾新兴技术开发区	14.28
昆山经济技术开发区	921.3	营口经济技术开发区	268
福清融侨经济技术开发区	10	东山经济技术开发区	10
杭州经济技术开发区	104.7	武汉经济技术开发区	202.7
长春经济技术开发区	112	哈尔滨经济技术开发区	30.7
萧山经济技术开发区	181	南沙经济技术开发区	54
乌鲁木齐经济技术开发区	480	北京经济技术开发区	46.8
郑州经济技术开发区	158.7	成都经济技术开发区	56.34
西安经济技术开发区	113.74	昆明经济技术开发区	9.8
石河子经济技术开发区	11.2	南昌经济技术开发区	158
呼和浩特经济技术开发区	9.8	南宁经济技术开发区	110.7
银川经济技术开发区	7.5	拉萨经济技术开发区	5.46
南京经济技术开发区	13.37	厦门海沧台商投资区	100
海南洋浦经济开发区	69	宁波大榭开发区	36
西青经济技术开发区	150	北辰经济技术开发区	67
石家庄经济技术开发区	26.3787	廊坊经济技术开发区	67.5
邯郸经济技术开发区	19.1	大同经济技术开发区	37.2
晋城经济技术开发区	4	呼伦贝尔经济技术开发区	342
沈阳辉山经济技术开发区	12	旅顺经济技术开发区	88
长春西新经济技术开发区	110	吉林经济技术开发区	103
松原经济技术开发区	53.5	利民经济技术开发区	128
牡丹江经济技术开发区	100	海林经济技术开发区	15
锡山经济技术开发区	125	新疆奎屯—独山子经济技术开发区	93.38

（续表）

名称	规划面积（平方公里）	名称	规划面积（平方公里）
石嘴山经济技术开发区	300	格尔木昆仑经济技术开发区	15.55
天水经济技术开发区	20	酒泉经济技术开发区	58.9
徐州经济技术开发区	152.8	宜兴经济技术开发区	71
神府经济技术开发区	14	嵩明杨林经济技术开发区	54.19
浒墅关经济技术开发区	36.5	吴中经济技术开发区	150
遵义经济技术开发区	43.93	常熟经济技术开发区	69.3
吴江经济技术开发区	176	太仓港经济技术开发区	80
鹤壁经济技术开发区	26.7	张家港经济技术开发区	153
开封经济技术开发区	287	许昌经济技术开发区	19.6
武汉临空港经济技术开发区	21	海门经济技术开发区	100
十堰经济技术开发区	37	襄阳经济技术开发区	534
鄂州葛店经济技术开发区	28	黄石经济技术开发区	435
淮安经济技术开发区	183	盐城经济技术开发区	200
镇江经济技术开发区	218.9	靖江经济技术开发区	160
沭阳经济技术开发区	24.5	杭州余杭经济技术开发区	51.34
宁波石化经济技术开发区	56.22	嘉兴经济技术开发区	40
嘉善经济技术开发区	18.2	湖州经济技术开发区	1.24
绍兴袍江经济技术开发区	66	绍兴柯桥经济技术开发区	33.5
义乌经济技术开发区	93	衢州经济技术开发区	9.57
滁州经济技术开发区	60	淮南经济技术开发区	20
马鞍山经济技术开发区	11.44	宁国经济技术开发区	36.5
池州经济技术开发区	55	桐城经济技术开发区	10
泉州经济技术开发区	32	龙岩经济技术开发区	26.42
萍乡经济技术开发区	57.6	九江经济技术开发区	2.81
瑞金经济技术开发区	2	赣州经济技术开发区	219
上饶经济技术开发区	45	明水经济技术开发区	14.5

(续表)

名称	规划面积（平方公里）	名称	规划面积（平方公里）
东营经济技术开发区	417	招远经济技术开发区	40.28
临沂经济技术开发区	223	德州经济技术开发区	50
浏阳经济技术开发区	25.36	宁乡经济技术开发区	20
常德经济技术开发区	150	滨州经济技术开发区	49.6
娄底经济技术开发区	42	增城经济技术开发区	62
广西—东盟经济技术开发区	180	钦州港经济技术开发区	152
长寿经济技术开发区	73.6	德阳经济技术开发区	78.5
广元经济技术开发区	22.36	内江经济技术开发区	30
广安经济技术开发区	103	松江经济技术开发区	57.77
江宁经济技术开发区	378.7	井冈山经济技术开发区	46.5
潍坊滨海经济技术开发区	677	陕西航空经济技术开发区	86.64
湘潭经济技术开发区	3.12	泉州台商投资区	200
中国—马来西亚钦州产业园区	55	准东经济技术开发区	9.81
阿拉尔经济技术开发区	62.29	乌鲁木齐甘泉堡经济技术开发区	7.56
红旗渠经济技术开发区	27.05	子牙经济技术开发区	135
盘锦辽滨沿海经济技术开发区	33	宜宾临港经济技术开发区	26
威海临港经济技术开发区	78	濮阳经济技术开发区	17.6
烟台经济技术开发区	228	漯河经济技术开发区	41
湛江经济技术开发区	354	如皋经济技术开发区	106
南通经济技术开发区	146.98	海安经济技术开发区	220
上海闵行经济技术开发区	3.5	荆州经济技术开发区	209
温州经济技术开发区	133	扬州经济技术开发区	120.2
威海经济技术开发区	277	宿迁经济技术开发区	118
沈阳经济技术开发区	444	富阳经济技术开发区	252.55
芜湖经济技术开发区	121.68	平湖经济技术开发区	18.5
重庆经济技术开发区	90	长兴经济技术开发区	19

(续表)

名称	规划面积（平方公里）	名称	规划面积（平方公里）
大亚湾经济技术开发区	265	金华经济技术开发区	85.5
合肥经济技术开发区	78	六安经济技术开发区	7.94
长沙经济技术开发区	100	安庆经济技术开发区	50.27
贵阳经济技术开发区	63.13	铜陵经济技术开发区	40
西宁经济技术开发区	126.89	漳州招商局经济开发区	56.17
太原经济技术开发区	9.6	南昌小蓝经济技术开发区	40
兰州经济技术开发区	9.53	龙南经济技术开发区	20
上海金桥出口加工区	27.38	宜春经济技术开发区	20
苏州工业园区	278	胶州经济技术开发区	9.7
武清经济技术开发区	93	日照经济技术开发区	115
沧州临港经济技术开发区	26	聊城经济技术开发区	389.4
晋中经济技术开发区	55.8	岳阳经济技术开发区	253
巴彦淖尔经济技术开发区	47	邹平经济技术开发区	50
锦州经济技术开发区	156	珠海高栏港经济技术开发区	380
四平红嘴经济技术开发区	46	万州经济技术开发区	58.56
宾西经济技术开发区	68.56	绵阳经济开发区	70
绥化经济技术开发区	30	遂宁经济技术开发区	117
库尔勒经济技术开发区	140	上海化学工业经济技术开发区	29.4
金昌经济技术开发区	51	大连长兴岛经济技术开发区	349.5
张掖经济技术开发区	73.27	陕西航天经济技术开发区	86.64
汉中经济技术开发区	8.1205	漳州台商投资区	163
曲靖经济技术开发区	157	五家渠经济技术开发区	90.36
蒙自经济技术开发区	116	大庆经济技术开发区	665.1
洛阳经济技术开发区	4.2	曹妃甸经济技术开发区	14.48
新乡经济技术开发区	33	东侨经济技术开发区	3.9333

表 A5-6　国家级高新技术产业开发区

名称	规划面积（平方公里）	名称	规划面积（平方公里）
中关村科技园区	247.7	武汉东湖新技术产业开发区	518.06
沈阳高新技术产业开发区	484	天津滨海高新技术产业开发区	97.96
成都高新技术产业开发区	21.5	威海火炬高技术产业开发区	111.9
长春高新技术产业开发区	19.11	哈尔滨高新技术产业开发区	23.7
福州高新技术产业开发区	68	广州高新技术产业开发区	37.34
重庆高新技术产业开发区	20	杭州高新技术产业开发区	12.12
郑州高新技术产业开发区	70	兰州高新技术产业开发区	14.96
济南高新技术产业开发区	15.9	上海市张江高科技园区	75.9
深圳高新技术产业开发区	11.5	厦门火炬高技术产业开发区	13.75
苏州高新技术产业开发区	6.8	无锡高新技术产业开发区	9.45
佛山高新技术产业开发区	10	惠州高新技术产业开发区	8.8
青岛高新技术产业开发区	9.8	潍坊高新技术产业开发区	25
昆明高新技术产业开发区	9	贵阳高新技术产业开发区	5.33
太原高新技术产业开发区	8	南宁高新技术产业开发区	8.5
包头稀土高新技术产业开发区	155	襄樊高新技术产业开发区	7.5
洛阳高新技术产业开发区	110	大庆高新技术产业开发区	14.3
吉林高新技术开发区	11.18	绵阳高新技术产业开发区	5.8
鞍山高新技术产业开发区	32.5	杨凌农业高新技术产业示范区	22.12
承德高新技术产业开发区	81.2	唐山高新技术产业开发区	31
昆山高新技术产业开发区	7.86	阜新高新技术产业开发区	15.49
辽阳高新技术产业开发区	20	营口高新技术产业开发区	20.47
延吉高新技术产业开发区	5.33	齐齐哈尔高新技术产业开发区	3.31
银川高新技术产业开发区	2.26	青海高新技术产业开发区	4.03
江阴高新技术产业开发区	53	徐州高新技术产业开发区	180
渭南高新技术产业开发区	31	榆林高新技术产业开发区	914
玉溪高新技术产业开发区	13.12	新乡高新技术产业开发区	53
南阳高新技术产业开发区	9.2	孝感高新技术产业开发区	13
温州高新技术产业开发区	25	绍兴高新技术产业开发区	10.44
蚌埠高新技术产业开发区	123	马鞍山慈湖高新技术产业开发区	11.2
莆田高新技术产业开发区	11.05	泉州高新技术产业开发区	90.89
景德镇高新技术产业开发区	50	鹰潭高新技术产业开发区	30

(续表)

名称	规划面积（平方公里）	名称	规划面积（平方公里）
济宁高新技术产业园区	169	泰安高新技术产业开发区	11
衡阳高新技术产业开发区	11.6	益阳高新技术产业开发区	55.8
江门高新技术产业开发区	33	肇庆高新技术产业开发区	9
自贡高新技术产业开发区	100	乐山高新技术产业开发区	30
湘潭高新技术产业开发区	25	泰州医药高新技术产业开发区	25
通化医药高新技术产业开发区	41.42	新疆生产建设兵团石河子高新技术产业开发区	11.2
石嘴山高新技术产业开发区	40	荆门高新技术产业开发区	25.11
南京高新技术产业开发区	16.5	本溪高新技术产业开发区	205
西安高新技术产业开发区	22.35	长春净月高新技术产业开发区	22.46
中山火炬高技术产业开发区	70	昌吉高新技术产业开发区	126
长沙高新技术产业开发区	17.34	白银高新技术产业开发区	8.05
合肥高新技术产业开发区	18.5	咸阳高新技术产业开发区	45.75
桂林高新技术产业开发区	12.07	武进高新技术产业开发区	100
石家庄高新技术产业开发区	75	安阳高新技术产业开发区	5.26
大连高新技术产业开发区	153	宜昌高新技术产业开发区	54.6
海口高新技术产业开发区	4.67	衢州高新技术产业开发区	3.77
常州高新技术产业开发区	5.63	芜湖高新技术产业开发区	35.19
珠海高新技术产业开发区	9.8	新余高新技术产业开发区	100
淄博高新技术产业开发区	7.04	烟台高新技术产业开发区	48.8
南昌高新技术产业开发区	6.8	山东临沂高新技术产业开发区	192
乌鲁木齐高新技术产业开发区	9.8	松山湖高新技术产业园区	72
株洲高新技术产业开发区	8.58	柳州高新技术产业开发区	12
宝鸡高新技术产业开发区	5.77	紫竹高新技术产业开发区	13
保定高新技术产业开发区	130	南通高新技术产业开发区	130.7
宁波高新技术产业开发区	18.9	漳州高新技术产业开发区	50
燕郊高新技术产业开发区	25.59		

表 A5-7　国家级出口加工区

名称	规划面积（平方公里）	名称	规划面积（平方公里）
大连出口加工区	2.95	天津出口加工区	2.54
烟台出口加工区	3	威海出口加工区	2.6
苏州工业园区出口加工区	2.9	松江出口加工区	2.98
厦门出口加工区	2.5	广州出口加工区	3.05
成都出口加工区	3	深圳出口加工区	3
嘉定出口加工区	5.96	南沙出口加工区	1.36
昆明出口加工区	2.5	金桥出口加工区	2.8
郑州出口加工区	2.7	宁波出口加工区	2.3
无锡出口加工区	2.98	秦皇岛出口加工区	2.5
西安出口加工区	2.8	呼和浩特出口加工区	2.21
漕河泾出口加工区	0.9	闵行出口加工区	3
镇江出口加工区	2.53	连云港出口加工区	3
济南出口加工区	3.2	青岛出口加工区	2.8
嘉兴出口加工区	2.99	北海出口加工区	1.454
常州出口加工区	1.66	吴中出口加工区	3
扬州出口加工区	3	常熟出口加工区	0.94
沈阳（张士）出口加工区	0.62	九江出口加工区	4.5
郴州出口加工区	3	慈溪出口加工区	2
福清出口加工区	10	泉州出口加工区	3
淮安出口加工区	1.36	赣州出口加工区	2.93
武进出口加工区	1.15	泰州出口加工区	1.76
天竺出口加工区	2.726	苏州高新区出口加工区	2.7
昆山出口加工区	2.86	沈阳出口加工区	3
杭州出口加工区	2.92	乌鲁木齐出口加工区	3
武汉出口加工区	2.7	吴江出口加工区	1
珲春出口加工区	2.44	绵阳出口加工区	0.56
惠州出口加工区	3	廊坊出口加工区	0.5
重庆出口加工区	2.8	福州出口加工区	1.14
芜湖出口加工区	2.95	潍坊出口加工区	3

(续表)

名称	规划面积（平方公里）	名称	规划面积（平方公里）
南通出口加工区	2.98	南昌出口加工区	1
青浦出口加工区	3	合肥出口加工区	1.42
南京出口加工区	1.2		

表A5-8 国家级保税区

名称	规划面积（平方公里）	名称	规划面积（平方公里）
汕头保税区	2.34	厦门象屿保税区	9
大连保税区	251	青岛保税区	9.72
广州保税区	2	宁波保税区	2.3
深圳保税区	2.4	珠海保税区	3
中国（上海）自由贸易实验区	28.78	福州保税区	1.8
海口保税区	1.93	天津港保税区	5
张家港保税区	4.1		

表A5-9 其他国家级经济开发区

名称	规划面积（平方公里）	名称	规划面积（平方公里）
大连金石滩国家旅游度假区	120	上海佘山国家旅游度假区	64.08
苏州太湖国家旅游度假区	1 014	杭州之江国家旅游度假区	26.66
湄州岛国家旅游度假区	14.35	青岛石老人国家旅游度假区	10.8
北海银滩国家旅游度假区	38	三亚亚龙湾国家旅游度假区	18.6
天津保税物流园区	1.5	张家港保税物流园区	1.53
厦门象屿保税物流园区	0.7	青岛保税物流园区	1
洋山保税港区	8.14	满洲里中俄互市贸易区	0.2
沈阳海峡两岸科技工业园	2	南京海峡两岸科技工业园	18.65
珠澳跨境工业区	0.4	杏林台商投资区	19.36

(续表)

名称	规划面积 (平方公里)	名称	规划面积 (平方公里)
集美台商投资区	3.91	上海陆家嘴金融贸易区	6.8
福州市元洪投资区	40	上海浦东新区	1 210.41
宁波梅山保税港区	7.7	大窑湾保税港区	6.88
重庆两路寸滩保税港区	8.37	厦门海沧保税港区	9.5092
深圳前海湾保税港区	3.71209	广州南沙保税港区	7.06
无锡太湖国家旅游度假区	64	福州台商投资区	13.26
武夷山国家旅游假区	12	钦州保税港区	10
广州南湖国家旅游度假区	15	天津东疆保税港区	10
昆明滇池国家旅游度假区	18.06	洋浦保税港区	30
宁波保税物流园区	0.95	青岛前湾保税港区	9.72
深圳盐田保税物流园区	0.96	张家港保税港区	4.1
东宁—波尔塔夫卡互市贸易区	6	福州元洪投资区	40

第6章

粮食单产上升减轻耕地压力

6.1 播种面积的结构发生巨变

在最近 20 年里,农作物播种面积的结构发生了巨大的变化。

农作物分粮食作物和经济作物。粮食作物分谷物、豆类、薯类等。其中,谷物分稻谷、小麦和玉米。

粮食作物(稻谷、小麦、玉米、大豆)的播种面积在 1995 年为全部耕地面积的 73.43%,到 2011 年下降为 68.14%(见图 6-1 和图 6-2)。

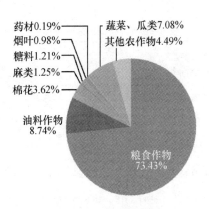

图 6-1　1995 年播种面积结构

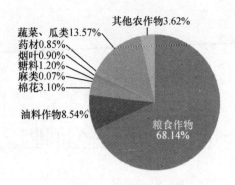

图 6-2 2011 年播种面积结构

谷物（稻谷、小麦、玉米）播种面积从 1991 年的 62.9% 下降为 2011 年的 56.1%。

其中，稻谷播种面积从 1991 年的 21.8% 下降为 2011 年的 18.5%。

小麦播种面积从 1991 年的 20.7% 下降为 2011 年的 15%。

玉米播种面积从 1991 年的 14.4% 上升为 2011 年的 20.7%。

大豆播种面积从 1991 年的 6.1% 略有增加，到 2011 年，播种面积占总播种面积的 6.6%。

在此期间，药材、蔬菜、水果等经济作物的播种面积持续上升（见表 6-1 至表 6-3）。

表 6-1 粮食作物播种面积　　　　　　　　　　　　（单位：万亩）

年份	农作物总播种面积	粮食作物播种面积	谷物	稻谷	小麦	玉米	豆类	薯类
1978	225 156	180 881		51 631	43 774	29 942		17 694
1980	219 569	175 851		50 818	43 267	30 131		15 230
1985	215 439	163 268		48 105	43 827	26 541		12 858
1990	222 543	170 199		49 597	46 130	32 102		13 681
1991	224 379	168 470	141 110	48 885	46 422	32 361	13 745	13 617
1992	223 511	165 840	138 780	48 135	45 744	31 565	13 475	13 585

(续表)

年份	农作物总播种面积	粮食作物播种面积	谷物	稻谷	小麦	玉米	豆类	薯类
1993	221 611	165 763	133 368	45 533	45 352	31 041	18 566	13 830
1994	222 361	164 316	131 306	45 257	43 471	31 728	19 104	13 905
1995	224 819	165 091	133 964	46 116	43 290	34 164	16 848	14 278
1996	228 571	168 822	138 311	47 108	44 416	36 747	15 815	14 696
1997	230 954	169 368	137 945	47 647	45 085	35 663	16 745	14 677
1998	233 559	170 681	138 175	46 821	44 661	37 858	17 506	15 000
1999	234 559	169 741	137 425	46 925	43 283	38 856	16 784	15 532
2000	234 450	162 694	127 896	44 943	39 980	34 584	18 990	15 807
2001	233 562	159 120	123 893	43 219	36 996	36 423	19 902	15 325
2002	231 953	155 836	122 199	42 302	35 862	36 951	18 815	14 822
2003	228 622	149 116	115 215	39 762	32 995	36 102	19 348	14 553
2004	230 329	152 409	119 026	42 568	32 439	38 169	19 198	14 185
2005	233 232	156 418	122 811	43 271	34 189	39 537	19 352	14 254
2006	228 224	157 437	127 397	43 407	35 420	42 694	18 224	11 816
2007	230 196	158 458	128 665	43 378	35 581	44 216	17 669	12 123
2008	234 399	160 189	129 372	43 862	35 426	44 796	18 177	12 640
2009	237 920	163 479	132 602	44 440	36 436	46 774	17 923	12 954
2010	241 012	164 814	134 776	44 810	36 385	48 750	16 914	13 125
2011	243 425	165 860	136 524	45 086	36 406	50 313	15 977	13 359
从1991年到2011年播种面积变化	19 046	-2 610	-4 586	-3 799	-10 016	17 952	2 232	-258

(续表)

年份	油料	花生	油菜籽	棉花	麻类	黄红麻	甘蔗	甜菜	合计
1978	9 334	2 652	3 900	7 300	1 126	618	823	496	1 319
1980	11 893	3 509	4 266	7 380	1 000	471	719	664	1 383
1985	17 700	4 978	6 741	7 711	1 846	1 487	1 447	841	2 288
1990	16 350	4 361	8 255	8 382	743	450	1 513	1 005	2 519
1991	17 295	4 320	9 200	9 808	679	405	1 746	1 175	2 921
1992	17 234	4 464	8 964	10 253	652	416	1 869	990	2 859
1993	16 713	5 069	7 950	7 478	629	411	1 632	898	2 530
1994	18 121	5 664	8 675	8 292	558	264	1 585	1 048	2 632
1995	19 652	5 714	10 361	8 132	564	220	1 688	1 042	2 730
1996	18 833	5 423	10 100	7 083	524	220	1 811	957	2 769
1997	18 572	5 582	9 713	6 737	491	243	1 967	917	2 885
1998	19 379	6 059	9 791	6 689	337	139	2 102	875	2 976
1999	20 859	6 402	10 348	5 588	308	97	1 954	511	2 466
2000	23 100	7 283	11 241	6 062	392	75	1 777	494	2 271
2001	21 946	7 487	10 642	7 215	485	78	1 872	609	2 481
2002	22 149	7 381	10 715	6 276	507	83	2 090	636	2 807
2003	22 485	7 585	10 831	7 666	506	61	2 114	372	2 486
2004	21 646	7 118	10 907	8 539	498	48	2 067	285	2 352
2005	21 477	6 993	10 918	7 593	502	47	2 032	315	2 347
2006	17 608	5 940	8 976	8 724	425	47	2 067	283	2 350
2007	16 974	5 917	8 463	8 889	395	50	2 379	324	2 703
2008	19 238	6 369	9 891	8 631	332	39	2 615	370	2 985
2009	20 481	6 565	10 917	7 423	240	36	2 546	279	2 826
2010	20 834	6 791	11 054	7 273	199	28	2 529	328	2 858
2011	20 783	6 872	11 021	7 557	177	29	2 582	340	2 922
从1991年到2011年播种面积变化	3 488	2 552	1 821	-2 251	-502	-376	1 671	836	835

（续表）

年份	烟叶	烤烟	蔬菜	茶园面积	果园面积
1978	1 176	919	4 997	1 572	2 486
1980	768	595	4 745	1 562	2 674
1985	1 969	1 616	7 130	1 616	4 104
1990	2 389	2 013	9 507	1 592	7 769
1991	2 706	2 343	9 819	1 590	7 977
1992	3 139	2 774	10 547	1 626	8 727
1993	3 133	2 753	12 126	1 757	9 648
1994	2 235	1 953	13 382	1 703	10 896
1995	2 205	1 963	14 273	1 673	12 147
1996	2 780	2 525	15 737	1 655	12 830
1997	3 529	3 241	16 932	1 614	12 972
1998	2 042	1 800	18 440	1 586	12 803
1999	2 061	1 824	20 020	1 695	13 001
2000	2 156	1 904	22 856	1 633	13 398
2001	2 009	1 771	24 604	1 711	13 564
2002	1 991	1 787	26 029	1 701	13 647
2003	1 897	1 709	26 931	1 811	14 155
2004	1 898	1 718	26 341	1 893	14 652
2005	2 044	1 867	26 581	2 028	15 052
2006	1 783	1 632	24 959	2 147	15 184
2007	1 746	1 599	25 993	2 420	15 707
2008	1 989	1 845	26 814	2 579	16 101
2009	2 087	1 898	27 585	2 773	16 709
2010	2 017	1 846	28 500	2 955	17 316
2011	2 192	2 026	29 459	3 169	17 746
从1991年到2011年播种面积变化	-514	-317	19 640	1 579	9 769

资料来源：《中国统计年鉴》，2013年。

表 6-2 粮食作物播种面积变化量 （单位：万亩）

年份	农作物总播种面积变化量	粮食作物播种面积变化量	谷物	稻谷	小麦	玉米	豆类	薯类
1991	1 836	-1 729	—	-712	292	259	—	-64
1992	-868	-2 631	-2 330	-750	-678	-796	-270	-33
1993	-1 900	-76	-5 412	-2 603	-392	-524	5 091	246
1994	750	-1 448	-2 062	-276	-1 881	687	539	75
1995	2 458	775	2 658	859	-181	2 435	-2 256	373
1996	3 752	3 731	4 347	992	1 126	2 584	-1 034	418
1997	2 383	546	-366	539	669	-1 085	931	-19
1998	2 605	1 313	230	-827	-424	2 196	761	322
1999	1 001	-940	-750	105	-1 378	997	-722	532
2000	-109	-7 048	-9 529	-1 983	-3 303	-4 271	2 206	275
2001	-888	-3 574	-4 003	-1 724	-2 984	1 839	912	-482
2002	-1 609	-3 284	-1 694	-916	-1 133	527	-1 087	-503
2003	-3 331	-6 721	-6 984	-2 541	-2 867	-848	533	-269
2004	1 706	3 293	3 810	2 806	-556	2 066	-149	-367
2005	2 903	4 009	3 785	703	1 750	1 369	154	69
2006	-5 008	1 019	4 586	136	1 231	3 157	-1 128	-2 439
2007	1 972	1 021	1 269	-29	161	1 522	-555	307
2008	4 203	1 731	707	483	-155	579	508	517
2009	3 522	3 290	3 230	579	1 010	1 978	-254	314
2010	3 092	1 336	2 174	370	-51	1 976	-1 010	171
2011	2 413	1 045	1 748	276	21	1 562	-937	234

资料来源：根据表 6-1 计算。

表 6-3 农作物播种面积结构

年份	农作物总播种面积	粮食作物播种面积	谷物	稻谷	小麦	玉米	豆类	薯类
1991	100%	75.1%	62.9%	21.8%	20.7%	14.4%	6.1%	6.1%
1992	100%	74.2%	62.1%	21.5%	20.5%	14.1%	6.0%	6.1%
1993	100%	74.8%	60.2%	20.5%	20.5%	14.0%	8.4%	6.2%
1994	100%	73.9%	59.0%	20.3%	19.5%	14.3%	8.6%	6.3%
1995	100%	73.4%	59.6%	20.5%	19.3%	15.2%	7.5%	6.4%

（续表）

年份	农作物总播种面积	粮食作物播种面积	谷物	稻谷	小麦	玉米	豆类	薯类
1996	100%	73.9%	60.5%	20.6%	19.4%	16.1%	6.9%	6.4%
1997	100%	73.3%	59.7%	20.6%	19.5%	15.4%	7.2%	6.4%
1998	100%	73.1%	59.2%	20.0%	19.1%	16.2%	7.5%	6.4%
1999	100%	72.4%	58.6%	20.0%	18.4%	16.6%	7.2%	6.6%
2000	100%	69.4%	54.6%	19.2%	17.1%	14.8%	8.1%	6.7%
2001	100%	68.1%	53.0%	18.5%	15.8%	15.6%	8.5%	6.6%
2002	100%	67.2%	52.7%	18.2%	15.5%	15.9%	8.1%	6.4%
2003	100%	65.2%	50.4%	17.4%	14.4%	15.8%	8.5%	6.4%
2004	100%	66.2%	51.7%	18.5%	14.1%	16.6%	8.3%	6.2%
2005	100%	67.1%	52.7%	18.6%	14.7%	17.0%	8.3%	6.1%
2006	100%	69.0%	55.8%	19.0%	15.5%	18.7%	8.0%	5.2%
2007	100%	68.8%	55.5%	18.8%	15.5%	19.2%	7.7%	5.3%
2008	100%	68.3%	55.2%	18.7%	15.1%	19.1%	7.8%	5.4%
2009	100%	68.7%	55.7%	18.7%	15.3%	19.7%	7.5%	5.4%
2010	100%	68.4%	55.9%	18.6%	15.1%	20.2%	7.0%	5.4%
2011	100%	68.1%	56.1%	18.5%	15.0%	20.7%	6.6%	5.5%

资料来源：根据表6-1计算。

很明显，农作物播种面积从谷物向经济作物转移。其中，稻谷和小麦的播种面积下降非常显著。

在1991年到2011年这20年内，粮食作物的播种面积发生了巨大的变化。由于农业科学技术创新，特别是袁隆平培育的杂交水稻大大提高了单位面积产量，在粮食总产量不断上升的同时播种面积不断减少。在1991年到2011年的20年内，农作物总播种面积增加了19 046万亩。但是，粮食作物的播种面积减少了2 610万亩（见表6-1）。在此期间，在粮食作物中稻谷播种面积减少了3 799万亩；小麦减少得最严重，减少播种面积10 016万亩。玉米播种面积大幅度增加，增加了17 952万亩。豆类播种面积增加了2 232万亩。薯类播种面积减少了258万亩，基本维持不变。

在1991年到2011年期间，油料作物播种面积增加了3 488万亩。其中花生播种面积增加了2 552万亩。油菜籽播种面积增加了1 821万亩。棉花的播种面积大幅度减少,减少了 2 251 万亩。麻类的播种面积也在减少。糖类的播种面积基本不变,只是糖类的播种面积由甜菜转移到甘蔗。

烟叶的播种面积在 1991 年到 2011 年期间下降了 514 万亩。

蔬菜的播种面积由 1991 年的 9 819 万亩急剧上升为 2011 年的 29 459 万亩,增加了 19 640 万亩。与此同时,茶园面积由 1991 年的 1 590 万亩上升为 2011 年的 3 169 万亩,翻了一番还多。果园面积从 1991 年的 7 977 万亩上升为 2011 年的 17 746 万亩,增加了 2.22 倍。这说明中国人的饮食质量得到大幅度提高。人均消费的谷物数量下降,但是对蔬菜、水果的消费持续上升。

6.2 单产上升,播种面积下降

古人说:"谷缺伤民,谷贱伤农。"粮食总产量少了不好,多了也不好。粮食总产量少了,老百姓吃不饱,在供不应求的情况下,粮价必定暴涨,危及社会稳定和人民健康。粮食总产量多了,供过于求,不仅造成粮食浪费,还会由于粮价下跌损害农民利益。比较理想的状态是在保持 2 个月以上粮食库存的基础上实现粮食产销平衡。

粮食安全和人均口粮拥有量有关。人均口粮拥有量和人口总数、谷物总产量有关。在人均收入达到一定水平之后,口粮总需求量随着人口总数的提高而增长。如果我们能够比较准确地预测中国未来总人口的变化趋势,根据人均收入水平预测口粮、饲料和工业用粮的人均需求,在此基础上就不难预测未来对口粮和饲料的总需求。

一个国家的粮食总需求和居民人数、生活水平、饮食结构有关。当民众收入水平升高以后,不仅要吃饱,还要吃好。高收入群体人均消费的口粮也许比低收入群体更少,可是人均消费的肉类、蛋类、奶类、水产、水果等更多。无论肉类还是蛋类都要从饲料转换而来。因此,讨论粮食安全的时候要分不同的层次:首先要保证口粮的需求,然后要保证有足够的饲料,最后才考虑工业用粮。除非遭遇战争、特大天灾,一般来说,人口总数、人均口粮消费量的变化规律比较稳定,谷物总需求不会发生骤然剧变。

谷物总产量不仅和耕地数量有关还和单位面积产量有关。非常简单的逻辑:在谷物市场供求基本平衡的情况下,如果单位面积谷物产量增加了,播种面积必然下降,客观上节约下来一些耕地。至于说节约下来的耕地将来派什么用场,那是另外一个问题。也许拿来盖厂房、住宅、办公楼等;也许拿去种经济作物,种花卉、中药、树苗等;也许什么都不种,当作草地养起来。总之,谷物单产上升有助于减轻耕地压力。

6.3 单产上升减轻了耕地压力

农作物播种面积变化的总趋势很清楚:稻谷、小麦的播种面积在逐年减少。在1991年到2011年这20年内,稻谷平均每年减少播种面积190万亩。小麦平均每年减少播种面积500万亩。农民把原来种植稻谷和小麦的耕地改种其他农作物。这说明在供求基本平衡的情况下,用不着种那么多的稻谷和小麦。显而易见,这两项主要农作物的播种面积逐年减少是一个长期的趋势。

烟叶的播种面积逐年减少,平均每年减少25万亩。毋庸置疑,烟叶播种面积逐年减少也是一个长期的趋势。

毫无疑问,这种农业生产结构性改变并不影响粮食安全。退一万步讲,只要中国一亩地不少,万一遇到紧急情况,无非把种植其他农作物的耕地改回来种粮就是了。例如,黑龙江的豆农在原来种植大豆的土地上改种人参、药材等,大大改善了经济效益,同时也提供了更多的就业机会。如果今后有需要,农民在这些土地上种大豆或小麦,驾轻就熟,轻而易举。

近十年来,大豆的播种面积基本维持不变,唯独玉米的播种面积大幅度上升。在1991年到2011年期间增加了17 852万亩。玉米只有8%被用作口粮,80%以上当作饲料。显然,在粮食安全的考量中饲料的重要性远远低于口粮。稻谷和小麦的播种面积占比逐年下降原本是意料之中的事情,可是玉米播种面积上升是否合理?有必要讨论一下是否可以进口部分饲料,主要是玉米,适度减少国内玉米的播种面积。

在维持农产品市场供求平衡的前提下,谷物单产增加导致稻谷、小麦的播种面积逐年减少,再加上烟草播种面积的减少,这三项加在一起,每年大约可以腾出715万亩耕地。

第7章

宅基地与耕地

7.1 农村居民点用地粗放

在城镇化过程中,即使农民工进城了,也不应当轻易改变他们在家乡住宅的产权或使用权。不过,对于住宅之外的宅基地和农村居民点公共用地确有调整、节约的必要。农村居民点用地的面积大于宅基地面积,宅基地面积大于农民住宅的面积。研究包括两个问题:第一,农村居民点用地粗放,如果加强管理,能够节约出多少土地?第二,在城镇化进程中大量农民进城,在实现农民工市民化之后,有没有可能让进城的农民工在保留家乡住宅的前提下,将部分附属于宅基地的菜园纳入耕地?

2012年城镇人口6.9亿,农村人口6.4亿,也就是说,农村和城镇人口差不多。可是农村的建设用地面积几乎是城镇的4倍。正如中国科学院地理科学与资源研究所刘彦随所说:"当前我国城乡人口比例约1:1,城乡建设用地面积却是1:4,城市用地紧张与农村用地粗放并存。"

根据陶然的研究:"(2013年)我国建设用地总量已经超过4.7亿亩,其中城镇用地(城市加建制镇)0.5亿亩,独立工矿用地0.5亿亩,而村庄用地(不含独立于村庄之外的乡镇企业用地)就高达2.5亿亩,且呈逐年增加的态势。农村空闲住宅面积约占村庄建设用地总量的10%—15%。人均居民点用地达到229平方米,用地十分粗放。"①如果农村每家有2.8个人,农民户均居民点用地641.2平方米。由此可见,宅基地占居民点用地的56.3%。在宅基地中,只有25%左右的面积是农民的住宅。

中国社会科学院张晓山研究员指出:"在集镇和村庄,又存在形态、布局、用地散乱,用途与功能配置不合理,生产、生活功能配套缺失,用地低效、闲置普遍的现象。农村人口向城市转移过程中,理应伴随的农村居民点用地减少现象并没出现。农村人口不断减少,村庄用地却出现了上升势头。2010年,农村居民点用地接近19万平方公里,是同期城镇建设用地的2.4倍;随着农村劳动力大量外出和农村人口净减少,普遍存在农村'空心化'和住房闲置。"

尽管上述研究中农村居民点人均占地面积的数字有些差异,不过结论却一致:农村居民点土地利用效率不高。中国人多地少,耕地是最宝贵的自然资源之一。合理调整农村宅基地和居民点用地是保护耕地的一个重要组成部分。

江苏昆山等地的经验表明,在具备条件的地方重新规划农村土地,兴建农民集中居住的新村,可以大大提高农村居民点的容积率,既可以节约宅基地,也可以节约农村居民点用地,显著地增加优质耕地的数量。不过,昆山经验有其特定的前提,苏南农村人均收入水平相当高,不仅没有剩余劳动力,而且还需要从外地引进大量劳动力。集中居住的农民基本上都在本地的企业中找到了工作。在这种情况下,兴建高密度的公寓式农民居住小区,让农民集中居住,皆大欢喜。但如果农村还有大量剩余劳动力,多数人还以种植业为主,住进了高楼,却给种田增添不少麻烦,强制推进农民集中居住就未必合适了。即便能够节省下来一些耕地也很难得到农民的支持。

7.2 农村宅基地的定义和数量

农村宅基地是农村集体经济组织为满足本组织内成员的生活需要和从事

---

① 参见陶然,"土地制度改革是新型城镇化的突破口",《比较》,2013年第15期。

家庭副业生产的需要而分配给农户使用的土地。农村宅基地以户为单位划定。宅基地可以分为建筑用地和活动场所两大部分。建筑用地主要包括4个部分：住房用地(卧室、堂房等)、杂物间用地(偏房、旁房用地)、设施用地(厕所、沼气室、水井等用地)和畜舍(鸡、鸭、猪、牛、羊等圈舍用地)。活动场所主要指农村住宅成员及其所养畜禽等的活动用地,一般称为"没有建筑物的空白宅基地"。[①]

根据陈锡文教授的解释："目前,法律规定农民对宅基地只拥有占有和使用权,对承包地拥有占有、使用和收益权。因为宅基地是农民自用的,不是搞经营的,所以少了收益权。""除了土地产权之外,还有土地用途管制。城市土地的一大主要功能是搞建设。农村土地更重要的是从事农业生产,提供农产品,但为了满足农民生产生活需求,农村也需要搞点建设,而农村的建筑主要是农民自用的。"[②]

宅基地中的建筑用地比较容易界定,可是活动场所包含的范围可宽可紧。许多地方农户的菜园也被包含在宅基地里。在某些地方,成片的农田大多是耕地。而村庄周围被划分成小块的土地可能就是"宅基地"。在这些宅基地上也许种菜,也许种庄稼。无论种什么,往往都是村里种得最好的地。

迄今为止,我们还没有找到一个非常准确的宅基地定义,也没有统一口径的全国宅基地总量数据。由于各地对宅基地的界定和管理有宽有紧,对宅基地的定义并不统一,即使有些省市的统计数据,将分省市数据加总也没有明确的意义。但有一点是一致的,宅基地没有被包括在耕地数量之内,历来就不用缴纳各种土地税。目前,只有宋伟等"我国农村宅基地资源现状分析"一文中给出了两个数字：全国宅基地总量在1996年为13 577.3万亩；在2005年为13 674.2万亩(见表7-1)。[③] 在十年内增加了0.71%。总的来说,宅基地总量相当稳定。1996年农村人口85 089万人,人均宅基地0.159亩。2005年农村

[①] 摘自宋伟、陈百明、杨红、陈曦炜等,"我国农村宅基地资源现状分析",《中国农业资源和区划》,2008年第3期。

[②] 资料来源：陈锡文,"是否小康,得看老乡",《人民日报》,2013年11月19日。

[③] 文中没有仔细交代资料来源或者计算规则。

人口74 544万人，人均宅基地0.183亩。在总量没有发生重大变化的情况下，由于大量农民工离乡进城，农村人口减少了1亿多，在十年内人均宅基地增加了15.1%。[①]

表7-1　农村宅基地总量　　　　　　　　　　　　　　（单位：万亩）

	1996年	2005年	变化率(%)
全国	13 577.3	13 674.2	0.71
北京	72.0	72.5	0.63
天津	65.6	71.3	8.70
河北	790.2	817.2	3.42
山西	383.9	403.7	5.16
内蒙古	568.8	574.4	0.98
辽宁	547.2	549.6	0.44
吉林	455.0	455.9	0.20
黑龙江	621.8	626.7	0.80
上海	42.8	46.1	7.72
江苏	751.5	770.0	2.46
浙江	294.6	301.8	2.44
安徽	857.6	847.1	-1.22
福建	204.8	212.4	3.74
江西	357.6	353.9	-1.05
山东	1 013.7	998.1	-1.54
河南	1 201.8	1 158.6	-3.59
湖北	588.6	594.6	1.02
湖南	672.3	674.9	0.38
广东	526.5	538.8	2.34
广西	376.8	383.4	1.75
海南	99.6	99.5	-0.15
重庆	303.0	297.6	-1.78
四川	849.3	848.9	-0.05

---

① 农村人口数字来自各年的《中国统计年鉴》。

(续表)

	1996年	2005年	变化率(%)
贵州	272.7	277.7	1.82
云南	336.2	351.6	4.60
西藏	18.0	17.4	-3.33
陕西	438.5	432.2	-1.44
甘肃	360.2	359.0	-0.33
青海	50.4	54.0	7.14
宁夏	89.7	90.3	0.67
新疆	366.9	395.6	7.81

资料来源：宋伟、陈百明、杨红、陈曦炜等，"我国农村宅基地资源现状分析"，《中国农业资源与区划》，2008年第3期，将表中的土地面积单位折算为万亩。

自古以来，农村居民点的土地使用效率就不如城镇。第一，由于农民传统的生产、生活方式需要更多的建筑面积和生产辅助、仓储面积。第二，由于缺乏专业人员设计，农村住宅的布局安排尚有许多有待改进之处。第三，由于长期以来农村平均地价远远低于城镇，农民对集约用地不够重视。

表7-2给出了全国以及各省区市户均宅基地面积。从人均宅基地面积来看，新疆遥遥领先，在1996年户均1 328.41平方米，虽然在2005年下降到1 178.12平方米，但依然高于其他省区市。2005年内蒙古户均宅基地1 089.58平方米，显然，新疆和内蒙古宅基地数量高和当地的畜牧业有关。东三省的户均宅基地数量也比较高，在2005年，黑龙江户均宅基地845.82平方米，吉林792.01平方米，辽宁526.78平方米。2005年西北各省区市的宅基地数量也比较高，宁夏642.44平方米，甘肃516.04平方米，青海464.96平方米，陕西408.73平方米。其余各省区市的农村宅基地户均面积大约在250—300平方米之间。近年来，新疆、黑龙江等省区市户均宅基地面积在下降，上海、天津等大都市郊区的农村户均宅基地面积有所增加。

表 7-2　户均宅基地面积　　　　（单位：平方米/户）

	1996 年	2005 年	变化率(%)
全国	386.19	361.43	-6.41
北京	385.36	339.99	-11.77
天津	385.86	396.34	2.72
河北	379.01	376.06	-0.78
山西	421.80	421.48	-0.08
内蒙古	1 096.29	1 089.58	-0.61
辽宁	577.41	526.78	-8.77
吉林	863.79	792.01	-8.31
黑龙江	971.53	845.82	-12.94
上海	229.93	276.22	20.13
江苏	331.51	322.14	-2.83
浙江	183.54	164.26	-10.50
安徽	457.43	419.51	-8.29
福建	224.83	207.69	-7.62
江西	337.16	296.58	-12.04
山东	340.85	324.55	-4.78
河南	423.64	381.29	-10.00
湖北	393.69	389.98	-0.94
湖南	312.84	301.43	-3.65
广东	262.69	233.10	-11.26
广西	298.84	259.21	-13.26
海南	652.70	589.24	-9.72
重庆	284.98	276.03	-3.14
四川	291.48	285.93	-1.90
贵州	263.54	233.63	-11.35
云南	286.19	267.14	-6.66

(续表)

	1996 年	2005 年	变化率(%)
西藏	334.48	287.95	-13.91
陕西	429.50	408.73	-4.84
甘肃	560.02	516.04	-7.85
青海	518.38	464.96	-10.31
宁夏	764.78	642.44	-16.00
新疆	1 328.41	1 178.12	-11.31

资料来源：宋伟、陈百明、杨红、陈曦炜等，"我国农村宅基地资源现状分析"，《中国农业资源与区划》，2008 年第 3 期。

7.3 农村居民点和城镇容积率

根据宋伟等"我国农村宅基地资源现状分析"一文中给出的两个宅基地数据，按照简单线性规则递推出各年宅基地的数量。在统计年鉴上有历年农村人口数、农村人均住房面积，不难算出农村住房总面积。农村住房总面积和宅基地面积之比就是农村居民点的容积率。1996 年农村居民点的容积率为 0.20，随后容积率缓慢提高，到 2011 年为 0.26（见表 7-3）。

表 7-3　农村住房和宅基地面积

年份	农村人口数（万）	农村人均住房面积（平方米）	农村住房总面积（亿平方米）	宅基地面积（亿平方米）	农村居民点容积率
1996	85 085	21.7	185	905.15	0.20
1997	84 177	22.5	189	905.87	0.21
1998	83 153	23.3	194	906.59	0.21
1999	82 038	24.2	199	907.30	0.22
2000	80 837	24.8	200	908.02	0.22
2001	79 563	25.7	204	908.74	0.23
2002	78 241	26.5	207	909.46	0.23

(续表)

年份	农村人口数（万）	农村人均住房面积（平方米）	农村住房总面积（亿平方米）	宅基地面积（亿平方米）	农村居民点容积率
2003	76 851	27.2	209	910.18	0.23
2004	75 705	27.9	211	910.89	0.23
2005	74 544	29.7	221	911.61	0.24
2006	73 160	30.7	224	912.33	0.25
2007	71 496	31.6	226	913.05	0.25
2008	70 399	32.4	228	913.77	0.25
2009	68 938	33.6	231	914.48	0.25
2010	67 113	34.1	229	915.20	0.25
2011	65 656	36.2	238	915.92	0.26

注：容积率＝农村住房总面积/宅基地面积。
资料来源：农村人口数和农村人均住房面积来自《中国统计年鉴》，2013年。宅基地面积根据宋伟等"我国农村宅基地资源现状分析"一文推出。

《中国国土资源统计年鉴》给出了城镇建成区面积。按照北京师范大学国民核算研究院《国民核算研究报告，2013》，在2011年全国城镇住房总面积为126亿—136亿平方米（相当于1 890万—2 044万亩）。由此得出，城镇土地容积率在2001年为0.42，以后逐年下降，到2011年仅为0.31（见表7-4）。[1]

表7-4 城镇土地容积率

年份	城镇建成区面积（万亩）	城镇住房面积（万亩）	容积率
2001	3 604	1 500	0.42
2002	3 896	1 503	0.39
2003	4 246	1 513	0.36
2004	4 561	1 534	0.34
2005	4 878	1 560	0.32
2006	5 049	1 613	0.32
2007	5 321	1 673	0.31

---

[1] 关于城镇居民住房面积的研究请参见徐滇庆、李昕，《住房供求和保障》，机械工业出版社，2014年。

(续表)

年份	城镇建成区面积(万亩)	城镇住房面积(万亩)	容积率
2008	5 444	1 756	0.32
2009	5 716	1 820	0.32
2010	6 009	1 925	0.32
2011	6 540	2 044	0.31

资料来源：城镇建成区面积数据来自《中国国土资源统计年鉴》,2013年。城镇住房面积来自北京师范大学国民核算研究院,《国民核算研究报告》,2013年。

在过去十几年内城镇住房面积迅速增加,从2001年的1 500万亩增加到2011年的2 044万亩,净增36.3%,544万亩。可是城镇建成面积增加的速度更快,从2001年的3 604万亩上升为2011年的6 540万亩,净增81.5%,2 936万亩。城镇建成面积的增长速度大大超过了城镇居民住房的增长速度。为了提高土地使用效率,必须多管齐下,在提高农村居民点的土地使用效率的同时也要关注城镇土地使用效率。

比较一下城镇和农村居民点土地容积率,在2001年城镇土地容积率为0.42,农村居民点为0.23。城镇土地容积率比农村高一倍多。即使到了2011年,城镇土地容积率为0.31,农村居民点为0.26,城镇土地容积率依然显著高于农村。

7.4 城乡土地利用效率比较

在2005年城镇建成面积4 878万亩,到2011年增加为6 540万亩,净增1 662万亩,平均每年递增237.4万亩。

农村宅基地在2005年为13 674万亩,到2011年增加为13 739万亩,净增65万亩,平均每年递增9.3万亩。增加量极为有限,几乎原地踏步。

在1999年全国城镇建成面积3 229万亩,农村宅基地面积13 610万亩。农村宅基地面积是城镇建成区总面积的4.22倍。

在2011年农村宅基地面积是城镇建成区面积的2.10倍(见表7-5)。

表 7-5 城镇建成区和农村宅基地面积

年份	城市建成区面积（平方公里）	城市建成区面积（万亩）	农村宅基地面积（平方公里）	农村宅基地面积（万亩）	宅基地/城市建成区
1999	21 525	3 229	90 730	13 610	4.22
2000	22 439	3 366	90 802	13 620	4.05
2001	24 027	3 604	90 874	13 631	3.78
2002	25 973	3 896	90 946	13 642	3.50
2003	28 308	4 246	91 017	13 653	3.22
2004	30 406	4 561	91 089	13 663	3.00
2005	32 521	4 878	91 161	13 674	2.80
2006	33 660	5 049	91 233	13 685	2.71
2007	35 470	5 321	91 305	13 696	2.57
2008	36 295	5 444	91 376	13 706	2.52
2009	38 107	5 716	91 448	13 717	2.40
2010	40 058	6 009	91 520	13 728	2.28
2011	43 603	6 540	91 592	13 739	2.10

资料来源：农村宅基地面积（平方公里）数据来自宋伟等，"我国农村宅基地资源现状分析"，《中国农业资源与区划》，2008年第3期；城市建成区面积（平方公里）数据来自《中国统计年鉴》，2012年，第379页；其他数据为计算所得。

在表7-6中给出了城乡土地利用效率。在1999年城镇人均住房占用面积为0.0738亩，农村人均宅基地面积为0.166亩。农民住房占地面积是城里人的2.25倍。到了2011年城镇人均住房占用面积为0.0947亩。农村人均宅基地面积为0.209亩。农民住房用地依然是城里人的2.21倍。

毫无疑问，为了节约用地，必须既抓城镇也抓农村，双管齐下。由于城镇用地上升速度过快，重点应当放在城镇。在抓城镇土地节约时，重点在工业企业和仓储用地。重点中的重点在整顿开发区和新城。

在整顿城镇使用土地的时候，必须限制各级政府在公共服务项目上过多地使用土地，要制止地方政府修建楼堂馆所和不必要的办公大楼、大广场等华而不实的项目。

表 7-6　城乡土地利用效率差距

年份	城市建成面积（万亩）	城镇人口（万人）	城镇人均住房占用面积（亩/人）	农村宅基地（万亩）	农村人口（万人）	农村人均宅基地（亩/人）	城乡人均占地差距
1999	3 229	43 748	0.0738	13 610	82 038	0.166	2.25
2000	3 366	45 906	0.0733	13 620	80 837	0.168	2.30
2001	3 604	48 064	0.0750	13 631	79 563	0.171	2.28
2002	3 896	50 212	0.0776	13 642	78 241	0.174	2.25
2003	4 246	52 376	0.0811	13 653	76 851	0.178	2.19
2004	4 561	54 283	0.0840	13 663	75 705	0.180	2.15
2005	4 878	56 212	0.0868	13 674	74 544	0.183	2.11
2006	5 049	58 288	0.0866	13 685	73 160	0.187	2.16
2007	5 320	60 633	0.0877	13 696	71 496	0.192	2.18
2008	5 444	62 403	0.0872	13 706	70 399	0.195	2.23
2009	5 716	64 512	0.0886	13 717	68 938	0.199	2.25
2010	6 009	66 978	0.0897	13 728	67 113	0.205	2.28
2011	6 540	69 079	0.0947	13 739	65 656	0.209	2.21

数据来源：根据表 7-5 和《中国统计年鉴》，2013 年计算。

7.5 农民工市民化可能释放出来的宅基地

有必要进一步算一算农村居民点用地的账。

众所周知,在过去十几年里大量农民工进城,导致城镇人口不断上升,农村人口相对下降。2012 年全国人口 135 404 万人,城镇人口 71 182 万人,农村人口 64 222 万人。在城镇人口中包含了农民工 26 261 万人。其中外出农民工 1.63 亿人,在本地打工的农民工 9 925 万人。在外出农民工当中,单身外出的 12 961 万人,举家外出的 3 375 万人。

农民工进城了,可是他们在家乡的住房、宅基地基本上没有变。进城农民总共在农村拥有多少宅基地?

在讨论宅基地的时候,进城的农民工应当和农村人口合在一起,总计是 90 483 万人。进城的农民工占这个人群的 29%。也就是说,进城的农民工拥有全部宅基地的 29%。2011 年全国农村宅基地总量 13 739 万亩,其中,进城农民工拥有大约 2 988 万亩宅基地。

在城镇化过程中,由于农民工进城后很难获得城市户口,前途很不确定。他们必须给自己留有后路,万一在城里找不到活干,还能回家种地。许多农民工即使携家带口进城多年,也不愿意放弃家乡的住宅,也不肯放弃自己的菜园。他们把这些菜园的使用权以很低的价格转让给亲友、邻居。

我们调查过许多进城打工的农民工,给他们两种选择,一是政府给他们城市户口,但是要求他们放弃家乡的宅基地(不包括住房的"活动场所");一是他们保留家乡的宅基地,却拿不到城市户口。问他们愿意选择哪一种?几乎所有接受调查的农民工都毫不犹豫地回答,我们当然要城市户口。正是因为在家乡挣不到钱才出来打工,怎么可能倒回去?种粮食一亩地一年也就是挣一千元左右,在城里一个月就可以挣两三千元。如果给城市户口,我们马上就把孩子带出来,把菜园交还给国家。某河南籍的农民工来北京打工已经十几年了。全家三口人在家乡有不到一亩菜园,长期转让给亲戚耕种,每年收取租金 400 元。我们问他,如果给他们全家城市户口,他们愿不愿意放弃家乡的

"菜园"？他非常肯定地回答，我的小孩在城里每年要交6 000元的借读费。如果给我们城市户口，我们马上把菜园交给国家。

根据国家统计局的数据，2013年，进城的农民工中有57%居住在单位宿舍、工棚和生产场所，38%租房，购房的只有0.9%。虽然许多农民工的居住条件极为恶劣，但毕竟还有房子住。与此同时，他们在家乡不仅有房，还有宅基地。一个人占了两处，对于土地资源而言，是很不经济的使用方式。改革的大方向是取消农民工的称呼，给予所有进城的农民兄弟以城镇户口，对他们一视同仁。一旦实现了农民工市民化，使他们享受和城镇居民同等的福利待遇，农民工老家的住房尽可保留，但是附属于宅基地的菜园等活动场所理应纳入耕地。以农村居民点容积率0.26计算，农民工拥有的宅基地当中属于活动场所的土地面积占74%，约为2 211万亩。如果这些活动场所中有一半是菜地，在农民工市民化过程中有可能被置换出来的耕地的总量大约为1 105万亩。

除了静态累积数字之外，还必须注意到未来的变动趋势。城镇化的进展还远远没有终结。保守一点估计，如果每年还有1 000万农民进城，则每人平均拥有的宅基地为0.113 78亩。如果以户口换宅基地中的活动场所的一半，则每年可以增加的耕地数量大约为42.1万亩。

第8章

粮食的品种和用途

8.1 粮食的定义和分类

究竟中国粮食自给度有多高？有人说，中国粮食自给度超过了95%。有人说，中国的粮食自给度还不足86%。① 有人说应当增加粮食进口，有人说粮食进口太多，不能过度依赖海外进口粮食，众说纷纭，各持一端。产生分歧的主要原因是大家采用的粮食自给度的定义各不相同。

粮食可以从品种和用途两个角度分类。

如果按照品种来分，联合国粮农组织（FAO）的文件中粮食（Food）包括谷物、豆类、薯类等8大类106种，分别是：谷物类（Grain），块根和块茎作物类，豆类、油籽、油果和油仁作物类，蔬菜和瓜类，糖料作物，水果、浆果，家畜、家禽、畜产品。具体粮食品种的目录可以参考FAO发布的《粮农组织统计年鉴》。稻谷、小麦、玉米、谷子、高粱和其他杂粮被称为谷物。由于谷子、高粱、大麦、荞麦等杂粮的数量很小，在讨论粮食政策的时候谷物主要包括稻谷、小麦和玉米（见表8-1）。

---

① 参见《财经》杂志发布的"中国粮食安全报告"，2013年12月9日，第77页。

表 8-1 主要农作物产品产量　　　　　　　　（单位：万吨）

年份	粮食总产量	谷物			大豆	薯类
		稻谷	小麦	玉米		
1949	11 318	4 865	1 381	1 242	509	985
1957	19 505	8 678	2 364	2 144	1 005	2 192
1962	15 441	6 299	1 667	1 626	651	2 345
1965	19 453	8 772	2 522	2 366	614	1 986
1970	23 996	10 999	2 919	3 303	871	2 668
1975	28 452	12 556	4 531	4 722	724	2 857
1980	32 056	13 991	5 521	6 260	794	2 873
1981	32 502	14 396	5 964	5 921	933	2 597
1982	35 450	16 160	6 847	6 056	903	2 705
1983	38 728	16 887	8 139	6 821	976	2 925
1984	40 731	17 826	8 782	7 341	970	2 848
1985	37 911	16 857	8 581	6 383	1 050	2 604
1986	39 151	17 222	9 004	7 086	1 161	2 534
1987	40 298	17 426	8 590	7 924	1 247	2 821
1988	39 408	16 911	8 543	7 735	1 165	2 697
1989	40 755	18 013	9 081	7 893	1 023	2 730
1990	44 624	18 933	9 823	9 682	1 100	2 743
1991	43 529	18 381	9 595	9 877	1 247	2 716
1992	44 266	18 622	10 159	9 538	1 252	2 844
1993	45 649	17 751	10 639	10 270	1 950	3 181
1994	44 510	17 593	9 930	9 928	2 096	3 025
1995	46 662	18 523	10 221	11 199	1 788	3 263
1996	50 454	19 510	11 057	12 747	1 790	3 536
1997	49 417	20 074	12 329	10 431	1 876	3 192
1998	51 230	19 871	10 973	13 295	2 001	3 604
1999	50 839	19 849	11 388	12 809	1 894	3 641

(续表)

年份	粮食总产量	谷物			大豆	薯类
		稻谷	小麦	玉米		
2000	46 218	18 791	9 964	10 600	2 010	3 685
2001	45 264	17 758	9 387	11 409	2 053	3 563
2002	45 706	17 454	9 029	12 131	2 241	3 666
2003	43 070	16 066	8 649	11 583	2 128	3 513
2004	46 947	17 909	9 195	13 029	2 232	3 558
2005	48 402	18 059	9 745	13 937	2 158	3 469
2006	49 804	18 172	10 847	15 160	2 004	2 701
2007	50 160	18 603	10 930	15 230	1 720	2 808
2008	52 871	19 190	11 246	16 591	2 043	2 980
2009	53 082	19 510	11 512	16 397	1 930	2 996
2010	54 648	19 576	11 518	17 725	1 897	3 114
2011	57 121	20 100	11 740	19 278	1 908	3 273
2012	58 958	20 424	12 102	20 561	1 732	3 279

资料来源:《中国农村统计年鉴》,2013 年,表 7-14。

按照用途,粮食分为口粮、饲料、工业用粮和种子用粮。在讨论粮食安全的时候,本书将口粮和种子合并在一起统称口粮。

根据联合国粮农组织统计,2008 年直接用于人类食物的口粮为 10.1 亿吨,占粮食生产总量的 50% 左右。饲料总量达到 7.56 亿吨,占粮食生产总量的 37%。其余部分被用于工业用途和种子。

许多人经常把粮食和谷物混淆在一起。实际上,联合国粮农组织文件中的粮食的含义更接近汉语中的"食物"。而汉语中的"粮食"更接近粮农组织文件中的谷物。在讨论粮食安全的时候,在大多数情况下人们指的是谷物安全。在粮食安全的研究中必须遵循联合国粮农组织的定义,只有大家在讨论时都使用同一个定义才符合严谨的学术规范,才能和世界各国进行横向比较。如果使用的定义不同,各说各的,混战一场,就得不出有益的结论。

毫无疑问,只要人们拥有足够的口粮,吃饱肚子,就不会出现粮食安全问题。对于人们来说,口粮最重要。实际上,粮食安全的核心就是口粮供应是否充足,能不能经受得起冲击。

虽然有些国家在一般情况下都能保持口粮供求平衡,但是,抵抗冲击的能力各不相同。冲击分为内部和外部两类。内部冲击主要指的是遭遇水灾、旱灾等自然灾害,导致口粮短缺。外部冲击主要是指遭遇外部发动的粮食制裁,在国内市场粮食短缺的情况下得不到外部粮食供应。只有某个国家需要大量进口粮食,挑战国才能发起粮食制裁。粮食制裁的目的是给应战国政府施加压力,迫使对方屈服。要做到这一点必须猛烈冲击民众的正常生活,导致饥荒或者引起普遍的对饥荒的恐惧。显然,在口粮、饲料和工业用粮三者之间,冲击口粮最敏感,冲击饲料次之,冲击工业用粮再次之。在一般情况下,只要能够保证口粮的供给,就不至于失控。

研究粮食安全时,笼统地谈"粮食"并不确切,不能把口粮和饲料混为一谈。在讨论粮食安全的时候,与其笼统地采用"粮食自给度",不如采用"谷物自给度"。

众所周知,稻谷、小麦、大豆、玉米都既可以当作口粮也可以当作饲料、工业用粮,只不过每个品种用于口粮、饲料、工业用途的比例各不相同而已。为此,有必要既按照粮食品种(稻谷、小麦、玉米、大豆等)也按照粮食用途(口粮、饲料、工业用途等)细化分类,分别剖析粮食、谷物的自给度。

8.2 稻谷供需和用途

据美国农业部的统计,中国在1998年出口大米占全球大米出口量的14%,在全世界排名第四。2001年中国出口大米206万吨,进口69.1万吨,净出口137万吨。2009年出口大米82.8万吨,进口80.5万吨,进出口基本平衡(见表8-2)。近年来,中国从大米净出口国转变为进口国。2012年中国进口大米231万吨。[①]

---

① 资料来源:"如何看待我国粮食自给率",《人民日报》,2013年2月3日。

表 8-2　中国稻谷供需　　　　　　　　　　（单位:万吨）

年份	总产出	出口	库存调节	进口	总消费	口粮和种子	饲料	工业用粮
2001	11 959.6	206.0	1 267.5	69.1	13 090.2	10 661.7	1 539.4	154.4
2002	11 762.0	209.7	1 391.1	73.9	13 017.2	10 648.4	1 479.4	154.7
2003	10 825.7	260.5	2 030.9	79.4	12 675.5	10 613.1	1 213.6	180.9
2004	12 040.9	98.9	272.0	130.9	12 344.9	10 626.7	1 015.9	169.0
2005	12 143.1	73.4	-36.7	98.6	12 131.6	10 680.6	808.2	175.9
2006	12 224.5	130.4	253.8	122.5	12 470.4	10 702.0	1 011.4	176.1
2007	12 499.4	136.8	12.9	99.9	12 475.4	10 703.6	1 015.0	172.2
2008	12 892.1	102.8	10.0	75.2	12 874.5	10 788.2	1 315.3	177.9
2009	13 118.6	82.8	1.7	80.5	13 118.2	10 907.1	1 396.1	210.4

注:总消费=总产出+进口-出口+库存调节。
资料来源:联合国粮农数据库,2013 年。

有些媒体引用这些数字的时候得出结论:中国的大米供应越来越依赖外国,前景堪忧。其实,2012 年中国稻谷总产量 20 424 万吨[①],进口大米数量相当于国内产量的 1.13%,占全球大米贸易量的 6% 左右。稻谷进口的主要原因是品种调剂而不是市场供应短缺,不值得大惊小怪。

从稻谷的用途来看,根据 2001 年到 2009 年的平均水平,84.35% 被用于口粮和种子,饲料占稻谷的 9.45%,工业用粮占稻谷的比重只有 1.38%(见表 8-3 和图 8-1)。

表 8-3　中国稻谷消费结构

年份	口粮和种子	饲料	工业用粮
2001	86.3%	12.5%	1.2%
2002	86.7%	12.0%	1.3%
2003	88.4%	10.1%	1.5%
2004	90.0%	8.6%	1.4%
2005	91.6%	6.9%	1.5%

① 2012 年中国稻谷产量数据来自《中国统计年鉴》,2013 年。

(续表)

年份	口粮和种子	饲料	工业用粮
2006	90.0%	8.5%	1.5%
2007	90.0%	8.5%	1.4%
2008	87.8%	10.7%	1.4%
2009	87.2%	11.2%	

资料来源:根据表8-2计算。

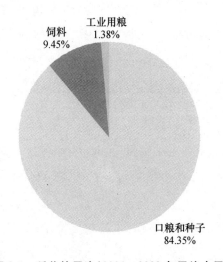

图8-1 稻谷的用途(2001—2009年平均水平)

8.3 小麦供需和用途

在1996年以前,小麦是仅次于稻谷的第二大粮食品种。尽管小麦的播种面积和总产量在1996年以后被玉米超越,但是作为口粮来说,小麦始终保持着第二位。

小麦的进出口数量受到国际市场的影响波动幅度较大。在2002年中国净出口小麦41.3万吨。可是在2003年净进口785.6万吨。当时,有些国际粮商估计中国会继续大量进口小麦,没料到在2005年和2006年中国非但没有增加小麦进口量,反而净出口小麦106.3万吨和182万吨。正当国际粮商为之惊讶时,中国小麦进出口再次转向,从 2007 年开始,中国变成小麦净进口国(见表 8-4)。在 2012 年中国出口小麦 20 万吨,进口 350 万吨,净进口 330 万吨。对那些粮商来说,这个数字的确很大,可是比起中国小麦总产量来说,只占 2012 年总产量 12 102 万吨的 3.05%。

表 8-4 中国小麦供需 （单位:万吨）

年份	产量	出口	进口	国内总需求	口粮和种子	饲料	工业用粮
2002	8 648.8	216.5	175.2	10 896.2	9 450.0	580.0	866.2
2003	9 195.2	35.5	821.1	10 532.6	9 300.0	400.0	832.6
2004	9 744.5	49.3	132.4	10 477.6	9 280.0	350.0	847.6
2005	10 846.6	144.7	38.4	10 759.5	9 290.0	582.0	887.5
2006	10 929.8	183.5	1.5	10 950.0	9 310.0	680.0	960.0
2007	11 245.6	0.8	25.8	11 042.0	9 350.0	650.0	1 042.0
2008	11 512.0	0.1	136.2	11 035.0	9 400.0	500.0	1 135.0
2009	11 400.0	0	79.5	11 300.0	9 450.0	650.0	1 200.0
2010	11 780.0	5.7	295.3	12 310.0	9 530.0	1 600.0	1 180.0
2011	11 223.6	25.0	289.5	12 040.0	9 610.0	1 250.0	1 180.0
2012	11 311.7	20.0	350.0	11 660.0	9 650.0	770.0	1 240.0

资料来源:净出口数字来自陈盼等,"2013 年玉米小麦供需分析及替代研究",《饲料广角》,2013 年第 13 期。该表 2012 年小麦生产量和国家统计局发布的数据略有不同。

如果把口粮和种子计算在一起,小麦的口粮(包括种子用粮)占比为 84.24% 左右,饲料占 6.51%,工业用粮占 9.24%(见表 8-5 和图 8-2)。假若这部分小麦改为进口,在原则上不会影响口粮安全。虽然小麦是主要的口粮作物,但是,依然存在着进口替代的可能性。

表 8-5　中国小麦消费结构

年份	口粮和种子	饲料	工业用粮
2002	86.7%	5.3%	7.9%
2003	88.3%	3.8%	7.9%
2004	88.6%	3.3%	8.1%
2005	86.3%	5.4%	8.2%
2006	85.0%	6.2%	8.8%
2007	84.7%	5.9%	9.4%
2008	85.2%	4.5%	10.3%
2009	83.6%	5.8%	10.6%
2010	77.4%	13.0%	9.6%
2011	79.8%	10.4%	9.8%
2012	82.8%	6.6%	10.6%

资料来源:根据表8-4计算。

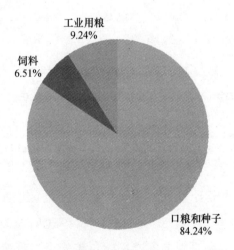

图 8-2　小麦的用途(2001—2012 年平均值)

8.4　玉米供需和用途

在最近十几年内,尽管国内的玉米产量节节上升,仍然供不应求。玉米进口量从 2007 年以后逐年增加。在 2007 年为 130 万吨,到了 2012 年已经超过了700万吨(见表8-6)，进口量占玉米总产量(18 790万吨)的3.73%。

表8-6 中国玉米供需　　　　　　　　　　(单位：万吨)

年份	产量	出口	进口	总消费	口粮和种子	饲料	工业用粮
2001	11 616	891	1	12 780	1 299	9 190	1 400
2002	13 029	709	2	13 029	1 320	9 200	1 800
2003	13 937	426	6	13 607	1 331	9 350	2 500
2004	14 548	434	2	15 075	1 391	9 600	3 650
2005	15 230	57	4	15 288	1 401	9 480	4 350
2006	16 592	17	5	15 921	1 415	9 680	4 800
2007	16 200	15	130	17 420	1 425	10 580	5 400
2008	17 510	10	100	17 985	1 475	10 900	5 600
2009	18 500	13	522	17 988	1 475	11 200	5 300
2010	18 750	50	650	19 525	1 475	12 500	5 500
2011	18 750	10	650	19 410	1 500	12 400	5 500
2012	18 790	10	700	19 510	1 500	12 500	5 500

注：总消费＝产量＋进口－出口。
资料来源：陈盼等，"2013年玉米小麦供需分析及替代研究"，《饲料广角》，2013年第13期。

从消费的角度来观察，玉米的64.08%被用作饲料，用作口粮和种子的加在一起才8.61%(2001年到2012年平均值)。在2010年以后，玉米被用作口粮的比例只有7.7%(见表8-7和图8-3)。

表8-7 中国玉米消费结构

年份	口粮和种子	饲料	工业用粮
2001	10.9%	77.3%	11.8%
2002	10.7%	74.7%	14.6%
2003	10.1%	70.9%	19.0%
2004	9.5%	65.6%	24.9%
2005	9.2%	62.2%	28.6%
2006	8.9%	60.9%	30.2%
2007	8.2%	60.8%	31.0%
2008	8.2%	60.6%	31.2%

(续表)

年份	口粮和种子	饲料	工业用粮
2009	8.2%	62.3%	29.5%
2010	7.6%	64.2%	28.2%
2011	7.7%	63.9%	28.4%
2012	7.7%	64.1%	28.2%

注：国内消费量指各年通过调节库存之后的实际消费量。

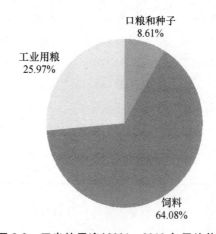

图 8-3　玉米的用途（2001—2012 年平均值）

用作口粮和种子的玉米在 2001 年为 1 299 万吨，2012 年为 1 500 万吨，增加 15.47%。在 2008 年以后，玉米作为口粮的消费量几乎没有发生变化。用于工业用途的玉米在 2001 年为 1 400 万吨，在 2012 年高达 5 500 万吨，增加了 292.85%。用于饲料的玉米在 2001 年为 9 190 万吨，在 2012 年为 12 500 万吨，增加幅度为 36%。显然，正是因为养殖业和轻工业对玉米的需求急剧上升，导致玉米的总消费量大幅度上升。

在考虑粮食安全的时候，稻谷和小麦构成了口粮的主体（见表 8-13）。玉米在口粮安全的目标函数中占有的权重很小，只占口粮总数的 6.62%。由于轻工业和养殖业需求旺盛，推动玉米的播种面积和总产量不断扩大，这是合理的，但是，这是不是最优选择？在调整农产品供求结构时，也许可以考虑多进口一些玉米。

8.5 大豆供需和用途

在联合国粮农组织的统计数据中,2009年,榨油和工业用途占大豆总消费量的84.3%,直接用作饲料的部分只有3.9%,口粮占11.9%。实际上,大豆榨油之后的豆粕基本上都用于饲料。如果把豆粕也计入饲料,大豆用于饲料的比重就更高了(见8-8、表8-9和图8-4)。

表8-8 中国大豆消费　　　　　　　　　　　(单位:万吨)

年份	总消费	口粮和种子	饲料	榨油和工业消费
2001	3 077.2	666.2	265.5	2 094.8
2002	3 155.4	613.0	190.7	2 290.2
2003	3 712.4	633.9	291.1	2 739.3
2004	3 952.5	645.2	359.4	2 882.9
2005	4 322.4	679.6	301.4	3 280.3
2006	4 576.7	666.3	321.6	3 533.1
2007	4 567.6	657.1	170.8	3 686.0
2008	5 658.7	582.6	150.9	3 958.5
2009	5 967.7	622.5	202.1	4 411.1

资料来源:联合国粮农组织数据库,2013年。由于统计口径不同,联合国粮农组织的数据和国家统计局的数字略有差异。

表8-9 中国大豆消费结构

年份	口粮和种子	饲料	榨油和工业消费
2001	22.0%	8.8%	69.2%
2002	19.8%	6.2%	74.0%
2003	17.3%	7.9%	74.8%
2004	16.6%	9.2%	74.2%
2005	15.9%	7.1%	77.0%
2006	14.7%	7.1%	78.1%
2007	14.6%	3.8%	81.7%
2008	12.4%	3.2%	84.4%
2009	11.9%	3.9%	84.3%

资料来源:按照表8-8数据计算。

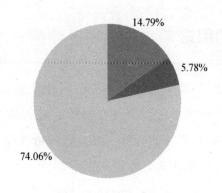

■ 口粮和种子 ■ 饲料 ■ 榨油和工业用途

图 8-4 大豆的用途(2001—2009 年平均值)

8.6 各种粮食作物库存

由于玉米主要用作饲料,在中国粮食库存当中,玉米所占的比重远远低于稻谷和小麦。在中国的粮食储备中,小麦大约占 51%,稻谷占 30%,玉米占 17%,大豆只占 2%(见表 8-10)。在 2012 年小麦库存可以支持消费 4.88 个月,可是玉米库存支持消费的时间只有 2.5 个月(见表 8-11 和表 8-12)。这充分说明粮食部门对口粮安全的重视程度大大高于饲料。

表 8-10 中国原粮储备总量与结构   (单位:万吨)

	小麦	稻谷	玉米	大豆	总量
占比	51%	30%	17%	2%	100%
原粮储备量	11 750	6 911	3 916	461	23 038

注:本表根据《凤凰财经》2008 年的相关报道资料整理而得。表中稻谷包括早籼稻、中晚籼稻、粳稻;大米包括早籼米、中晚籼米、粳米。
资料来源:北京师范大学国民核算研究院,《国民核算研究报告》,2013 年,石刚教授整理。

表 8-11　小麦库存　　　　　　　　　　　　　　（单位：万吨）

年份	期初库存	期末库存	库存变化	国内总需求	库存占总消费比例	库存支持消费时间（月）
2002	8 244.7	5 956.1	2 288.6	10 896.2	54.7%	6.56
2003	5 956.1	5 404.3	551.8	10 532.6	51.3%	6.16
2004	5 404.3	4 754.3	650.0	10 477.6	45.4%	5.45
2005	4 754.3	4 735.1	19.2	10 759.5	44.0%	5.28
2006	4 735.1	4 532.9	202.2	10 950.0	41.4%	4.97
2007	4 532.9	4 761.5	−228.6	11 042.0	43.1%	5.17
2008	4 761.5	5 374.6	−613.1	11 035.0	48.7%	5.84
2009	5 374.6	5 554.1	−179.5	11 300.0	49.2%	5.90
2010	5 554.1	5 313.8	240.3	12 310.0	43.2%	5.18
2011	5 313.8	4 761.9	551.9	12 040.0	39.6%	4.75
2012	4 761.9	4 743.5	18.4	11 660.0	40.7%	4.88

资料来源：陈盼等，"2013 年玉米小麦供需分析及替代研究"，《饲料广角》，2013 年第 13 期。

表 8-12　玉米库存　　　　　　　　　　　　　　（单位：万吨）

年份	国内消费量	期初库存	期末库存	库存变化	库存占总消费比例	库存支持消费时间（月）
2001	11 889	5 245	4 082	1 163	34.3%	4.12
2002	12 320	4 082	4 064	18	33.0%	3.96
2003	13 181	4 084	4 420	−336	33.5%	4.02
2004	14 641	4 420	3 895	525	26.6%	3.19
2005	15 231	3 895	3 841	54	25.2%	3.03
2006	15 895	3 841	4 526	−685	28.5%	3.42
2007	17 405	4 526	3 436	1 090	19.7%	2.37
2008	17 975	3 436	3 061	375	17.0%	2.04
2009	17 975	3 061	4 095	−1 034	22.8%	2.73
2010	19 475	4 095	3 970	125	20.4%	2.45
2011	19 400	4 095	4 085	10	21.1%	2.53
2012	19 500	4 085	4 065	20	20.8%	2.50

资料来源：陈盼等，"2013 年玉米小麦供需分析及替代研究"，《饲料广角》，2013 年第 13 期。

在2012年,小麦的期末库存为4 743.5万吨,是总消费的40.7%,库存量高于玉米(4 065万吨)。这个数字说明了口粮库存的重要性。

2006年和2007年,为了处理国家粮库中积压多年的陈化粮,修建了几个燃料乙醇工厂,将玉米库存占总消费量的比例从28.5%降到19.7%。国内饲料需求持续上升,促使玉米产量从2007年的16 200万吨增加到2010年的18 750万吨,在3年内增产2 550万吨。在这段时期内进口玉米从130万吨增加到650万吨(见表8-6),期末库存恢复到4 000万吨上下。由此可见,今后随着人民生活水平的不断提高,对肉类、奶类、水产的需求越来越高,相应地对饲料的需求也会越来越高。是完全靠自己的能力来生产饲料还是依靠国际市场增加供应,是一个优化选择的问题。大豆进口开了一个好头,随后就要考虑如何安排玉米、小麦等农作物的生产、库存和进口之间的关系。

8.7 各种粮食用途的构成

按照消费量来说,稻谷位居第一,玉米第二,小麦第三。可是在口粮中,稻谷第一,小麦第二。玉米在饲料中遥遥领先,位居第一。

若要按不同粮食品种来考察,粮食自给度和口粮自给度的内涵很不一样。在制定粮食安全政策的时候,不仅要考虑总量平衡还要进一步按照不同粮食品种来制定对策。例如,在粮食总消费中玉米占26.7%,可是在口粮总消费中玉米只占4.7%。如果增加玉米进口,可能对粮食自给度产生较大的冲击,可是,对口粮自给度的冲击很有限。

表8-13中的数据为2004年到2008年的平均值。

表8-13 按用途区分的品种结构　　　　　　　　　　(单位:%)

	稻谷	小麦	玉米	大豆	合计
口粮与种子	58.52	33.51	7.05	0.93	100.00
工业用粮	13.09	12.68	70.44	3.80	100.00
饲料用粮	10.81	5.62	75.33	8.23	100.00

资料来源:胡小平等,"2020年中国粮食需求结构分析及预测",《中国农村经济》,2010年第6期。

在口粮和种子当中,稻谷占 58.5% 左右,小麦占 33.5% 左右,两者相加,占口粮的比重超过 90%。玉米在口粮中的占比大约在 7% 左右,大豆占比只有 1% 左右(见图 8-5)。即使多进口一些玉米和大豆,也不会对口粮自给度产生很大的冲击。

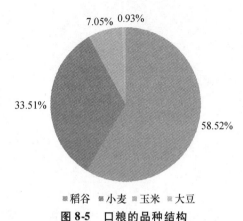

图 8-5 口粮的品种结构

饲料的组成和口粮大不相同(见图 8-6)。玉米是饲料的绝对主力,玉米在饲料中的占比从 2001 年的 81.44% 不断上升,在 2012 年达到 86.37%。在有些统计数据中,大豆占饲料的比重似乎不高,在 2012 年只有 1.2%。实际上,在大豆榨油之后,豆粕被用于饲料。如果把进口大豆产生的豆粕计算在内,大豆在饲料中的比重会大大增加。

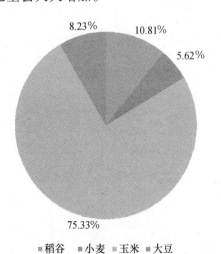

图 8-6 饲料的品种结构

在全部工业用粮当中,玉米占的比重最大,为70.44%,稻谷占13.09%,小麦占12.68%,大豆占3.80%(见图8-7)。

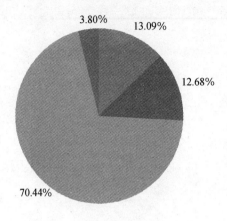

图8-7 工业用粮的品种结构

第 9 章

粮食、谷物和口粮自给率

9.1 粮食自给率的定义

在讨论粮食(或谷物)的自给率的时候,必须使用统一的定义和计算方法。显然,按照不同的定义计算出来的"自给率"各不相同。如果自说自话,很难得出有意义的结论。在研究粮食安全的时候一定要争取做到学风严谨,每一个术语的含义都非常明确,丁是丁卯是卯,无论是谁计算都能得出相同的结果,只有这样才能为粮食政策的制定提供坚实的数据基础。

人们在讨论粮食安全的时候通常会考虑三个指标:粮食自给率、谷物自给率和口粮自给率。建议使用如下计算公式:

$$粮食自给率 = \frac{国内粮食产量}{(国内粮食产量 + 粮食进口量 - 粮食出口量)}$$

$$谷物自给率 = \frac{国内谷物产量}{(国内谷物产量 + 谷物进口量 - 谷物出口量)}$$

$$口粮自给率 = 国内谷物产量 / 国内口粮消费量$$

粮食有狭义和广义两种定义。

第一种(狭义):粮食 = 谷物 + 大豆。

第二种(广义):粮食 = 谷物 + 大豆 + 薯类 + 油料作物 + 其他。

有人主张将粮食自给率定义为国内粮食产量/国内粮食总消费量。说起来固然有理,可是很难得到粮食总消费量的数据。粮食总消费量中除了当年产量加上净进口(进口减出口)之外还有一部分是库存调节。当市场供求关系紧张时,会有一部分库存粮食投入市场。当供过于求时,会有一部分粮食存进仓库。由于种种原因,官方公布的粮食库存数值不仅滞后,而且还不够透明。因此,我们把粮食(谷物)自给率定义为当期粮食(谷物)产量和产量加净进口量之比。

在讨论粮食安全的时候,这三个指标各有各的含义。由于统计数据中最常见到粮食总量,因此,人们比较习惯用粮食自给率。可是,在讨论粮食安全的时候,还是谷物自给率更有用。

许多学者认为,对于小国来说,粮食自给率低一点还不要紧,可以通过国际粮食市场来调剂余缺。对于大国来说,如果粮食自给率偏低,可能出现意想不到的麻烦。一旦由于天灾人祸导致粮食减产,需要进口的粮食数量较大,就可能严重冲击国际粮食市场,导致粮价暴涨。不仅这个国家可能由于没有足够的外汇进口粮食造成国内饥荒,还会城门失火殃及池鱼,严重冲击那些依靠粮食进口维生的穷国。显然,人口上亿的大国,其粮食自给率理应保持在较高的水平。

9.2 大米、小麦、玉米和大豆的自给率

表9-1至表9-4分别计算了各类主要粮食作物(大米、小麦、玉米、大豆)的自给率。

表 9-1 大米自给率

年份	产量(万吨)	进口量(万吨)	出口量(万吨)	自给率
1994	17 593	51.4	154.1	1.006
1995	18 523	164.5	5.7	0.991
1996	19 510	77.4	27.7	0.997
1997	20 073	35.9	95.2	1.003
1998	19 872	26.0	375.6	1.018

(续表)

年份	产量(万吨)	进口量(万吨)	出口量(万吨)	自给率
1999	19 849	19.1	271.7	1.013
2000	18 791	24.9	296.2	1.015
2001	17 758	29.3	187.0	1.009
2002	17 454	23.8	199.0	1.010
2003	16 066	26.9	261.7	1.015
2004	17 909	76.6	90.9	1.001
2005	18 059	52.2	68.6	1.001
2006	18 172	73.0	125.3	1.003
2007	18 603	48.7	134.3	1.005
2008	19 190	33.0	97.2	1.003
2009	19 510	35.7	78.6	1.002
2010	19 576	38.8	62.2	1.001
2011	20 100	59.8	51.6	1.000

资料来源:根据中国农业部主编的《中国农业发展报告,2012》表12提供的大米产量和进出口数据计算。

表9-2 小麦自给率

年份	产量(万吨)	进口量(万吨)	出口量(万吨)	自给率
1994	9 930	732.8	26.8	0.934
1995	10 221	1 162.7	22.5	0.900
1996	11 057	829.9	56.5	0.935
1997	12 329	192.2	45.8	0.988
1998	10 973	154.8	27.5	0.989
1999	11 388	50.5	16.4	0.997
2000	9 964	91.9	18.8	0.993
2001	9 387	73.9	71.3	1.000
2002	9 029	63.2	97.7	1.004
2003	8 649	44.7	251.4	1.024
2004	9 195	725.8	108.9	0.937
2005	9 745	353.8	60.5	0.971
2006	10 847	61.3	151.0	1.008

（续表）

年份	产量(万吨)	进口量(万吨)	出口量(万吨)	自给率
2007	10 930	10.1	307.3	1.028
2008	11 246	4.3	31.0	1.002
2009	11 512	90.4	24.5	0.994
2010	11 518	123.1	27.7	0.992
2011	11 740	125.8	32.8	0.992

资料来源：根据《中国农业发展报告，2012》表13提供的小麦产量和进出口数据计算。

表9-3 玉米自给率

年份	产量(万吨)	进口量(万吨)	出口量(万吨)	自给率
1994	9 928	0.2	874.9	1.097
1995	11 199	526.4	11.5	0.956
1996	12 747	44.7	23.8	0.998
1997	10 430	0.3	667.1	1.068
1998	13 295	25.2	469.2	1.035
1999	12 808	7.9	433.3	1.034
2000	10 600	0.3	1 047.9	1.110
2001	11 409	3.9	600.0	1.055
2002	12 131	0.8	1 167.5	1.106
2003	11 583	0.1	1 639.1	1.165
2004	13 029	0.2	232.4	1.018
2005	13 937	0.4	864.2	1.066
2006	15 160	6.5	309.9	1.020
2007	15 230	3.5	491.8	1.033
2008	16 591	5.0	27.3	1.001
2009	16 397	8.4	13.0	1.000
2010	17 725	157.3	12.7	0.992
2011	19 278	175.4	13.6	0.992

资料来源：根据《中国农业发展报告，2012》表14提供的玉米产量和进出口数据计算。

表 9-4　大豆自给率

年份	产量(万吨)	进口量(万吨)	出口量(万吨)	自给率
1994	1 560	5.2	83.3	1.0527
1995	1 350	29.8	37.6	1.0058
1996	1 322	111.4	19.3	0.9349
1997	1 473	288.6	18.8	0.8452
1998	1 515	320.1	17.2	0.8334
1999	1 425	432.0	20.7	0.7760
2000	1 541	1 041.9	21.5	0.6016
2001	1 541	1 394.0	26.2	0.5298
2002	1 651	1 131.5	30.5	0.5999
2003	1 539	2 074.1	29.5	0.4295
2004	1 740	2 023.0	34.9	0.4667
2005	1 635	2 659.1	41.3	0.3845
2006	1 597	2 827.0	39.5	0.3642
2007	1 273	3 082.1	47.5	0.2955
2008	1 554	3 743.6	48.4	0.2960
2009	1 498	4 255.2	35.6	0.2620
2010	1 508	5 479.7	17.3	0.2163
2011	1 449	5 264.0	21.4	0.2165

资料来源:根据《中国农业发展报告,2012》表15提供的大豆产量和进出口数据计算。

大米的自给率一直很高。除了1995年和1996年以外,中国都是大米净出口国。在大部分年份中国大米的自给率高于100%。从2000年到2011年大米的自给率平均值为100.53%。其实,在一般年份大米有进口也有出口,大米品种调剂是很重要的原因。例如,泰国生产的茉莉香米颇受国内消费者欢迎,尽管售价较高,每年还是要进口相当数量的泰国香米。

在2011年世界上主要大米生产国普遍丰收,2012年再度丰收,全球大米产量从2011年的4.65亿吨上升到4.66亿吨。泰国大米库存上升44%,达到创纪录的1820万吨。其中,优质的泰国茉莉香米严重滞销,价格一跌再跌。国际市场粮价从2011年的水平下跌了12%。越南大米的价格下降了

9.4%。① 2012 年年底,国际市场上大米价格只相当于国内大米价格的 80%。② 在这种情况下,2012 年中国进口大米 231 万吨。有些人不了解实情,只看到进口大米数量增加就产生疑虑。③ 其实,在 2012 年进口的大米只占大米总产量 14 437 万吨的 1.6%。中国大米自给率依然保持在 98% 以上。④

小麦的进出口量波动较大,由于中国小麦产量的基数很大,小麦自给率的波动幅度并不大。在 2004 年中国进口小麦 725.8 万吨,小麦的自给率降为 93.7%。在 2007 年中国出口小麦 307.3 万吨,小麦的自给率上升为 102.8%。其余年份小麦的自给率都在这个范围内波动。从 2000 年到 2011 年,小麦的自给率平均值为 99.54%。

玉米的主要用途是饲料,其自给率对口粮安全的影响远不及大米和小麦,可是玉米的平均自给率却高于稻谷和小麦。在 2000 年到 2011 年期间玉米的自给率的平均值为 104.6%。在 2003 年中国出口玉米高达 1 639.1 万吨。中国土地资源相对短缺,生态保护的任务很重,大量出口附加值不高的玉米,显然不符合中国的比较优势。

在 1994 年中国进口大豆 5.2 万吨,出口 83.3 万吨,是一个大豆净出口国。随后,中国进口的大豆越来越多。到 2011 年中国进口大豆 5 264 万吨,出口 21.4 万吨,大豆自给率下降为 21.65%。进口大豆的数量如此之大,使得一些人对中国粮食自给率产生疑惑。关于大豆进出口变化情况留待下一章分析。

9.3 谷物的自给率

在世界各国讨论粮食安全的文献中采用最多的指标是谷物自给率。谷物包括稻谷、小麦和玉米。按照联合国粮农组织的规定,粮食(谷物)自给率在

---

① 资料来源:"全球大米产量将创历史新高",《人民日报》,2013 年 3 月 8 日。
② 参见"我国粮食进口比重非常低",《人民日报》,2013 年 2 月 2 日。
③ 进口大米的数字来自"如何看待我国粮食自给率",《人民日报》,2013 年 2 月 3 日。
④ 2012 年中国进口大米 231.6 万吨,同比增长达 3.1 倍。达到 2000 年以来的最高值。2013 年大米进口配额 532 万吨。资料来源:王仁贵,"破解新一轮谷贱伤农难题",《瞭望》,2013 年 6 月 10 日,第 9 页。

100%以上为完全自给;在95%—100%之间为基本自给;在90%—95%之间为可以接受的粮食安全水平;低于90%就可能遭遇粮食风险。在2011年大米占口粮的58%,小麦占29.9%,玉米占4.7%,三者相加占口粮的92.6%。豆类和五谷杂粮只占7.4%。不言而喻,只要谷物自给率不出问题,就能保证粮食安全。

从表9-5谷物的自给率来看,最低值是1995年的95.7%。最高值是2003年的106.1%。从2000年到2011年的平均值为101.4%。在2009年谷物自给率为100%。在2010年和2011年谷物自给率略有下降,但是始终保持在99.5%以上。历年来中国的谷物一直保持着相当高的自给率。从目前状况来看,中国的谷物供给风险很小。

表9-5 谷物自给率

年份	产量(万吨)	进口量(万吨)	出口量(万吨)	自给率
1994	37 451	784.4	1 055.8	1.007
1995	39 943	1 853.6	39.7	0.957
1996	43 314	952.0	108.0	0.981
1997	42 832	228.4	808.1	1.014
1998	44 140	206.0	872.3	1.015
1999	44 045	77.5	721.4	1.015
2000	39 355	117.1	1 362.9	1.033
2001	38 554	107.1	858.3	1.020
2002	38 614	87.8	1 464.2	1.037
2003	36 298	71.7	2 152.2	1.061
2004	40 133	802.6	432.2	0.991
2005	41 741	406.4	993.3	1.014
2006	44 179	140.8	586.2	1.010
2007	44 763	62.3	933.4	1.020
2008	47 027	42.3	155.5	1.002
2009	47 419	134.5	116.1	1.000
2010	48 819	319.2	102.6	0.996
2011	51 118	361.0	98.0	0.995

资料来源:根据《中国农业发展报告,2012》提供的大米、小麦和玉米产量以及进出口数据计算。

9.4 狭义和广义的粮食自给率

把谷物和大豆的产量加在一起称为狭义的粮食产量。由于大量进口大豆,而大豆本身的自给率在急剧下降,因此,计算出来的狭义粮食自给率呈现出和谷物自给率不同的走势(见表9-6)。

表9-6 狭义的粮食(谷物加大豆)自给率

年份	产量(万吨)	进口量(万吨)	出口量(万吨)	自给率
1994	39 011	789.6	1 139.1	1.009
1995	41 293	1 883.4	77.3	0.958
1996	44 636	1 063.4	127.3	0.979
1997	44 305	517.0	826.9	1.007
1998	45 655	526.1	889.5	1.008
1999	45 470	509.5	742.1	1.005
2000	40 896	1 159.0	1 384.4	1.006
2001	40 095	1 501.1	884.5	0.985
2002	40 265	1 219.3	1 494.7	1.007
2003	37 837	2 145.8	2 181.7	1.001
2004	41 873	2 825.6	467.1	0.947
2005	43 376	3 065.5	1 034.6	0.955
2006	45 776	2 967.8	625.7	0.951
2007	46 036	3 144.4	980.9	0.955
2008	48 581	3 785.9	203.9	0.931
2009	48 917	4 389.7	151.7	0.920
2010	50 327	5 798.9	119.9	0.899
2011	52 567	5 625.0	119.4	0.905

资料来源:根据《中国农业发展报告,2012》各表提供的大米、小麦、玉米和大豆产量以及进出口数据计算。

在2003年以前,中国狭义的粮食自给率基本保持在完全自给的水平。在2003年以后由于大豆进口量急剧上升,中国的狭义粮食自给率随之下降,在

2004年之后下降为94.7%。随后几年一直在95%上下波动,勉强符合粮农组织基本自给的标准。在2008年以后,粮食自给率逐年下降,在2011年狭义粮食自给率只有90.5%。看起来,很快就要跌破粮食基本自给的水平。于是,有些人开始为中国的粮食安全担忧起来。[①]

如果在狭义的粮食(谷物加大豆)的产量上再加上薯类、杂粮等,则称为广义粮食。根据农业部提供的广义粮食数字计算出粮食自给率(见表9-7)。

表9-7 广义的粮食自给率

年份	产量(万吨)	进口量(万吨)	出口量(万吨)	自给率
1994	44 510	925	1 188	1.006
1995	46 662	2 070	103	0.960
1996	50 454	1 196	144	0.980
1997	49 417	706	854	1.003
1998	51 230	709	907	1.004
1999	50 839	772	759	1.000
2000	46 218	1 357	1 401	1.001
2001	45 264	1 738	903	0.982
2002	45 706	1 417	1 514	1.002
2003	43 070	2 283	2 230	0.999
2004	46 947	2 998	514	0.950
2005	48 402	3 286	1 059	0.956
2006	49 804	3 189	650	0.951
2007	50 160	3 238	1 039	0.958
2008	52 871	3 989	235	0.934
2009	53 082	4 570	173	0.924
2010	54 648	6 051	142	0.902
2011	57 121	5 809	143	0.910

资料来源:根据《中国农业发展报告,2012》表16 粮食产量和进出口数据计算。

[①] 例如《财经》杂志2013年第35期上刊登的"中国粮食安全报告"中说:"以2012年数据计算,中国进口的大豆数量相当于其粮食产量的16.6%,相当于中国粮食消费有14%左右需要通过进口解决。粮食自给率不足86%,已低于95%的粮食供给自给率目标。"联合国粮农组织设定的95%的自给率界限指的是谷物,大豆不包括在谷物当中。若混淆了粮食和谷物的定义很容易造成误解。

表9-7中显示的广义粮食自给率比表9-6中的狭义粮食自给率略有提高,但是呈现出相同的递减态势。从2002年的完全自给,广义粮食自给率逐年下降。在2011年广义粮食自给率只有91%。

在观察粮食自给率的时候不仅要看表面的数字,还一定要搞清楚在数字背后还有些什么经济含义。粮食安全主要指的是口粮安全。也就是说,为了保证粮食安全,口粮必须完全自给;饲料可以适度进口,工业用粮是否进口对粮食安全的影响不大。2013年,我国的石油对外依存度高达58%,铁矿石的55%依靠进口。进口工业用粮和进口石油、铁矿石没有原则上的区别。如果爆发贸易战的话,外部势力攻击石油进口所造成的威胁要远远超过攻击饲料和工业用粮。毫无疑问,讨论粮食安全,首先要关注口粮安全。

从图9-1中的农产品贸易平衡数据可见,在2003年以后中国农产品出口总值低于进口总值。之所以在农产品贸易上出现逆差,主要原因就是进口大豆。有必要讨论一下,这个趋势是否健康?是市场决定的还是某些其他因素造成的后果?在本书第10章专题将讨论这个问题。

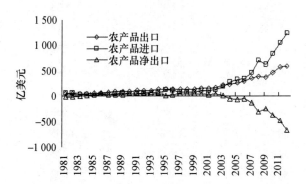

图9-1 中国农产品贸易平衡变动趋势(1981—2012)
资料来源:转引自卢锋,"中国农业革命(1978—2012)——大国城镇化的前提条件",北京大学国家发展研究院"中国经济观察第32次报告会"。

9.5 口粮自给率

有人把口粮自给率定义为国内口粮产量/(国内口粮产量+进口口粮数量)。① 这种定义恐怕还要推敲一下。确实,在国内消费的口粮中有一部分是进口的,例如泰国香米、加拿大优质硬小麦等。并不是国内生产的稻谷和小麦满足不了国内的口粮需求,而是属于品种调剂。

按照品种来分,稻谷、小麦和玉米属于谷物。谷物加大豆叫作粮食。我们可以很清楚地计算谷物自给率和粮食自给率。按照用途来分,可以分为口粮、饲料和工业用粮。无论是稻谷、小麦、玉米还是大豆都横跨这三种用途。如果采用上述的计算方法只不过反映了在口粮中有多少属于品种调剂,而不能反映口粮够不够吃。若要说明是否有足够的口粮,还是用口粮消费量和谷物产量之比更有意义。实际上,近年来国内谷物产量远远大于口粮消费量,因此,口粮自给率很高。

从 2000 年开始,口粮消费量逐年减少,从 2000 年的 27 015 万吨减至 2011 年的 22 741 万吨。而谷物产量逐年增加,从 2000 年的 39 354 万吨增加到 2011 年的 51 118 万吨。如果把口粮自给率定义为谷物产量/口粮消费量,则口粮自给率从 2000 年的 145.68% 上升为 2011 年的 224.79%(见表 9-8)。口粮自给率不仅节节上升,而且上升速度相当快。显而易见,并不是人们的收入水平越高就吃得越多。尽管中国的人口总数还在继续增长,但是随着人均收入不断增加,不仅是城镇居民的人均口粮消费量在下降,连农村居民的人均口粮消费量也在下降。与此同时,人们对肉类、水产、奶类等产品的需求持续上升,大量谷物和大豆被用作饲料,工业用粮的数量也在迅速增加,导致口粮自给率和广义粮食自给率背道而驰。

---

① 例如,在《人民日报》2014 年 1 月 23 日的一则消息中称:"小麦和大米进口比重只占国内产量的 2.5% 到 2.6% 之间,97% 以上是中国粮。"据此,该则消息的标题是"我国口粮自给率超 97%"。显然,这里采用的口粮自给率的定义并不规范。其确切含义是在中国人的饭碗中有 97% 以上是中国农民生产的粮食,其余的是进口的。但是,口粮自给率通常的含义是口粮自给自足的能力。中国农民生产的稻谷和小麦除了口粮之外还有一部分被用于饲料和工业用途,还出口了一部分,自给能力超过了 100%。

表 9-8 中国口粮自给率

年份	口粮消费量(万吨)	谷物产量(万吨)	自给率
2000	27 015	39 354	1.4568
2001	25 873	38 554	1.4901
2002	25 449	38 614	1.5173
2003	24 442	36 297	1.4850
2004	23 974	40 133	1.6740
2005	23 115	41 740	1.8057
2006	22 779	44 179	1.9394
2007	22 713	44 763	1.9708
2008	22 790	47 027	2.0635
2009	22 870	47 419	2.0734
2010	22 699	48 819	2.1507
2011	22 741	51 118	2.2479

资料来源:根据《中国农业发展报告,2012》和上述表格的数据计算。

归纳起来,谷物自给率在过去十几年里基本维持不变,一直在99%以上,风险不大。口粮的自给率很高,而且还处于上升态势。可以肯定地说,中国人的饭碗不缺粮。可是,只要把大豆考虑进来,结论就会发生逆转。无论是狭义的还是广义的粮食自给率在近十几年内都呈现下降趋势。这就是前段时间讨论粮食安全时出现不同意见的原因所在。

谷物是口粮的主要部分。如果谷物的自给率高意味着口粮够吃。由于口粮在整个粮食(无论是狭义还是广义)中所占比例并不高,如果进口的饲料或工业用粮增加了,完全有可能在口粮自给率并未减少的情况下压低粮食自给率。广义或狭义粮食自给率下降,并不一定意味着口粮自给率下降。

9.6 饲料、工业用粮与粮食安全

随着人均收入的不断提高,人们的膳食结构也在迅速改变。反映到粮食问题上,饲料用量不断增加,在粮食当中的比重持续增加。

在2000年到2011年期间,粮食消费中用于口粮的部分逐年下降,从2000年的55.1%下降为2011年的37.3%。饲料用量从2000年的34.3%上升为2011年的37.1%。工业用量大幅度上升,从2000年的7.5%上升为2011年的14.1%。种子用量的比例基本不变(见表9-9)。

表9-9 粮食消费结构

年份	口粮	饲料用粮	工业用粮	种子用粮	净出口	总消费量
2000	55.1%	34.3%	7.5%	2.3%	-0.8%	100%
2001	54.7%	34.5%	8.7%	2.1%	0.0%	100%
2002	52.6%	35.2%	9.4%	2.0%	-0.7%	100%
2003	50.3%	36.9%	9.9%	1.9%	-1.1%	100%
2004	47.3%	36.9%	9.1%	1.8%	-4.9%	100%
2005	44.6%	38.4%	10.4%	1.8%	-4.8%	100%
2006	42.7%	38.7%	12.8%	1.8%	-4.0%	100%
2007	41.3%	38.0%	12.8%	1.7%	-6.2%	100%
2008	40.6%	37.4%	13.1%	1.7%	-7.1%	100%
2009	39.8%	36.8%	12.7%	1.7%	-8.9%	100%
2010	38.9%	36.5%	13.7%	1.7%	-9.2%	100%
2011	37.3%	37.1%	14.1%	1.7%	-9.9%	100%

1978年饲料用粮为4 575万吨,占粮食总产量的15%,1990年为24.4%,1995年为31.2%,2007年饲料用粮17 150万吨,占粮食总产量的34.2%。其中玉米9 800万吨,占饲料用粮的57.1%。29年来,饲料粮占粮食产量的比重上升了19.2个百分点。[①] 粮食总产量增长速度为每年1.7%,而饲料用粮增长速度为4.7%。口粮和种子用粮的比例下降,而饲料用粮所占比例迅速上升。

近年来,人们对肉类、奶类的消费逐步增加。2000—2007年全球肉类产量年增长率达2.67%,高于粮食总产量增长率。[②] 特别是发展中国家的肉类

---

① 资料来源:尹成杰,《粮安天下:全球粮食危机与中国粮食安全》,中国经济出版社,2009年,第292页。

② 资料来源:联合国粮农组织数据库,2009年。

消费量上升很快,说明民众生活水平有所改善。肉类、水产品和饲料之间存在一定的转换关系。据统计,生产1公斤牛肉平均需要8公斤饲料,生产1公斤鸡肉需要2公斤饲料。正如卢锋所指出的,口粮的需求弹性很小,消费量的调节余地很小。饲料的需求弹性比较大,消费量的调节余地也较大。[①]

9.7 各国的粮食自给率

世界上有些国家土地资源丰富,自然条件良好,历来是粮食出口国,例如美国、加拿大、澳大利亚等。有些经济体完全靠进口粮食为生,例如中国香港、新加坡等。还有一些国家粮食进口的比例很高,例如日本、韩国等。王宏广研究了140个国家的粮食自给率。在2002年全世界粮食自给率高于100%的国家有24个,占17.1%。粮食自给率在95%到100%之间的有18个国家,占12.8%,中国属于这一组。粮食自给率在90%到95%之间的有25个国家,占17.8%。粮食自给率低于90%的有73个国家,占52.14%。[②] 从上述统计数字可见,有70%的国家粮食自给率在95%以下。联合国粮农组织提出粮食自给率应达到95%,显然这是一个高标准。值得注意的是,有些国家的养殖业并不发达,进口的大豆数量有限,因此,使用谷物和粮食自给率的区别不大。按照中国的情况,95%指的是谷物自给率。

不过,仔细剖析一下各国的粮食进口数据就可以发现,许多高度依赖粮食进口的国家主要是进口饲料,而它们的口粮自给程度始终保持在相当高的水平。例如,日本的粮食依存度很高,小麦的对外依存度高达85%,玉米100%,完全依靠进口。日本民众的主食是稻米,而日本的稻米自给率几乎等于100%。韩国基本上不种植玉米和小麦,饲料完全依靠进口。可是韩国的稻米自给率也几乎是100%,完全实现了口粮自给。日本和韩国在保证口粮高度自给的基础上扩大进口土地密集型作物,解决饲料供给。它们通过长期合约

[①] 参见卢锋,"我国粮食贸易政策调整与粮食禁运风险评价",北京大学中国经济研究中心讨论稿,1997年8月。

[②] 参见王宏广,《中国粮食安全研究》,中国农业出版社,2005年。

保证了饲料来源,并没有对国际粮价产生重大冲击。从这些案例可以得到一些启发,讨论粮食安全的时候不能简单地只看粮食总量,还要考虑口粮和饲料、工业用粮的区别。

显然,如果谷物自给率过低,国内谷物供应和粮价水平很容易受到海外的冲击。对于规模较小的经济体而言,有可能在国际市场上采购到必需的谷物,可是对于中国这样大的经济体而言,一旦出现粮食短缺,即使有钱也不一定能买到急需的谷物,因此,必须保持较高的谷物自给率。但是,另外一方面,谷物自给率过高,难免浪费资源,不符合效益最大化原则。这就要求我们在调整农业生产结构的时候必须兼顾两个方面,绝对不可顾此失彼。从目前国际粮食市场的态势来看,存在着下调谷物自给率的空间,我们应在保证粮食安全的前提下优化资源分配,提高农民收入。

第 10 章

进口大豆引起的争论

10.1 进口大豆与帝国主义阴谋论

2013 年中国粮食总产量首次突破 6 万吨大关,农业生产形势大好。[①] 可是,粮食安全却再度成为非常敏感的话题。上次关于粮食安全的争论是美国人莱斯特·布朗引起的。1994 年,他写了一本书叫《谁来养活中国人》,把好多人吓得够呛。[②] 最近这一次,恐怕是进口大豆惹的祸。

在 2012 年,中国进口各类粮食的数量普遍增加。

大米进口 231 万吨,占国内大米总产量 14 437 万吨的 1.6%。

小麦进口 369 万吨,占国内小麦总产量 8 386 万吨的 4.4%。

玉米进口 521 万吨,占国内玉米总产量 14 472 万吨的 3.6%。[③]

大豆进口 5 264 万吨,国内总产量 1 449 万吨,进口量是国内产量的 363.3%。

大米、小麦和玉米进口量占国内生产的比例并不大,最多也没有超过

[①] 2013 年全国粮食总产量 60 194 万吨,比 2012 年增加 2.1%,再创历史新高。参见《人民日报》,2014 年 1 月 6 日。

[②] 关于布朗引起的争论请参阅本书第三章。

[③] 2012 年大米、小麦、玉米产量和进口量数据来自"如何看待我国粮食自给率",《人民日报》,2013 年 2 月 3 日。

5%，只要稍加解释，人们就安心了。可是大豆进口量超过了国内产量好几倍，到底发生了什么问题？

有人说，"2012年，中国粮食进口总量突破了7 000万吨，创下历史最高纪录"，值得警惕。[①] 其实，在进口粮食中大豆占了75%以上。如果扣除大豆进口量，一切都很正常。把大豆进口量加进去，确实有点让人触目惊心。

在历史上，中国是传统的大豆出口国。东北大豆价廉物美，名扬天下。在1985年，中国国内大豆产量1 051.2万吨，进口147万吨，出口113.6万吨，净进口只有33.4万吨。大豆自给率为96.9%。进出口基本平衡。

可是，自1990年以后，大豆进口数量越来越多。1999年进口大豆667.3万吨，2000年翻了一番，达到1 272.1万吨。从此以后，大豆进口量就像断了线的风筝，逐年上升。三年以后又翻了一番，2003年达到2 319.5万吨。在三年后又上了一个千万吨台阶，在2006年达到3 065.6万吨。在2011年大豆进口量高达5 245.3万吨，大豆自给率只有21.7%（见表10-1、表10-2和图10-1、图10-2）。从1993年至今，国内大豆产量一直保持在1 500万吨左右。1993年进口大豆只不过占国内产量的16.5%。到了2011年进口大豆的数量是国内产量的363.3%。

表10-1 中国大豆产量和进口量　　　　　　　（单位：万吨）

年份	产量	进口量	出口量	总消费量	自给率
1980	796.6	151.5	14.0	934.1	85.3%
1981	934.1	168.2	13.8	1 088.5	85.8%
1982	904.2	151.3	14.9	1 040.6	86.9%
1983	976.9	141.6	35.0	1 083.4	90.2%
1984	970.5	134.5	83.6	1 021.3	95.0%
1985	1 051.2	147.0	113.6	1 084.6	96.9%
1986	1 162.9	203.0	136.8	1 229.1	94.6%

---

① 显然，在这段文字中粮食的定义包括大豆在内。参见"粮食安全不能指望花钱买"，《人民日报》，2014年1月6日。

(续表)

年份	产量	进口量	出口量	总消费量	自给率
1987	1 220.2	223.1	171.0	1 272.3	95.9%
1988	1 166.0	225.0	147.7	1 243.2	93.8%
1989	1 023.9	181.0	124.8	1 080.2	94.8%
1990	1 100.8	199.2	94.0	1 206.0	91.3%
1991	972.1	195.9	110.9	1 057.2	92.0%
1992	1 031.3	235.5	65.8	1 200.9	85.9%
1993	1 532.3	253.4	37.3	1 748.4	87.6%
1994	1 601.1	244.4	83.2	1 762.3	90.9%
1995	1 351.1	287.6	37.5	1 601.2	84.4%
1996	1 323.4	379.7	19.2	1 683.9	78.6%
1997	1 473.7	563.3	18.6	2 018.4	73.0%
1998	1 515.3	519.5	17.0	2 017.8	75.1%
1999	1 424.5	667.3	20.4	2 071.4	68.8%
2000	1 541.1	1 272.1	21.1	2 792.1	55.2%
2001	1 540.7	1 638.2	24.8	3 154.1	48.8%
2002	1 650.5	1 384.8	27.6	3 007.8	54.9%
2003	1 539.3	2 319.5	26.8	3 832.0	40.2%
2004	1 740.4	2 225.5	33.5	3 932.5	44.3%
2005	1 635.0	2 903.6	39.7	4 499.0	36.3%
2006	1 550.0	3 065.5	37.9	4 577.6	33.9%
2007	1 272.5	3 315.0	45.7	4 541.9	28.0%
2008	1 554.2	3 953.1	46.6	5 460.8	28.5%
2009	1 498.1	4 491.8	34.7	5 955.2	25.2%
2010	1 508.3	5 700.6	16.4	7 192.5	21.0%
2011	1 448.5	5 245.3	20.8	6 673.0	21.7%

资料来源:FAO Database(Item Code:236),2011 贸易数据来自 UN COMTRADE。

第 10 章 进口大豆引起的争论

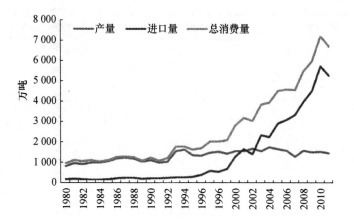

图 10-1 中国大豆的产量和进出口

图 10-2 中国大豆自给率

表 10-2 中国大豆产销变化率

年份	产出增量(万吨)	总消费增速(%)	净进口(万吨)	进口增量(万吨)
1981	137.5	16.5	154.4	16.7
1982	-29.9	-4.4	136.4	-16.9
1983	72.7	4.1	106.6	-9.7
1984	-6.4	-5.7	50.9	-7.1
1985	80.8	6.2	33.4	12.5

(续表)

年份	产出增量(万吨)	总消费增速(%)	净进口(万吨)	进口增量(万吨)
1986	111.7	13.3	66.2	56.0
1987	57.3	3.5	52.1	20.1
1988	-54.2	-2.3	77.3	1.9
1989	-142.1	-13.1	56.3	-44.0
1990	76.9	11.6	105.2	18.2
1991	-128.7	-12.3	85.0	-3.3
1992	59.1	13.6	169.7	39.6
1993	501.0	45.6	216.1	17.9
1994	68.8	0.8	161.2	-9.1
1995	-250.0	-9.1	250.1	43.2
1996	-27.7	5.2	360.5	92.1
1997	150.3	19.9	544.8	183.6
1998	41.6	0	502.5	-43.9
1999	-90.8	2.7	646.9	147.9
2000	116.6	34.8	1 251	604.8
2001	-0.4	13.0	1 613.3	366.1
2002	109.8	-4.6	1 357.3	-253.3
2003	-111.2	27.4	2 292.7	934.6
2004	201.1	2.6	2 192.1	-93.9
2005	-105.4	14.4	2 863.9	678.1
2006	-85.0	1.7	3 027.6	161.9
2007	-277.5	-0.8	3 269.4	249.5
2008	281.7	20.2	3 906.5	638.1
2009	-56.1	9.1	4 457.1	538.7
2010	10.2	20.8	5 684.2	1 208.8
2011	-59.8	-7.2	5 224.5	-455.3

资料来源：根据表 10-1 计算。

近年来，"经济阴谋论"甚嚣尘上，中国大量进口大豆成了帝国主义阴谋论的一个案例，吸引了许多媒体的关注。

有人说,外国企业控制了中国大豆市场,新帝国主义已经摧毁了中国的大豆产业,中国大豆已经全军覆灭。在大豆沦陷之后,下一个可能就是玉米或小麦。帝国主义马上就要勒住中国人的脖子。① "如果国内大豆生产消亡,大豆将完全依赖进口,各相关产业的发展将受制于人。同时,我国食品营养所需的植物蛋白和动物蛋白来源将受制于人。由于大豆加工和贸易已被外资掌握,如果大豆生产全面崩溃,我国大豆供应及饲料工业、家畜、水产品养殖业的发展将全面受制于外国,传统豆制品、肉、单、奶及水产品等的供应将面临挑战,严重危及我国食品安全。"他们声称:"大豆危机已使我国粮食安全岌岌可危。"②

有人说:"这种沧桑巨变是国际资本操纵大豆供销链条的结果。""资本对大豆的控制不仅损害了出口国豆农、进口国豆农、消费者的利益,而且损害了人类环境与人类健康。"③究竟在粮食供求领域中的"阴谋论"有没有道理,要根据实际数据具体分析。归根结底,经济问题要用经济手段来解决。声称中国大量进口大豆是帝国主义阴谋的人是否应当说明,当年"八国联军"的洋枪大炮都没有能够强迫中国农民不种大豆,如今有什么样的压力能让中国农民改变种植结构?

10.2 饲料需求推动大豆进口

从需求角度来看,近年来中国对大豆的需求急剧增加。在 1980 年到 2011 年期间内,稻谷的消费量从 13 991 万吨上升为 20 100 万吨,增加了 1.43 倍。小麦的消费量从 5 521 万吨上升为 11 740 万吨,增加了 2.13 倍。玉米的消费量从 6 260 万吨上升为 19 278 万吨,增加了 3.08 倍。中国大豆的消费量从 1980 年的 934 万吨上升为 2011 年的 6 673 万吨,增加了 7.1 倍(见表 10-1)。大豆的消费量增速远远超过其他主要谷物的消费量,反映出中国农业对饲料

---

① 参见郎咸平,《新帝国主义在中国》,第四章,"大豆大战,我们为什么惨败",东方出版社,2010 年。
② 参见周立,《粮食战争》,机械工业出版社,2008 年,第 160—161 页。
③ 参阅王绍光,"大豆的故事——资本如何危及人类安全",《开放时代》,2013 年第 3 期,第 87 页。

的需求迅速上升。

众所周知,进口大豆并没有囤积在仓库里,基本上都消费了。是不是中国人的饮食习惯发生了突变?笑话!在全部口粮当中大豆只占0.93%(表8-13)。大豆不能当饭吃,尽管中国人喜欢吃豆腐,可也没有见过哪个人在最近几年内拼命吃豆腐。中国人千百年来形成的饮食传统绝不可能在短期内骤变。

改革开放以来,中国人的生活水平大大提高,对肉禽蛋奶和水产品的要求与日俱增。肉类总产量从1999年的5821万吨上升为2007年的6865万吨,增加了18%。禽蛋产量从2135万吨上升为2513万吨,上升了19%。奶类产量从807万吨上升为3633万吨,总产量增加了3.5倍(见表10-3)。对饲料粮的消费也水涨船高。1978年为4575万吨,2007年达17150万吨,年均增长率为4.7%。1978年饲料占粮食总产量的比重仅为15%,1990年为24.4%,1995年为31.2%,2007年为34.2%。

表10-3 中国畜产品产量及饲料粮消费量　　　　　　(单位:万吨)

年份	肉	蛋	奶	饲料粮消费量
1978	856	—	97	4 575
1980	1 205	257	137	6 251
1981	1 261	—	155	7 004
1982	1 351	281	196	7 609
1983	1 402	332	222	7 799
1984	1 541	432	260	9 895
1985	1 927	535	289	10 776
1986	2 112	555	333	10 823
1987	2 214	590	379	10 764
1988	2 480	696	419	10 443
1989	2 629	720	436	10 247
1990	2 857	795	475	10 894
1991	3 144	922	524	11 656
1992	3 431	1 020	564	13 020
1993	3 842	1 180	564	13 410

(续表)

年份	肉	蛋	奶	饲料粮消费量
1994	4 499	1 479	609	13 649
1995	4 076	1 677	673	14 537
1996	4 584	1 965	736	14 784
1997	5 269	1 897	681	14 924
1998	5 733	2 021	745	15 984
1999	5 821	2 135	807	16 268
2000	6 125	2 243	919	16 100
2001	6 334	2 337	1 123	16 294
2002	6 587	2 463	1 400	16 454
2003	6 933	2 607	1 849	16 480
2004	7 245	2 724	2 368	16 500
2005	7 743	2 880	2 865	16 858
2006	7 089	2 409	3 303	17 000
2007	6 865	2 513	3 633	17 150
年均增长率	0.077	0.088	0.138	0.047

资料来源:尹成杰,《粮安天下》,机械工业出版社,2009 年,第 293 页。

自改革开放以来,肉类的年均增长率为 7.7%,蛋类为 8.8%,奶类为 13.8%。中国粮食总产量以每年 1.7% 的速度增长,而饲料粮消费量的增长速度 4.7%(见图 10-3)。显然,饲料消费量的增长速度超过粮食的增速。随着动物性食品消费增加,口粮消耗将呈现下降趋势,而饲料需求将持续上升。按照 2011 年的数据,73% 的大豆被用作饲料,口粮和种子占大豆总量的 14.5%,工业用途占 12.5%(见表 8-9)。正是因为饲料和工业用途所消耗的大豆与日俱增,导致国内对大豆的需求异常旺盛。

从供给角度来看,中国大豆产量从 1980 年的 796.6 万吨逐年上升,到 2005 年达到顶峰 1 635 万吨,随后产量逐年下降,在 2011 年维持在 1 448 万吨上下(见表 10-1)。大豆产量的波动并不是很大。既然大豆需求急剧上升,能不能相应地增加国内大豆供给?这里涉及两个非常基本的问题:第一,有没有足够的耕地?第二,在国内增加大豆生产,经济效益如何?值不值得在国内增

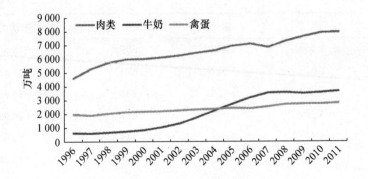

图 10-3　中国肉类、牛奶和禽蛋的产量

资料来源：《中国统计年鉴》，2013 年，第 484 页。

加大豆播种面积？这些问题都需要逐一详细分析。

10.3　世界上主要的大豆生产国

在 1980 年世界上主要的大豆生产国依次为美国、巴西、中国和阿根廷。在相当长的时间内中国的大豆产量占全球总产量的 10% 左右。从 1997 年以后，虽然中国大豆总产量并没有显著减少，但是其他国家大豆产量不断上升，导致中国生产的大豆在世界总量中所占比例逐年下降，到 2011 年只有 5.6%。迄今为止，中国大豆占比的下降趋势仍然在继续。2011 年中国大豆产量还不及阿根廷的三分之一（见表 10-4）。

表 10-4　主要大豆生产国产量　　　　　　　（单位：百万吨）

年份	美国	巴西	阿根廷	中国	其他	全球总产出
1980	48.9	15.2	3.5	8.0	5.5	81.0
1981	54.4	15.0	3.8	9.3	6.0	88.5
1982	59.6	12.8	4.2	9.0	6.5	92.1
1983	44.5	14.6	4.0	9.8	6.6	79.5
1984	50.6	15.5	7.0	9.7	7.9	90.8
1985	57.1	18.3	6.5	10.5	8.7	101.2
1986	52.9	13.3	7.1	11.6	9.5	94.4

(续表)

年份	美国	巴西	阿根廷	中国	其他	全球总产出
1987	52.7	17.0	6.7	12.2	11.5	100.1
1988	42.2	18.0	9.9	11.7	11.8	93.5
1989	52.4	24.1	6.5	10.2	14.1	107.3
1990	52.4	19.9	10.7	11.0	14.4	108.5
1991	54.1	14.9	10.9	9.7	13.7	103.3
1992	59.6	19.2	11.3	10.3	14.0	114.5
1993	50.9	22.6	11.0	15.3	15.3	115.2
1994	68.4	24.9	11.7	16.0	15.3	136.5
1995	59.2	25.7	12.1	13.5	16.5	127.0
1996	64.8	23.2	12.4	13.2	16.6	130.3
1997	73.2	26.4	11.0	14.7	19.0	144.4
1998	74.6	31.3	18.7	15.2	20.3	160.1
1999	72.2	31.0	20.0	14.2	20.3	157.8
2000	75.1	32.7	20.1	15.4	18.0	161.3
2001	78.7	39.1	26.9	15.4	18.2	178.3
2002	75.0	42.8	30.0	16.5	17.4	181.7
2003	66.8	51.9	34.8	15.4	21.8	190.7
2004	85.0	49.6	31.6	17.4	22.0	205.5
2005	83.4	51.2	38.3	16.4	25.1	214.3
2006	83.5	52.5	40.5	15.5	26.3	218.4
2007	72.9	57.9	47.5	12.7	28.6	219.6
2008	80.5	59.9	46.2	15.5	28.7	231.0
2009	91.4	57.3	31.0	15.0	28.4	223.2
2010	90.6	68.8	52.7	15.1	37.9	265.0
2011	83.2	74.8	48.9	14.5	39.6	260.9

资料来源：FAO Database(Item Code:236)。

美国在 1980 年生产大豆 4 890 万吨，占全球总产量的 60.4%。此后，美国的大豆产量继续增加，在 2011 年生产了 8 320 万吨，大豆产量的绝对值几乎翻了一番。可是美国大豆占世界总产量的份额下降为 31.9%。而巴西大豆的比重从 18.8% 上升为 28.7%。阿根廷的比重从 4.3% 上升为 18.7%（见表 10-5 和图 10-4）。

表 10-5　各国大豆产量占比　　　　　　　　　　（单位:%）

年份	美国	巴西	阿根廷	中国	其他
1980	60.4	18.8	4.3	9.9	6.8
1981	61.5	16.9	4.3	10.5	6.8
1982	64.7	13.9	4.6	9.8	7.1
1983	56.0	18.4	5.0	12.3	8.3
1984	55.7	17.1	7.7	10.7	8.7
1985	56.4	18.1	6.4	10.4	8.6
1986	56.0	14.1	7.5	12.3	10.1
1987	52.6	17.0	6.7	12.2	11.5
1988	45.1	19.3	10.6	12.5	12.6
1989	48.8	22.5	6.1	9.5	13.1
1990	48.3	18.3	9.9	10.1	13.3
1991	52.4	14.4	10.6	9.4	13.3
1992	52.1	16.8	9.9	9.0	12.2
1993	44.2	19.6	9.5	13.3	13.3
1994	50.1	18.2	8.6	11.7	11.2
1995	46.6	20.2	9.5	10.6	13.0
1996	49.8	17.8	9.5	10.1	12.7
1997	50.7	18.3	7.6	10.2	13.2
1998	46.6	19.6	11.7	9.5	12.7
1999	45.8	19.6	12.7	9.0	12.9
2000	46.6	20.3	12.5	9.5	11.2
2001	44.1	21.9	15.1	8.6	10.2
2002	41.3	23.6	16.5	9.1	9.6
2003	35.0	27.2	18.2	8.1	11.4
2004	41.4	24.1	15.4	8.5	10.7
2005	38.9	23.9	17.9	7.7	11.7

(续表)

年份	美国	巴西	阿根廷	中国	其他
2006	38.2	24.0	18.5	7.1	12.0
2007	33.2	26.4	21.6	5.8	13.0
2008	34.8	25.9	20.0	6.7	12.4
2009	40.9	25.7	13.9	6.7	12.7
2010	34.2	26.0	19.9	5.7	14.3
2011	31.9	28.7	18.7	5.6	15.2

资料来源:根据表10-3计算。

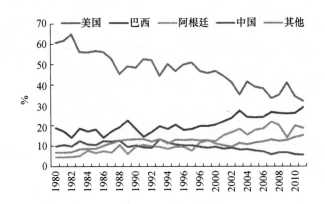

图10-4 各国大豆产量占比

世界大豆生产的结构变化说明:

第一,全球大豆的需求在不断上升。

第二,大豆需求的增量主要来自中国。

第三,大豆产出的增量主要来自拉美的巴西和阿根廷。

第四,美国的大豆产量在继续增加,但是在世界市场上的占比却在下降。虽然美国依然是世界上最大的大豆生产国,但是其霸主地位已经不复当年了。

第五,中国大豆产量略有减少,但是中国生产的大豆占世界总产量的比重显著地逐年下降。

10.4　国际市场上的大豆进口国

1980年,欧盟是世界上大豆最大的买主,进口量占全球的60%。在2003年中国取代了欧盟成为世界上最大的大豆进口国。在2010年中国进口大豆占世界总进口量的59.6%。值得注意的是,2011年中国、欧盟、日本、墨西哥等四方的大豆进口量都较上年有所降低,但中国降幅最缓,可以推测2011年中国大豆进口量占全球进口总量的比例应该比2010年有所提高(见表10-6、表10-7和图10-5至图10-8)。中国大豆进口量遥遥领先世界各国。日本是传统的大豆进口国,每年进口大豆400万吨上下。虽然日本大豆进口的绝对值变化不大,可是日本进口大豆在世界市场上的占比却显著萎缩,从1980年的16.3%下降为2011年的3.6%。看起来,中国进口大豆的增长趋势还会保持相当长的一段时间。

表10-6　各国大豆进口量　　　　　　　　（单位:百万吨）

年份	中国	欧盟	日本	墨西哥	其他	全球总进口
1980	1.5	16.2	4.4	0.5	4.4	27.0
1981	1.7	14.0	4.2	1.1	5.3	26.3
1982	1.5	16.3	4.3	0.7	5.9	28.7
1983	1.4	14.9	5.0	1.0	4.6	26.8
1984	1.3	13.4	4.5	2.4	4.0	25.6
1985	1.5	13.5	4.9	1.5	4.5	25.8
1986	2.0	13.7	4.8	0.8	5.7	27.1
1987	2.2	15.5	4.8	1.1	5.8	29.4
1988	2.3	13.1	4.7	1.1	5.4	26.6
1989	1.8	11.6	4.3	1.1	4.9	23.7
1990	2.0	14.2	4.7	0.9	4.5	26.3
1991	2.0	13.4	4.3	1.5	5.2	26.5
1992	2.4	15.2	4.7	2.1	5.6	29.9
1993	2.5	5.0	5.0	2.2	4.7	28.1
1994	2.4	4.7	4.7	2.5	6.2	29.6

(续表)

年份	中国	欧盟	日本	墨西哥	其他	全球总进口
1995	2.9	4.8	4.8	2.2	6.6	33.3
1996	3.8	4.9	4.9	3.0	6.7	32.9
1997	5.6	5.1	5.1	3.4	9.3	39.0
1998	5.2	4.8	4.8	3.5	7.7	38.5
1999	6.7	4.9	4.9	4.1	9.6	41.8
2000	12.7	16.2	4.8	4.0	10.8	48.5
2001	16.4	20.2	4.8	4.5	11.5	57.4
2002	13.8	20.4	5.0	4.4	13.1	56.8
2003	23.2	19.5	5.2	4.2	13.8	65.8
2004	22.3	16.0	4.4	3.5	12.2	58.4
2005	29.0	16.6	4.2	3.7	13.2	66.8
2006	30.7	16.1	4.0	3.8	12.0	66.5
2007	33.2	17.2	4.2	3.6	16.3	74.4
2008	37.4	14.4	3.7	3.5	20.1	79.1
2009	44.9	14.2	3.4	3.4	13.9	79.8
2010	57.0	15.4	3.5	3.8	16.0	95.7
2011	52.5	12.2	2.8	3.3	—	—

资料来源:1980—2010 年数据来自 FAO 数据库(大豆编码:236),2011 贸易数据来自 UN COMTRADE。

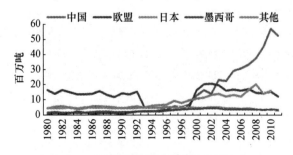

图 10-5 主要大豆进口国的大豆进口量

表10-7 各国大豆进口占全球进口总量的比例 （单位:%）

年份	中国	欧盟	日本	墨西哥	其他
1980	5.6	60.0	16.3	1.9	16.3
1981	6.5	53.2	16.0	4.2	20.2
1982	5.2	56.8	15.0	2.4	20.6
1983	5.2	55.6	18.7	3.7	17.2
1984	5.1	52.3	17.6	9.4	15.6
1985	5.8	52.3	19.0	5.8	17.4
1986	7.4	50.6	17.7	3.0	21.0
1987	7.5	52.7	16.3	3.7	19.7
1988	8.6	49.2	17.7	4.1	20.3
1989	7.6	48.9	18.1	4.6	20.7
1990	7.6	54.0	17.9	3.4	17.1
1991	7.5	50.6	16.2	5.7	19.6
1992	8.0	50.8	15.7	7.0	18.7
1993	8.9	17.8	17.8	7.8	16.7
1994	8.1	15.9	15.9	8.4	20.9
1995	8.7	14.4	14.4	6.6	19.8
1996	11.6	14.9	14.9	9.1	20.4
1997	14.4	13.1	13.1	8.7	23.8
1998	13.5	12.5	12.5	9.1	20.0
1999	16.0	11.7	11.7	9.8	23.0
2000	26.2	33.4	9.9	8.2	22.3
2001	28.6	35.2	8.4	7.8	20.0
2002	24.3	35.9	8.8	7.7	23.1
2003	35.3	29.6	7.9	6.4	21.0
2004	38.2	27.4	7.5	6.0	20.9
2005	43.4	24.9	6.3	5.5	19.8
2006	46.2	24.2	6.0	5.7	18.0
2007	44.6	23.1	5.6	4.8	21.9
2008	47.3	18.2	4.7	4.4	25.4
2009	56.3	17.8	4.3	4.3	17.4
2010	59.6	16.1	3.6	4.0	16.8

资料来源:根据表10-6计算。

10.5 国际市场上的大豆出口国

全球大豆总出口量从 1980 年的 2 690 万吨逐年增加,到 2011 年上升为 9 340 万吨,增长了 247.2%,平均每年增加 214.5 万吨。

世界大豆三大出口国(美国、巴西、阿根廷)的增长速度各不相同。

美国出口大豆的数量从 1980 年的 2 180 万吨上升为 2011 年的 3 430 万吨,增长了 1 250 万吨,平均每年增加 40.3 万吨。

巴西出口大豆的数量从 1980 年的 150 万吨上升为 2011 年的 3 300 万吨,增长了 3 150 万吨,平均每年增加 101.6 万吨。

阿根廷出口大豆的数量从 1980 年的 270 万吨上升为 2011 年的 1 080 万吨,增长了 810 万吨,平均每年增加 26.1 万吨(见表 10-8、表 10-9 和图 10-6)。

表 10-8 各国大豆出口量　　　　　　　(单位:百万吨)

年份	美国	巴西	阿根廷	中国	其他	全球总出口
1980	21.8	1.5	2.7	0.1	0.8	26.9
1981	21.9	1.4	2.2	0.1	0.7	26.2
1982	25.5	0.5	1.9	0.1	1.0	28.9
1983	22.7	1.3	1.4	0.4	1.1	26.6
1984	19.5	1.6	3.1	0.8	1.6	25.8
1985	17.6	3.5	3.0	1.1	2.1	26.2
1986	21.4	1.2	2.6	1.4	2.5	27.7
1987	21.3	3.0	1.4	1.7	3.5	29.2
1988	17.9	2.6	2.1	1.5	3.5	26.1
1989	15.2	4.6	0.4	1.2	3.4	23.6
1990	15.5	4.1	3.2	0.9	3.1	25.9
1991	17.6	2.0	4.4	1.1	3.1	27.2
1992	19.9	3.7	3.1	0.7	2.4	29.1
1993	19.5	4.2	2.4	0.4	2.7	28.8
1994	18.1	5.4	2.9	0.8	3.7	30.1

(续表)

年份	美国	巴西	阿根廷	中国	其他	全球总出口
1995	22.8	3.5	2.5	0.4	3.0	31.9
1996	26.0	3.6	2.1	0.2	3.3	34.9
1997	26.4	8.3	0.5	0.2	4.3	39.5
1998	20.4	9.3	2.8	0.2	5.5	38.0
1999	23.2	8.9	3.1	0.2	5.2	40.3
2000	27.2	11.5	4.1	0.2	4.5	47.4
2001	28.9	15.7	7.4	0.2	5.0	57.0
2002	27.4	16.0	6.2	0.3	5.1	54.6
2003	31.0	19.9	8.7	0.3	5.4	65.0
2004	25.6	19.2	6.5	0.3	6.3	57.7
2005	25.7	22.4	10.0	0.4	7.3	65.4
2006	28.1	25.0	7.9	0.4	6.9	67.9
2007	29.8	23.7	11.5	0.5	9.0	74.4
2008	40.0	24.5	11.7	0.5	2.8	79.0
2009	40.5	28.6	4.2	0.3	8.2	81.5
2010	42.4	29.1	13.6	0.2	8.3	93.4
2011	34.3	33.0	10.8	0.2	—	—

资料来源:1980—2010 数据来自 FAO 数据库(大豆编码:236),2011 贸易数据来自 UN COMTRADE。

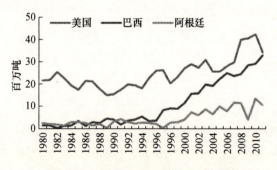

图 10-6 主要大豆出口国的大豆出口量

表 10-9　各国大豆出口占全球出口总量的比例　　（单位:%）

年份	美国	巴西	阿根廷	中国	其他
1980	81.0	5.6	10.0	0.5	3.0
1981	83.6	5.3	8.4	0.5	2.7
1982	88.2	1.7	6.6	0.5	3.5
1983	85.3	4.9	5.3	1.3	4.1
1984	75.6	6.2	12.0	3.2	6.2
1985	67.2	13.4	11.5	4.3	8.0
1986	77.3	4.3	9.4	4.9	9.0
1987	72.9	10.3	4.8	5.9	12.0
1988	68.6	10.0	8.0	5.7	13.4
1989	64.4	19.5	1.7	5.3	14.4
1990	59.8	15.8	12.4	3.6	12.0
1991	64.7	7.4	16.2	4.1	11.4
1992	68.4	12.7	10.7	2.3	8.2
1993	67.7	14.6	8.3	1.3	9.4
1994	60.1	17.9	9.6	2.8	12.3
1995	71.5	11.0	7.8	1.2	9.4
1996	74.5	10.3	6.0	0.5	9.5
1997	66.8	21.0	1.3	0.5	10.9
1998	53.7	24.5	7.4	0.4	14.5
1999	57.6	22.1	7.7	0.5	12.9
2000	57.4	24.3	8.6	0.4	9.5
2001	50.7	27.5	13.0	0.4	8.8
2002	50.2	29.3	11.4	0.5	9.3
2003	47.7	30.6	13.4	0.4	8.3
2004	44.4	33.3	11.3	0.6	10.9
2005	39.3	34.3	15.3	0.6	11.2

（续表）

年份	美国	巴西	阿根廷	中国	其他
2006	41.4	36.8	11.6	0.6	10.2
2007	40.1	31.9	15.9	0.6	12.1
2008	50.6	31.0	14.8	0.6	3.5
2009	49.7	35.1	5.2	0.4	10.1
2010	45.4	31.1	14.6	0.2	8.9

资料来源：根据表10-8计算。

1995年美国出口大豆2 284万吨，其中出口到中国的大豆只有20万吨，占美国出口大豆的0.87%。可是，到了2011年美国出口大豆3 430万吨，其中向中国出口的大豆就有2 060万吨，相当于美国出口量的60.06%。也就是说，美国有一半多的大豆贸易合同来自中国。

巴西在2011年出口大豆3 299万吨，其中向中国出口2 210万吨，相当于其出口量的66.99%。

阿根廷出口大豆的数量不如美国和巴西，在2011年出口大豆1 082万吨，可是其中向中国出口的大豆就有875万吨，占总出口大豆数量的80.87%（见表10-10）。这一比重远远高于美国和巴西。2003年，阿根廷国内大豆产量增产481.9万吨，当期对中国的出口增加了304.96万吨，占国内大豆增产的63%。2004年这一比例为46.25%，2005年为47.83%，2006年为54.99%，2007年为40.91%。回归分析证明，阿根廷国内大豆增产主要是受中国进口需求拉动。毋庸置疑，与中国的贸易额决定着阿根廷国内的大豆产量。

中国是美国、巴西和阿根廷大豆最大的客户。如果美国、巴西、阿根廷的大豆不卖给中国，在地球上找不到任何其他市场可以替代中国的购买力。

表 10-10 美国、巴西、阿根廷对中国和世界的大豆出口量

(单位:百万吨)

年份	美国			巴西			阿根廷		
	美国—世界	美国—中国	比重(%)	巴西—世界	巴西—中国	比重(%)	阿根廷—世界	阿根廷—中国	比重(%)
1995	22.84	0.20	0.87	3.49	—	—	2.55	0.11	4.13
1996	25.96	1.49	5.76	3.65	0.01	0.41	2.06	0.21	10.37
1997	26.37	1.52	5.78	8.34	0.30	3.63	0.49	—	—
1998	20.39	1.24	6.07	9.27	0.94	10.19	2.84	0.41	14.36
1999	23.15	1.82	7.86	8.92	0.62	6.96	3.07	0.98	31.94
2000	27.19	5.23	19.24	11.52	1.78	15.49	4.12	2.82	68.52
2001	28.93	5.44	18.79	15.68	3.19	20.36	7.36	4.96	67.41
2002	27.43	4.38	15.97	15.97	4.14	25.94	6.16	2.79	45.30
2003	31.02	10.86	35.02	19.89	6.10	30.68	8.71	5.84	67.07
2004	25.60	9.40	36.72	19.25	5.68	29.50	6.52	4.34	66.59
2005	25.66	9.40	36.62	22.44	7.16	31.90	9.96	7.55	75.81
2006	28.12	10.33	36.73	24.96	10.77	43.15	7.87	6.32	80.23
2007	29.84	11.77	39.45	23.73	10.07	42.44	11.84	9.16	77.33
2008	34.00	16.58	48.76	24.50	11.82	48.26	11.73	9.25	78.87
2009	40.50	22.89	56.52	28.56	15.94	55.81	4.29	3.14	73.19
2010	42.40	24.34	57.41	29.07	19.06	65.57	13.62	11.29	82.89
2011	34.30	20.60	60.06	32.99	22.10	66.99	10.82	8.75	80.87

注:此处"美国—世界"代表美国向世界出口大豆的总量,"美国—中国"代表美国向中国出口大豆的总量,"比重"表示美国向中国的出口量占其向世界出口总量的比重。
数据来源:1980—2010年数据来自FAO数据库(大豆编码:236),2011年贸易数据来自UN COMTRADE。

世界上任何国家都有自己的比较优势。在大豆生产上,美国、巴西和阿根廷具有明显的比较优势。和稻谷、小麦、玉米相比,大豆是土地密集型农作物。美国的人均耕地面积为0.578公顷,中国只有0.109公顷,美国的人均耕地面积是中国的5.3倍。中国人多地少,土地资源相对短缺,在土地资源上美国具有明显的优势,特别适合种植大豆这样土地密集型的作物。

农业机械在大豆种植中能够充分发挥用武之地。2007年美国100公顷耕地拥有的拖拉机的数量为273台,而中国仅为65台。在美国大豆生产成本中,机械成本占21.7%,而劳动力成本比重仅为0.64%。机械化生产使美国大豆单位面积产量从1992年每英亩39.2蒲式耳上升至2006年的44.6蒲式耳,提高了14%。美国大豆2006年的总产量较1992年增长了46%。高度机械化使美国每公顷大豆的产量比中国多了0.63吨,两者相差1.4倍。[①] 中国大豆产量在2002年为1893千克/公顷,2003年下降到每公顷1653千克,2004年、2005年、2006年分别为1815、1705和1721千克,长期徘徊在这个水平上,并没有显著提高。[②] 显而易见,美国在大豆生产上具有明显的比较优势。

10.6 大豆贸易的市场机制

市场机制的核心是价格。价格差异在生产者和消费者之间传递信息,从而实现资源的优化配置。

农产品的价格取决于各国的资源禀赋和劳动生产率。中国拥有丰富的劳动力资源,因此劳动密集型产品的价格相对低于西方工业国,中国在劳动密集型产品上具有明显的比较优势。大豆是土地密集型农作物,比较适合大规模机械化生产,因此,美国、巴西、阿根廷等国具有显著的比较优势。

在1994年国内大豆市场价格为每吨2446.7元,国际市场上大豆价格(美国海湾离岸价)为每吨2056.1元。国际市场价格是国内价格的84%。近年来,大豆价格上下起伏,但是国际市场价格始终显著地低于国内价格。在

---

① 数据来自美国农业部。
② 资料来源:《中国农村统计年鉴》,2008年,第138页。

2011年国内每吨大豆的价格为5 471.7元，国际市场大豆价格为3 277.2元，国际大豆价格仅仅是国内价格的59.9%（见表10-11）。

表10-11 大豆的国内和国际市场价格

年份	国内大豆市场价（元/吨）	国际市场价（美元/吨）	汇率(元/美元)	国际市场价格（元/吨）	相对价格
1994	2 446.7	238.8	8.61	2 056.1	0.840
1995	2 660.0	239.3	8.35	1 998.2	0.751
1996	3 208.3	288.5	8.31	2 397.4	0.747
1997	3 414.2	291.7	8.28	2 415.3	0.707
1998	3 074.2	235.0	8.27	1 943.5	0.632
1999	2 597.5	184.9	8.27	1 529.1	0.589
2000	2 485.0	193.0	8.27	1 596.1	0.642
2001	2 405.8	180.7	8.27	1 494.4	0.621
2002	2 418.3	201.3	8.28	1 666.8	0.689
2003	2 857.5	241.3	8.27	1 995.6	0.698
2004	3 682.5	288.5	8.27	2 385.9	0.648
2005	3 359.5	238.6	8.19	1 954.1	0.582
2006	3 285.8	234.8	7.97	1 871.4	0.570
2007	3 821.7	326.9	7.60	2 484.4	0.650
2008	5 814.5	474.7	6.94	3 294.4	0.567
2009	4 431.7	403.5	6.83	2 755.9	0.622
2010	5 018.7	408.8	6.77	2 767.6	0.551
2011	5 471.7	507.3	6.46	3 277.2	0.599

注：国内大豆价格为农业部160个物价信息网点县平均价，国际市场价为美国海湾离岸价。

资料来源：《中国农业发展报告》，2012年。

粮油公司的经理们不难发现，国际市场上的大豆价格比国内低得多。既然能够从海外买到便宜的大豆，为什么非用国内的不可？

大豆的主要用途是先榨油，然后把豆粕当作饲料。因为运输大豆比运输豆油更省事、更安全、更便宜，通常人们把大豆运到市场附近，榨油之后就近投入市场。市场传递出一个很清晰的信息：使用国产大豆榨油的成本超过进口大豆。

大豆产区集中在东北,将黑龙江大豆运到南方,平均运费每吨70元。可是,从海外进口大豆,一艘6万吨的散装货船相当于1 000节火车车皮。平均海运费用大约是铁路的三分之一。从东北大豆产区到南方的运输时间一般需要20—30天,占用资金时间较长,每吨的利息成本为70元,而购买进口大豆每吨的利息成本只有20元。

从黑龙江收购国产大豆要几经转运,由于运输、装卸方式落后,不仅成本高,损耗也较大。装卸、验收、场地租用费、人工等成本平均每吨75元,物流成本占大豆销售价格的20%—30%。沿海各地购买进口大豆的收购成本每吨只有18元。南方各省与其从东北通过公路、铁路运送大豆,还不如直接从海外进口,可以节省不少运费。

国产大豆的出油率为16%—17%,比进口大豆低2—3个百分点。如果出油率低1个百分点,加工每吨大豆的效益就差150元。另外,国产大豆平均含水14%,而进口大豆含水只有12%。

将利息成本、收购成本和运输成本的差额计算在一起,进口大豆比国产大豆每吨成本要低177元。再加上含油率和含水率的因素,除非国产大豆的售价比国际市场价格每吨低217元,否则,沿海榨油厂不会考虑使用国产大豆。

中国大量进口大豆,使得国际市场大豆价格近年来升高了40%。即便如此,国际市场上大豆价格依然低于国内价格,难怪东南沿海各省纷纷转向海外进口大豆,促使大豆进口量不断攀升。黑龙江是中国大豆主产区,2008年产量为720万吨。在进口大豆的冲击之下,国内市场上大豆价格不断下跌。在2001年东北大豆的价格只有1995年的一半。尽管产地的大豆价格猛跌,仍然卖不出去。种植大豆的净利润节节下滑。到2006年种植一亩大豆的净利润只有67.8元,是种植水稻的33.5%,小麦的57.6%,玉米的46.8%。2011年在单位面积耕地上,种大豆的利润仅仅是稻谷的32.8%,玉米的46.3%。农民对种植大豆越来越没有兴趣。和2005年相比,黑龙江大豆种植面积在2006年减少了25%,2007年减少了40%。[①] 经济规律不可抗拒。无须任何行

---

① 参见《两种资源,两个市场:构建中国资源安全保障体系研究》,天津人民出版社,2001年,第74页。

政命令,农民自然会根据市场传递的信息决定种植计划。在黑龙江、吉林等大豆传统产地,许多农民主动减少大豆播种面积,改种玉米。还有一些农民将原来种植大豆的土地改种经济作物,例如人参、药材等。无论种什么,农民的经济效益都比种大豆强。

一方面,大豆生产受到耕地的制约,另一方面,农民对增加大豆播种面积缺乏积极性,国产大豆的产量几乎在原地踏步,与此同时,国内养殖业大发展,对大豆的需求急剧增加,市场机制决定了必然通过进口大豆来填补供求缺口,于是,海外大豆滚滚而来。

有些人看到国内大豆种植面积减少、总产量下滑就大声疾呼,说什么大豆生产遭遇危机,要挽救中国的大豆产业。也许他们出于一片好心。请问,明知农民穷、农村苦,还要叫黑龙江的农民种利润很低的大豆,不矛盾吗?显然,这些人忘记了计划经济时代的教训。政府官员和农民谁更聪明?农民。只有农民才最关心自己的切身利益。由于大豆的亩产低于稻谷、小麦和玉米,每亩的利润也远远低于其他粮食作物,中国农民不愿意种大豆是理性的选择。

国际贸易不仅可以促进社会福利,还能够提高交易双方的经济效益。由于各种农产品国内和外国的价格不同,存在着许多交易方案。

例如,在国际市场上水稻比大豆贵1.33倍,但在国内市场,水稻的年均价格仅为大豆的86%。2006年,水稻的单产为6 232千克/公顷,大豆单产为1 721千克/公顷,如果将1公顷大豆改种水稻,再进行国际贸易,出口水稻,进口大豆,那么种植1公顷水稻能换回8 259.8千克大豆,比每公顷生产的大豆1 721千克多了6 538.8千克,折合人民币约2.2万元。也就是说,如果没有其他条件制约,农民可以改大豆为水稻,并通过国际贸易获得更高的收入。

同理,如果将种大豆的土地改种玉米和小麦,每公顷能分别增收7 060.6元及3 561.7元。在国际市场上,虽然玉米、小麦的价格要低于大豆(国内市场两者之间的价差更大),可是用玉米与小麦替代大豆仍然有利可图。

10.7 农民种田的决策原则

如果一个国家的农业生产结构发生变化,其原因可能来自内部也可能来自外部。外部原因主要是天灾（水灾、地震或耕地毁损）、战争、大规模人口迁移等，迫使农民被动地改变种植结构。事实上，尽管中国常常发生自然灾害，例如华东水灾、汶川地震等，但是中国领土广袤，天灾影响的只是局部地区，东边不亮西边亮，灾害的严重程度不足以导致农业生产结构发生重大变化。

排除了外部原因之后，中国农业种植结构的变化只能产生于内部因素。中国经济改革从农村开始，早在三十多年前就给予农民自主选择种植品种的权利。农民有丰富的实践经验，出于自身利益考量，他们最了解应当种什么。虽然目前在农村中还有些地方政府在不同程度上干预农业生产，但是就总体来讲，农业生产的市场化程度比较高。

在耕地总量固定的情况下，农民种田决策的基本原则是：

第一，获得较多的农产品产出。起码要保证口粮自给，吃饱肚子。

第二，获得较高的利润。也就是说，农民希望在投入、成本相似的情况下多赚钱。

第三，能够让更多的人就业。由于在中国农村中还有大量剩余劳动力，只要能够获得更多的回报，农民并不吝惜增加劳动力投入。[①] 通常种植经济作物（例如花卉、药材等）需要工时较多，收益较高，在保证口粮供给的前提下，农民有很强的激励在自家耕地上改种经济作物。从某种角度来讲，能够让更多的劳动力有活可干恰恰符合中国农业的比较优势。

因此，从农民的切身利益出发，调整农业生产结构的基本准则是：第一，让农民手里有更多的粮食；第二，让农民获得更高的利润；第三，给农民提供更多的就业机会。

10.8 大豆单产最低

为了解释中国农业生产结构的变化，必须研究主要粮食作物（稻谷、小麦、玉米和大豆）的单位面积产量、利润、用工量。首先观察主要粮食作物的

[①] 按照北京师范大学国民核算研究院的《国民核算研究报告，2013》，在2012年中国农村还有剩余劳动力8 800万左右。

单位面积产量。

在改革初期的 1978 年,种植稻谷每亩平均产量为 278.4 公斤,种植玉米为 229 公斤,种植小麦 156.8 公斤,种植大豆只有 87.2 公斤。大豆的单产只有稻谷的 31.3%。

在 2011 年,单位面积产量的排名略有变化,玉米高居榜首,平均每亩产出 472.2 公斤;稻谷第二,每亩 464.5 公斤;小麦 389.2 公斤;大豆只有 146.3 公斤。大豆的单产是稻谷的 31.5%(见表 10-12 和图 10-7)。

表 10-12　粮食作物单位面积产量　　　　　　　（单位:公斤/亩）

年份	稻谷	小麦	玉米	大豆
1978	278.4	156.8	229.0	87.2
1985	376.9	198.5	296.9	97.6
1988	373.1	197.1	313.2	95.4
1990	414.1	230.3	358.3	100.4
1991	399.8	217.3	354.5	94.0
1992	403.8	233.5	351.5	95.6
1993	410.1	255.8	369.3	110.9
1994	412.1	244.0	366.8	108.6
1995	408.2	257.3	361.6	116.1
1996	415.8	260.9	381.1	120.8
1997	423.1	277.4	348.0	108.6
1998	421.9	245.9	383.9	129.0
1999	420.6	261.3	363.2	121.7
2000	415.1	289.8	350.5	121.2
2001	427.2	261.4	379.4	118.6
2002	420.4	261.9	392.6	133.6
2003	408.8	255.2	368.5	119.9
2004	450.9	339.8	423.6	130.2
2005	431.0	325.8	422.6	132.2
2006	436.3	351.8	423.5	128.4
2007	450.2	359.9	422.4	110.1

(续表)

	稻谷	小麦	玉米	大豆
2008	464.2	388.3	457.2	139.7
2009	462.5	378.1	429.9	128.8
2010	447.8	370.0	452.7	148.0
2011	464.5	389.2	472.2	146.3

资料来源:《全国农产品成本收益资料汇编》。

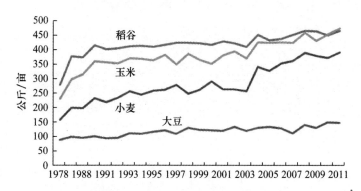

图 10-7 主要粮食作物单位面积产量

阳光照射到地球表面,通过植物的光合作用转化为农产品和秸秆。近年来,人们提倡低碳经济,开发、利用太阳能是其中很重要的组成部分。种植庄稼是最古老的利用太阳能的方法。庄稼的秸秆也能派上很多用处,不仅可以当燃料,还可以用来提炼酒精。因此,对于农作物而言,又增加了一个新的评价指标:光合作用产生的植物总量(包括粮食和秸秆)。显然,在各种粮食作物当中,玉米最高,大豆最低。减少大豆播种面积转而种植玉米,在相同条件下可以获得更多的植物总量。

由于中国地少人多,农民希望在每单位土地上能够得到较高的产量,因此,如果能够解决用水、灌溉,他们倾向于改旱地为水田,减少大豆、小麦或玉米的播种面积,增加水稻种植面积。如果难以解决用水问题,他们倾向于增加玉米播种面积。和稻谷、玉米和小麦相比,大豆是低产作物,很难得到农民的青睐。

10.9 种大豆每亩利润最低

农民希望在单位面积土地上收获的农作物除了产量之外还具有较高的产值。大豆的国内市场价格显著地高于稻谷、小麦和玉米。在1995年,如果以大豆为基准,稻谷价格是大豆的64%,小麦价格是大豆的58%,玉米价格是大豆的52%。到了2011年,稻谷价格是大豆的55%,小麦价格是大豆的51%,玉米价格是大豆的44%(见表10-13)。长期以来,每公斤大豆的价格高于稻谷、小麦和玉米。无奈,大豆的单产较低,使得种植大豆的单位面积耕地的产值落后于其他粮食作物。在1978年,稻谷每亩平均产值为69元,小麦和玉米差不多,分别是49.2元和49.9元,可是大豆只有38.3元。大豆的单位面积耕地的产值是稻谷的55.5%。

表10-13 国内市场谷物对大豆的相对价格(以大豆价格为基准)

年份	稻谷	小麦	玉米
1995	0.64	0.58	0.52
1996	0.54	0.55	0.39
1997	0.46	0.47	0.37
1998	0.59	0.59	0.48
1999	0.57	0.61	0.44
2000	0.50	0.51	0.42
2001	0.55	0.54	0.50
2002	0.47	0.46	0.41
2003	0.41	0.38	0.36
2004	0.57	0.53	0.41
2005	0.60	0.54	0.43
2006	0.64	0.57	0.50
2007	0.41	0.37	0.36
2008	0.52	0.45	0.39
2009	0.54	0.50	0.45
2010	0.61	0.51	0.48
2011	0.66	0.51	0.52
均值	0.55	0.51	0.44

资料来源:由《中国农业统计年鉴》,2012年数据计算。

在 2011 年，稻谷每亩产值 1 268.3 元，小麦 830.2 元，玉米 1 027.3 元，大豆只有 610.7 元。大豆的产值是稻谷的 48.2%（见表 10-14 和图 10-8）。种两亩大豆的产值才抵得上一亩稻谷。哪个农民算不清这笔账？显然，如果考虑单位面积的产值，减少大豆播种面积转而种植小麦或玉米，在相同条件下增加了农民收入。农民将首选稻谷而将大豆置于最后。

表 10-14　主要粮食作物单位面积产值　　　　（单位：元/亩）

年份	稻谷	小麦	玉米	大豆
1978	69.0	49.2	49.9	38.3
1985	145.4	94.6	103.4	74.4
1988	214.7	116.5	145.9	113.6
1990	264.4	155.4	177.6	125.4
1991	250.8	144.8	169.3	118.6
1992	260.0	170.5	192.9	157.5
1993	356.4	205.4	251.0	201.1
1994	614.7	295.5	380.1	233.8
1995	702.5	412.2	522.3	316.4
1996	705.7	452.4	475.0	379.5
1997	621.9	424.3	428.2	345.4
1998	593.4	351.3	444.8	308.7
1999	500.9	339.5	348.4	255.6
2000	451.7	323.7	323.7	261.6
2001	481.9	296.1	392.1	244.1
2002	453.4	290.0	382.4	309.1
2003	514.0	309.4	410.4	366.4
2004	739.7	525.5	510.6	380.1
2005	686.0	469.0	487.8	352.0
2006	720.6	522.5	556.5	335.4
2007	784.3	563.9	650.5	467.0
2008	900.7	663.1	682.7	526.4
2009	934.3	717.5	726.5	485.7
2010	1 076.5	750.8	872.3	586.4
2011	1 268.3	830.2	1 027.3	610.7

资料来源：《全国农产品成本收益资料汇编》。

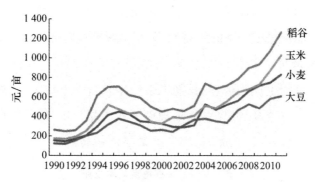

图 10-8　主要粮食作物单位面积产值

其实,不单中国,国际市场也是这样。在 2011 年大豆单产每公顷 1.8 吨,每吨价格 507.3 美元,每亩地产值 931 美元。小麦单产每公顷 4.8 吨,每吨 330.1 美元,每公顷产值 1 596.7 美元。玉米每公顷产值 1 680.2 美元,稻谷每公顷产值最高,达 3 786.6 美元(见表 10-15)。

表 10-15　粮食作物国际市场价格和单位面积耕地产值

2006 年	大豆	小麦	玉米	稻谷
单产(吨/公顷)	1.721	4.55	5.394	6.232
国际价格(美元/吨)	234.8	199.7	122.1	311.2
产值(美元/吨)	404.1	908.6	658.6	1 939.4
2011 年				
单产(吨/公顷)	1.8	4.8	5.7	6.7
国际价格(美元/吨)	507.3	330.1	292.3	566.2
产值(美元/吨)	931.5	1 596.7	1 680.2	3 786.6

资料来源:《中国农村统计年鉴》,2012 年。

在国际市场上,种植大豆的单产低于稻谷、小麦和玉米,产值也显著低于稻谷、小麦和玉米。可是,对于那些耕地大量闲置的经济体来说,只要能够拿到订单,种植大豆总比闲置土地更好。

在进行经济核算的时候,不仅要考虑农产品的产值,还要考虑单位面积能创造的利润。每亩农作物的净利润等于产值减去成本。种植稻谷、小麦、玉米和大豆所需要的成本各不相同(见表 10-16 至表 10-19)。有的年头,即使产量维持不变,如果农产品价格下跌,产值下跌,农民花费的成本甚至有可能高于农作物的产值,农民非但赚不到钱,还要倒贴亏本。例如,在改革开放前的1978年,粮食价格很低。种植一亩稻谷的净利润只有3.1元,大豆每亩利润2.6元,种植玉米每亩要亏3.3元,种植小麦要亏6.3元。扭曲的农产品价格严重挫伤了农民的生产积极性,长期以来中国粮食供不应求,只好靠发粮票来限制居民需求。改革开放以后,逐渐理顺了农产品价格,使得农民种地有利可图。他们更多地投入人力、肥料,粮食产量屡创新高。

表10-16 稻谷每亩成本收益

年份	产量(公斤)	产值合计(元)	总成本(元)	净利润(元)	每亩用工量(日)
1978	278.4	69.0	66.0	3.1	38.1
1985	376.9	145.4	88.3	57.0	21.9
1988	373.1	214.7	130.8	84.0	21.1
1990	414.1	264.4	169.3	95.2	20.6
1991	399.8	250.8	188.4	62.4	19.9
1992	403.8	260.0	192.3	67.7	19.3
1993	410.1	356.4	211.2	145.1	19.2
1994	412.1	614.7	298.1	316.7	18.6
1995	408.2	702.5	391.4	311.1	19.0
1996	415.8	705.7	458.3	247.5	19.0
1997	423.1	621.9	450.2	171.8	17.8
1998	421.9	593.4	437.4	155.9	16.4
1999	420.6	500.9	425.2	75.8	15.1
2000	415.1	451.7	401.7	50.1	14.6
2001	427.2	481.9	400.5	81.4	14.1
2002	420.4	453.4	415.8	37.6	13.3
2003	408.8	514.0	416.7	97.3	13.1
2004	450.9	739.7	454.6	285.1	11.9
2005	431.0	686.0	493.3	192.7	11.4
2006	436.3	720.6	518.2	202.4	10.4
2007	450.2	784.3	555.2	229.1	9.7
2008	464.2	900.7	665.1	235.6	9.1

(续表)

年份	产量(公斤)	产值合计(元)	总成本(元)	净利润(元)	每亩用工量(日)
2009	462.5	934.3	683.1	251.2	8.4
2010	447.8	1 076.5	766.6	309.8	7.8
2011	464.5	1 268.3	897.0	371.3	7.6

资料来源:《全国农产品成本收益资料汇编》。

表10-17 小麦每亩成本收益

年份	产量(公斤)	产值(元)	总成本(元)	净利润(元)	每亩用工量(日)
1978	156.8	49.2	55.5	-6.3	30.7
1985	198.5	94.6	68.0	26.6	14.5
1988	197.1	116.5	92.7	23.8	13.5
1990	230.3	155.4	128.4	26.9	14.0
1991	217.3	144.8	138.4	6.3	13.0
1992	233.5	170.5	149.3	21.2	12.2
1993	255.8	205.4	169.8	35.6	13.0
1994	244.0	295.5	213.2	82.3	12.0
1995	257.3	412.2	281.7	130.5	12.7
1996	260.9	452.4	359.5	92.9	12.4
1997	277.4	424.3	349.5	74.8	12.2
1998	245.9	351.3	357.5	-6.2	10.8
1999	261.3	339.5	351.5	-12.1	10.5
2000	289.8	323.7	352.5	-28.8	7.9
2001	261.4	296.1	323.6	-27.5	9.5
2002	261.9	290.0	342.7	-52.7	9.3
2003	255.2	309.4	339.6	-30.3	9.0
2004	339.8	525.5	355.9	169.6	8.1
2005	325.8	469.0	389.6	79.4	7.9
2006	351.8	522.5	404.8	117.7	7.0
2007	359.9	563.9	438.6	125.3	6.6
2008	388.3	663.1	498.6	164.5	6.1
2009	378.1	717.5	567.0	150.5	5.8
2010	370.0	750.8	618.6	132.2	5.6
2011	389.2	830.2	712.3	117.9	5.6

资料来源:《全国农产品成本收益资料汇编》。

表 10-18 玉米每亩成本收益

年份	产量(公斤)	产值(元)	总成本(元)	净利润(元)	每亩用工数量(日)
1978	229.0	49.9	53.2	-3.3	31.1
1985	296.9	103.4	64.6	38.8	16.3
1988	313.2	145.9	94.4	51.5	16.5
1990	358.3	177.6	131.0	46.6	17.3
1991	354.5	169.3	135.3	34.0	14.6
1992	351.5	192.9	150.6	42.3	16.4
1993	369.3	251.0	155.2	95.8	15.3
1994	366.8	380.1	206.7	173.3	14.7
1995	361.6	522.3	292.2	230.1	16.0
1996	381.1	475.0	351.2	123.8	16.0
1997	348.0	428.2	358.4	69.8	15.9
1998	383.9	444.8	356.6	88.2	14.2
1999	363.2	348.4	337.2	11.2	12.8
2000	350.5	323.7	330.6	-6.9	12.4
2001	379.4	392.1	327.9	64.3	12.4
2002	392.6	382.4	351.6	30.8	11.7
2003	368.5	410.4	347.6	62.8	11.3
2004	423.6	510.6	375.7	134.9	10.0
2005	422.6	487.8	392.3	95.5	9.5
2006	423.5	556.5	411.8	144.8	8.7
2007	422.4	650.5	449.7	200.8	8.3
2008	457.2	682.7	523.5	159.2	7.9
2009	429.9	726.5	551.1	175.4	7.5
2010	452.7	872.3	632.6	239.7	7.3
2011	472.2	1 027.3	764.2	263.1	7.2

资料来源:《全国农产品成本收益资料汇编》。

表 10-19 大豆每亩成本收益

年份	产量(公斤)	产值(元)	总成本(元)	净利润(元)	每亩用工数量(日)
1978	87.2	38.3	35.7	2.6	22.2
1985	97.6	74.4	44.9	29.5	11.6
1988	95.4	113.6	64.2	49.4	11.6
1990	100.4	125.4	83.9	41.6	12.0
1991	94.0	118.6	87.6	31.0	10.4
1992	95.6	157.5	100.6	56.8	10.7
1993	110.9	201.1	112.3	88.8	11.1
1994	108.6	233.8	135.8	98.0	11.0
1995	116.1	316.4	186.0	130.4	10.7
1996	120.8	379.5	248.9	130.6	11.4
1997	108.6	345.4	258.3	87.1	11.2
1998	129.0	308.7	245.8	62.9	9.3
1999	121.7	255.6	220.6	35.0	7.9
2000	121.2	261.6	215.2	46.4	7.4
2001	118.6	244.1	217.6	26.5	7.4
2002	133.6	309.1	237.3	71.8	7.2
2003	119.9	366.4	254.7	111.7	7.5
2004	130.2	380.1	253.1	127.1	5.2
2005	132.2	352.0	270.5	81.5	5.1
2006	128.4	335.4	267.5	67.8	4.7
2007	110.1	467.0	291.8	175.2	4.5
2008	139.7	526.4	348.0	178.5	3.9
2009	128.8	485.7	378.2	107.5	3.9
2010	148.0	586.4	431.2	155.2	3.4
2011	146.3	610.7	488.8	122.0	3.1

资料来源：《全国农产品成本收益资料汇编》。

在 2011 年种植一亩稻谷的利润平均为 371.3 元，小麦为 117.9 元，玉米为 263.1 元，大豆为 122 元。从各年数据来看，大豆和小麦的单位面积利润互有高低。可是大豆的利润在任何年份都显著低于稻谷和玉米（见表 10-20 和图 10-9）。在 2011 年大豆的单位面积利润仅仅是稻谷的 32.8%，是玉米的

46.3%。显然,如果有可能的话,农民宁肯种植稻谷或玉米,而不会选择种植大豆。

表 10-20　主要粮食作物净利润　　　　　　（单位:元/亩）

年份	稻谷	小麦	玉米	大豆
1978	3.1	-6.3	-3.3	2.6
1985	57.0	26.6	38.8	29.5
1988	84.0	23.8	51.5	49.4
1990	95.2	26.9	46.6	41.6
1991	62.4	6.3	34.0	31.0
1992	67.7	21.2	42.3	56.8
1993	145.1	35.6	95.8	88.8
1994	316.7	82.3	173.3	98.0
1995	311.1	130.5	230.1	130.4
1996	247.5	92.9	123.8	130.6
1997	171.8	74.8	69.8	87.1
1998	155.9	-6.2	88.2	62.9
1999	75.8	-12.1	11.2	35.0
2000	50.1	-28.8	-6.9	46.4
2001	81.4	-27.5	64.3	26.5
2002	37.6	-52.7	30.8	71.8
2003	97.3	-30.3	62.8	111.7
2004	285.1	169.6	134.9	127.1
2005	192.7	79.4	95.5	81.5
2006	202.4	117.7	144.8	67.8
2007	229.1	125.3	200.8	175.2
2008	235.6	164.5	159.2	178.5
2009	251.2	150.5	175.4	107.5
2010	309.8	132.2	239.7	155.2
2011	371.3	117.9	263.1	122.0

资料来源:《全国农产品成本收益资料汇编》。

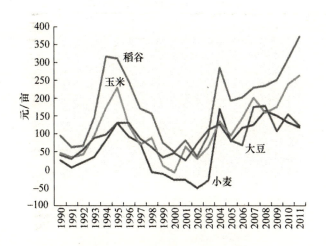

图 10-9 主要粮食作物的净利润

10.10 种大豆用工最少

在 2011 年,中国农村还存在着 8 800 万以上的剩余劳动力。① 由于剩余劳动力的边际劳动力产出等于零,对于大部分农民来说,在选择种植品种的时候,他们更关注单位面积的农作物带来的利润。只要能获利,农民并不吝惜投入劳动力。

从每亩用工量来看,2011 年稻谷每亩用工 7.6 日,小麦 5.6 日,玉米 7.2 日,大豆 3.1 日(见表 10-21 和图 10-10)。大豆用工最少。在粮食作物当中,稻谷属于劳动力密集型作物,而大豆属于土地密集型作物。在人多地少的情况下,虽然水稻用工量比大豆多,但是水稻单位面积的产量和利润都比大豆高,只要能够解决灌溉问题,农民普遍愿意多种水稻。种植水稻比种植小麦和大豆能够提供更多的就业机会。

---

① 参见北京师范大学国民核算研究院《国民核算研究报告,2013》关于农村剩余劳动力的核算。

表 10-21　各种农作物的用工量　　　　　　　　（工日/亩）

年份	稻谷	小麦	玉米	大豆
1978	38.1	30.7	31.1	22.2
1985	21.9	14.5	16.3	11.6
1988	21.1	13.5	16.5	11.6
1990	20.6	14.0	17.3	12.0
1991	19.9	13.0	14.6	10.4
1992	19.3	12.2	16.4	10.7
1993	19.2	13.0	15.3	11.1
1994	18.6	12.0	14.7	11.0
1995	19.0	12.7	16.0	10.7
1996	19.0	12.4	16.0	11.4
1997	17.8	12.2	15.9	11.2
1998	16.4	10.8	14.2	9.3
1999	15.1	10.5	12.8	7.9
2000	14.6	7.9	12.4	7.4
2001	14.1	9.5	12.4	7.4
2002	13.3	9.3	11.7	7.2
2003	13.1	9.0	11.3	7.5
2004	11.9	8.1	10.0	5.2
2005	11.4	7.9	9.5	5.1
2006	10.4	7.0	8.7	4.7
2007	9.7	6.6	8.3	4.5
2008	9.1	6.1	7.9	3.9
2009	8.4	5.8	7.5	3.9
2010	7.8	5.6	7.3	3.4
2011	7.6	5.6	7.2	3.1

资料来源：《全国农产品成本收益资料汇编》。

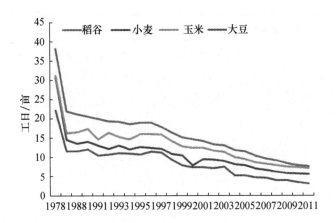

图 10-10 各种农作物的用工量

一般来说,用工越多的农产品价格越高,种植利润也比较高。中国农村早已出现种粮收益低、增产不增收的现象。其实,除了粮食之外还有许多经济作物可供选择,从农民收入来看,种什么都比种粮合算。蔬菜、水果和经济作物用工数量都比较多。针对中国农村有大量剩余劳动力的特点,理应大力发展劳动力密集型产品,根据各地不同的自然条件发展特色农业。例如,在山区因地制宜地种植各种果林,发展各种林产品,如核桃、松子、栗子和茶叶等。针对中国有广阔的内陆水域和海洋水域、滩涂的特点,发展水产养殖业,大量出口各种鱼、虾、贝、藻等。根据市场需求发展花卉、药材和其他经济作物等。除了供应国内市场,不断改善人民生活水平之外,还可以大量出口,在换回谷物的同时,大幅度地增加农民收入。药材种植用工最多(见表 10-22)。因此,只要药材有市场,价格合理,农民都愿意多种药材。减少大豆播种面积转而种植小麦、玉米或其他经济作物,在相同条件下增加了农民就业的机会。

表 10-22 农作物用工量

作物	每亩用工(工日/亩)	作物	每亩用工(工日/亩)
1. 粮食			
稻谷	19.29	谷子	11.47
红薯干	19.16	大豆	10.73
玉米	16.36	高粱	10.70
小麦	12.19		

(续表)

作物	每亩用工(工日/亩)	作物	每亩用工(工日/亩)
2. 油料			
花生	20.24	芝麻	10.89
油菜籽	15.73	葵花籽	8.16
3. 经济作物			
晒烟	53.12	甘蔗	38.84
苎麻	50.86	熟黄红麻	26.15
烤烟	49.80	甜菜	18.68
棉花	41.00		
4. 蔬菜			
大棚黄瓜	162.27	菜花	52.34
大棚西红柿	146.09	萝卜	44.22
黄瓜	124.24	大白菜	38.11
豆角	58.04	菠菜	34.23
茄子	57.46	马铃薯	25.66
圆白菜	54.53		
5. 水果			
苹果	63.34	柑	79.54
柑橘	76.86	桔	79.54
6. 药材			
人参	1 193.81	当归	181.97
黄连	276.79	茯苓	128.22
7. 土特产品			
茶叶	54.93		

资料来源:中国科学院国情分析研究小组,《农业与发展》,国情研究第五号报告,1992年。

10.11 进口大豆,出口大虾

理论之所以能够指导实践,不仅要有严谨的内在逻辑,还要能够经得起实践的检验。国际贸易理论告诉我们,在国际贸易中,参与各方都能够从贸易中得到好处,尽管这些好处的分配往往不对称、不均衡。鸦片战争时期,殖民主义者靠着坚船巨炮,把刀子架在别人脖子上,强行贸易,这样的时代已经一去不复返了。当今世界上,倘若有一方发现在国际贸易中吃亏了,完全可以退出贸易,不跟你玩儿了。

在大豆的国际贸易中,中国大量进口大豆,美国、巴西、阿根廷出口大豆,我们可以清楚地观察到这样一条生产—消费链:从美国、阿根廷和巴西运来大豆,榨油之后,中国渔民用豆粕饲养各种水产和畜产品,随后向美国、日本等国出口。和制造业中的来料加工有几分相似,中国进口的大豆当中有相当一部分被转化为水产和肉类,送了出去。在这个国际贸易循环中,中国农民(包括豆农和从事养殖业的农民)是一方,美国、巴西、阿根廷的豆农是一方,各国消费者是另一方。当然,还少不了大豆供销链中起积极作用的跨国公司(例如孟山都、ADM、邦吉、嘉吉、路易达孚等)。不妨检查一下,在大豆贸易中有哪一方总是吃亏?如果有这样老是吃亏的参与者,他们为什么不退出大豆贸易?有些人鼓吹阴谋论,好像那些跨国公司具有操纵大豆贸易的本事。这是神话还是现实?

统计数据表明:在中国大量进口大豆的同时,水产品出口急剧增加,中国出口的大虾和海鲜鱼类登上了美国、日本和韩国的餐桌。大豆是土地密集型作物,美国、阿根廷、巴西有大量闲置的土地,正好多种些大豆。水产养殖业需要大量劳动力,正好给中国农民创造就业机会。进口大豆,出口大虾,恰恰构成了一个充分利用资源的国际循环。

从1980年到2011年,全国粮食播种面积从17.58亿亩减少到16.58亿亩,减少了5.69%(见表6-1)。为了适应市场对饲料的需求,在粮食播种总面积减少的情况下,饲料播种面积有增无减。谷物增产中有90%是玉米,而这些玉米几乎都被用于饲料。尽管如此,还是难以满足市场对饲料的需求。中国面临着一个选择,是扩大国内饲料耕种面积,增加饲料生产,还是转向国际市场,从海外进口饲料。通过对玉米和大豆的生产成本、利润、进口成本、对土地和水资源的利用率等多种要素比较,可以清楚地得出结论:种大豆不如种玉米,种玉米不如进口玉米,进口玉米不如进口大豆。于是,中国人做出了理性的选择：在国内减少大豆播种面积，从海外市场大量进口大豆。

中国大豆进口暴涨的原因只有一个：大豆榨油之后的豆粕是家禽、家畜和水产鱼虾的优良饲料，大豆进口量上升反映了对饲料需求的增长。从 1995 年到 2011 年，出口生猪从 2.77 亿美元增加到 4.52 亿美元，增长 63.2%。出口水产品从 20.87 亿美元增加到 109.84 亿美元，增长 426.3%（见表 10-23）。

表 10-23 中国出口水产品和进口大豆

年份	进口大豆（万吨）	出口生猪（亿美元）	出口水产品（亿美元）	出口蔬菜（亿美元）	出口水果（亿美元）
1995	29	2.77	20.87	15.70	1.80
2000	1 042	2.31	22.67	15.80	3.40
2006	2 824	2.25	47.41	39.80	10.90
2007	3 082	2.61	47.48	42.20	13.70
2008	3 744	3.83	51.77	41.67	18.22
2009	4 255	3.30	68.09	49.96	21.62
2010	5 480	3.39	88.02	79.81	24.11
2011	5 264	4.52	109.84	93.50	28.39

资料来源：《中国农村统计年鉴》，2012 年。

水产品的产量从改革开放初期 1980 年的 1 450 万吨上升为 2011 年的 5 603 万吨，增加了 12.46 倍。其中，海水养殖从 44 万吨上升为 1 551 万吨，增加了 35 倍。淡水养殖从 90 万吨上升为 2 472 万吨，增加了 27.4 倍（见表 10-24）。毫无疑问，水产养殖业的高速发展需要越来越多的饲料，水产养殖极大地推动了大豆的需求。

表 10-24 水产品产量　　　　　　　　　　（单位：万吨）

年份	总产量	海水产品	天然产品	人工养殖	淡水产品	天然产品	人工养殖
1978	465	360	315	45	106	30	76
1980	450	326	281	44	124	34	90
1985	705	420	349	71	285	48	238
1990	1 237	713	551	162	524	78	445
1991	1 351	800	610	191	551	92	459

(续表)

年份	总产量	海水产品	天然产品	人工养殖	淡水产品	天然产品	人工养殖
1992	1 557	934	691	242	624	90	533
1993	1 823	1 076	767	309	747	103	644
1994	2 143	1 242	896	346	902	117	785
1995	2 517	1 439	1 027	412	1 078	137	941
1996	3 288	2 013	1 249	764	1 275	176	1 099
1997	3 119	1 888	1 196	692	1 231	164	1 067
1998	3 383	2 045	1 293	752	1 338	198	1 141
1999	3 570	2 145	1 293	852	1 425	198	1 227
2000	3 706	2 204	1 276	928	1 502	193	1 309
2001	3 796	2 234	1 244	989	1 562	186	1 376
2002	3 955	2 299	1 238	1 061	1 656	195	1 462
2003	4 077	2 333	1 237	1 096	1 744	213	1 531
2004	4 247	2 405	1 253	1 151	1 842	210	1 633
2005	4 420	2 466	1 255	1 211	1 954	221	1 733
2006	4 584	2 510	1 245	1 264	2 074	220	1 854
2007	4 748	2 551	1 244	1 307	2 197	226	1 971
2008	4 896	2 598	1 258	1 340	2 297	225	2 073
2009	5 116	2 682	1 276	1 405	2 435	218	2 217
2010	5 373	2 798	1 315	1 482	2 576	229	2 347
2011	5 603	2 908	1 357	1 551	2 695	223	2 472

资料来源：《中国统计年鉴》，2012年，第486页。

近年来，中国水产养殖业快速增长，不仅中国人餐桌上的鱼虾大大增加，同时还大量出口到世界各国。从出口的农产品来看，肉类出口量变化不大，唯独水产品出口数量剧增。出口水产品总额从1995年的20.87亿美元上升为2007年的47.48亿美元，翻了两番还多。1992年中国大虾的出口量仅为790吨，到了2006年上升到2亿多吨，增长253倍。特别是2005—2006年，一年之内大虾的出口量增加了1.96倍。

10.12　大豆贸易的多赢格局

全球经济一体化使得各经济体之间的相互依存度越来越高。你中有我，我中有你。中国大量进口大豆创造了一个多赢格局。

第一，对于中国农民来说，毫无疑问，中国农民是大豆贸易的受益者。在中国种大豆不如种玉米、小麦。为了获得较高的产量、产值、利润，中国农民纷纷把大豆田改种玉米和小麦，还有一部分改种利润更高的经济作物。这是农民在市场信息指导下主动采取的生产结构调整。中国的耕地并没有因此而减少一亩。中国农民收入增加了，喜气洋洋，何乐而不为？

中国农民使用进口大豆作为饲料，养殖牲畜、禽类和水产品。简单地说，中国农民进口大豆，出口大虾。由于中国大量进口大豆，国际市场上大豆价格因此上涨了40%。按理说，大豆的主要进口方——中国农民应该叫苦连天，可是，基本上没有听到哪个农民抱怨大豆涨价。2008年，在国际市场上大豆每吨平均售价300美元左右，一公斤大豆0.3美元上下，一公斤大虾好几美元。在大豆涨价的同时，中国进口大豆的数量急剧增加，说明中国农民进口大豆、出口大虾仍然赚钱。2008年，进口大豆花费大约92亿美元。仅出口水产品就赚回47.48亿美元。2011年出口水产品赚回109.84亿美元。

在2011年国内市场大豆价格每吨5 471.1元，按照当年的汇率折算，进口大豆每吨才3 277.2元。近年来，国际市场大豆价格不断上涨，从2001年的每吨181.7美元上升到2011年的507.3美元，十年内上涨2.8倍。与此同时，国内大豆价格从2001年的每吨2 405.8元上涨为2011年的每吨5 471.7元，上涨2.3倍。如果考虑人民币升值的因素，国内外大豆的相对价格从2001年的62.1%下降为2011年59.9%。国际市场大豆价格比国内便宜这么多，为什么不大量进口呢？

第二，对美国、巴西和阿根廷的农民来说，他们拥有丰富的耕地资源、机械设备、化肥、农药等，增产的边际成本很低。由于缺少订单，大量耕地闲置。土地闲着是白闲着，接到从中国来的大豆订单如获至宝。他们看好大豆市场，纷纷增加大豆生产,在几个种植季节之后显著地提高了大豆产量,供给量增加之后使得大豆价格趋于稳定。

根据美国农业部的统计,1995年美国生产大豆总收益为2.185亿美元,可是投入的成本是2.874亿美元,亏损1.038亿美元(见表10-25)。在2006年以前,美国农民种植大豆的生产成本高于收益。如果没有美国政府补贴,种植大豆必定亏本。历年来,美国政府逐步加大对大豆生产的补贴,尤其是《2002年农业法》生效以来,美国实施大量补贴政策,例如市场营销贷款补贴、贷款差价补贴、直接补贴和反周期补贴等。WTO规定,各国农业补贴必须限制在1992年的水平。根据巴西农业部的估计,美国1992年的大豆补贴为1.2亿美元,而2001年美国大豆补贴为25亿美元。美国政府对大豆生产的补贴不仅加重了政府的财政负担,还招来欧洲、拉美各国的批评。

表10-25　美国大豆生产成本与收益　　　　（单位：百万美元）

年份	总收益	生产成本	净收益
1975	139.8	187.5	-47.7
1980	199.6	279.8	-80.1
1985	166.1	266.8	-100.7
1990	193.6	287.4	-103.8
1995	218.5	340.9	-122.4
2006	254.9	278.1	-23.3
2007	357.9	301.2	56.8
2008	450.6	336.1	114.5
2009	437.1	359.8	77.4
2010	449.3	379.8	69.5
2011	525.4	401.6	123.7

资料来源：美国农业部(USDA)。

自从中国大量进口大豆之后,大豆的国际市场价格大幅度上升,美国农民种植大豆的净收益才由负变正,扭亏为盈,从而大大提高了美国农民种植大豆的积极性。中国进口大豆帮助美国农场主摆脱困境,促进了美国大豆生产。美国农场主非常欢迎中国的大豆订单,因为其不仅给他们带来利润,还提供了许多就业机会,提高了土地资源利用效率。

美国、巴西、阿根廷的农民由于中国大量进口大豆而得到了工作机会,增加了收入,获利匪浅,何乐而不为?

第三,对于世界各国的消费者来说,中国大量进口大豆确实推动了国际大豆价格上涨,可是,中国用进口的大豆饲养水产品,然后向美国和其他国家出口,大大压低了水产品(和其他水产品)的价格,让一般收入的家庭也能享用价廉物美的大虾,提高了民众的生活质量。

中国大虾出口集中于美、日、韩三国。2005年出口到美国的大虾为2.08万吨,在2006年上升为4.97万吨,增长了2.39倍,占中国当年大虾出口总量的四分之一左右。日本、韩国从中国进口的大虾也增加了1.78和1.72倍(见表10-26)。在2009年美、日、韩三国进口大虾的数量占中国大虾总出口的58.4%。

表10-26 中国出口大虾的地域分布　　　　　　　　　(单位:万吨)

年份	世界	美国	日本	韩国	美、日、韩进口量占中国出口大虾的比重
2004	10.20	1.51	1.22	1.11	37.6%
2005	12.90	2.08	1.47	0.95	34.9%
2006	20.10	4.97	2.63	1.64	46.0%
2007	19.70	3.38	3.04	3.00	47.7%
2008	18.20	3.93	2.43	2.20	47.0%
2009	9.30	3.46	1.10	0.87	58.4%
2010	10.60	2.90	1.22	0.86	47.0%
2011	12.10	3.11	1.29	1.15	45.9%

资料来源:联合国商品贸易统计数据。

至于说孟山都等跨国公司是否在中国大量进口大豆中获利,无须讨论。无利不起早,只要这些大公司还在忙着买卖大豆,它们肯定赚了大钱。它们主要从事资金融通、物流和良种培育,是国际贸易中不可或缺的一个组成部分。它们凭借着雄厚的资本,涉足从大豆良种培育开始直到收购、运输、仓储、销售、榨油加工等各个环节,形成一条龙服务系统,在促进全球大豆生产、流通上功不可没。有人担心这些跨国公司垄断市场,事出有因。完全可以通过行政措施限制跨国公司的市场份额,不允许它们垄断市场,操控价格。只要跨国公司在市场环境中合法经营,就用不着过度担心,更用不着把它们"妖魔化"。

根据比较优势理论,理应让美国和其他土地资源比较富裕的国家生产更多的大豆,而土地资源紧张的国家,如中国,多生产一些劳动密集型作物,通过贸易调剂余缺。简而言之,美国出口大豆、进口大虾,中国进口大豆、出口大虾,完全符合市场规律,符合经济学中资源配置最优化原则,是合理的经济行为。这样的贸易有利于改善全球福利,既然已经开始,就一定会继续下去。

屈指数来,中国大量进口大豆有利于中国农民,有利于美国、巴西、阿根廷农民,有利于世界上的大虾消费者,产销三方皆大欢喜,这是一个三赢局面。

显然,在近十年内大豆的播种面积逐年减少,大豆进口迅速上升,这是中国农民的理性选择,而不是"帝国主义"侵略或压力的结果。在分析这些问题的时候绝对不能忽视经济内在规律,要站在农民的立场上进行成本效益分析,不能简单地用政治阴谋论来解释农业种植结构的变化。

第11章

全球粮食生产潜能和国际粮价波动

11.1 全球粮食生产稳步上升

如果中国大量进口饲料和工业用粮,世界上的粮食出口国有没有供给能力?会不会给国际粮价带来很大的冲击?

关于世界粮食市场的供给能力一直有两种截然不同的观点,乐观派认为,人们可以增加粮食产量以满足不断增长的人口的需求。另一种看法非常悲观,他们认为受制于土地资源和水资源,粮食生产有极限,倘若人口增长速度超过了粮食增速,可能会发生大饥荒。

事实上,在第二次世界大战之后,全球粮食产量逐年上升,而且继续保持着上升的态势。全球谷物总产量从2000年的20.6亿吨上升为2012年的25.5亿吨(见表11-1和图11-1)。

表11-1 全球谷物产量分布 (单位:万吨)

年份	全球	中国	美国	印度	巴西	印尼	法国	俄罗斯	加拿大
2000	206 060	40 734	34 263	23 493	4 589	6 158	6 570	6 433	5 109
2001	211 042	39 839	32 498	24 296	5 712	5 981	6 024	8 340	4 339
2002	203 278	40 000	29 713	20 664	5 088	6 107	6 966	8 486	3 605
2003	209 189	37 612	34 824	23 659	6 747	6 302	5 494	6 556	4 919

(续表)

年份	全球	中国	美国	印度	巴西	印尼	法国	俄罗斯	加拿大
2004	228 017	41 316	38 903	22 985	6 396	6 531	7 052	7 623	5 078
2005	226 822	42 937	36 644	24 000	5 567	6 667	6 410	7 656	5 096
2006	223 587	45 268	33 833	24 279	5 915	6 606	6 158	7 649	4 858
2007	235 559	45 781	41 513	26 049	6 944	7 044	5 933	8 021	4 811
2008	252 706	48 005	40 354	26 684	7 975	7 657	7 011	10 642	5 603
2009	249 515	48 328	41 938	25 078	7 091	8 203	7 003	9 562	4 955
2010	247 412	49 846	40 167	26 784	7 516	8 480	6 831	5 962	4 565
2011	258 914	52 120	38 682	28 786	7 759	8 337	6 598	9 179	4 721
2012	254 663	54 276	35 696	28 650	8 994	8 842	7 098	6 877	5 009

资料来源:FAO 数据库,2013 年。

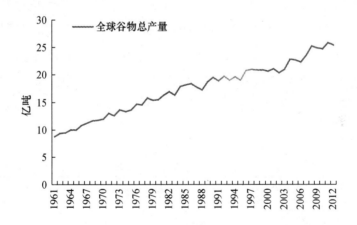

图 11-1　全球谷物总产量

进入新千年以来,全球谷物总产量增加了 23.6%,中国增加了 33.2%,美国只增加了 4.2%,巴西的增幅最大,几乎翻了一番。加拿大的谷物产量还减少了 2%。全球谷物产量继续呈现不断上升的趋势。

11.2 世界各国的国土和耕地面积

有人断言,如果中国扩大粮食进口,必然导致国际粮食市场供不应求,世界各国没有能力满足中国不断增长的粮食进口需求。这句话貌似有理,却经不起推敲。能不能在未来保持全球粮食供需平衡,不仅要看当今各国的粮食产量,还要考虑各国生产粮食的潜在能力。

如何估算各国粮食生产的潜力?第一,要看世界各国有多少耕地;第二,要看各国粮食单产数量。即便耕地面积不变,倘若粮食单产增加,粮食产量也必然上升。实际上,耕地面积也在逐年增加。根据单产和耕地数量不难估算出粮食总产量。必须指出,在这里有一个假设:全部有效使用所有的耕地。换言之,有效使用全部耕地能够生产的粮食总量,就是理论上粮食生产的潜在能力。

一般来说,国土面积大的国家耕地面积数量必然多。俄罗斯国土面积1 709.8万平方公里,位居世界第一。加拿大、美国和中国的国土面积相差不多,加拿大998.5万平方公里,美国983万平方公里,中国960万平方公里。印度的国土面积为328.7万平方公里,相当于中国国土面积的34.2%(见表11-2)。

表 11-2 世界各国的国土面积　　　　　　(单位:万平方公里)

排名	国家和地区	国土面积	世界占比
	世界	13 426.9	100.0%
1	俄罗斯联邦	1 709.8	12.7%
2	加拿大	998.5	7.4%
3	美国	983.2	7.3%
4	中国	960.0	7.1%
5	巴西	851.5	6.3%
6	澳大利亚	774.1	5.8%
7	印度	328.7	2.4%

（续表）

排名	国家和地区	国土面积	世界占比
8	阿根廷	278.0	2.1%
9	哈萨克斯坦	272.5	2.0%
10	墨西哥	196.4	1.5%
11	印度尼西亚	190.5	1.4%
12	伊朗	174.5	1.3%
13	蒙古	156.4	1.2%
14	南非	121.9	0.9%
15	埃及	100.1	0.7%
16	尼日利亚	92.4	0.7%
17	委内瑞拉	91.2	0.7%
18	巴基斯坦	79.6	0.6%
19	土耳其	78.4	0.6%
20	缅甸	67.7	0.5%
21	乌克兰	60.4	0.4%
22	法国	54.9	0.4%
23	泰国	51.3	0.4%
24	西班牙	50.5	0.4%
25	日本	37.8	0.3%
26	德国	35.7	0.3%
27	马来西亚	33.1	0.2%
28	越南	33.1	0.2%
29	波兰	31.3	0.2%
30	意大利	30.1	0.2%
31	菲律宾	30.0	0.2%
32	新西兰	26.8	0.2%
33	英国	24.4	0.2%

(续表)

排名	国家和地区	国土面积	世界占比
34	老挝	23.7	0.2%
35	柬埔寨	18.1	0.1%
36	孟加拉国	14.4	0.1%
37	韩国	10.0	0.1%
38	捷克	7.9	0.1%
39	斯里兰卡	6.6	0.0%
40	荷兰	4.2	0.0%

资料来源:《国际统计年鉴》,2012年。

国土面积可以通过现代科学技术来测定,数据比较准确。耕地面积的统计更复杂一些。世界各国对耕地的定义各不相同,在中国哪怕面积再小,只要种庄稼就算耕地。可是,在北美,人少地多,农民没有兴趣耕种面积较小的地块,也不把这些地块计入耕地。因此,很难准确地在国与国之间横向比较耕地面积。无论如何,中国是世界上对耕地面积最斤斤计较的国家。如果拿中国耕地标准计量,外国的耕地数量可能还要多一些。

尽管美国的国土面积位于世界第三,可是其耕地面积却最多,16 275万公顷。多少有些出乎一般人的意料,印度的国土面积排名世界第七,可是耕地面积却排名世界第二,15 792万公顷,远远超过了中国。俄罗斯的国土面积虽然很大,但是有相当多的土地处于高寒地带,不适合耕作。加拿大也是这样。中国的耕地面积为11 000万公顷(16.5亿亩),位居世界第四,占全球耕地总面积的8%(见表11-3)。[①]

[①] 根据第二次全国土地调查数据,2009年全国耕地数量为20.3亿亩,大大超过了发布在《国际统计年鉴》上的数字。

表 11-3 世界各国耕地面积　　　　　（单位:万公顷）

排名	国家	耕地面积	世界占比
	世界	138 120	100.0%
1	美国	16 275	11.8%
2	印度	15 792	11.4%
3	俄罗斯联邦	12 175	8.8%
4	中国	11 000	8.0%
5	巴西	6 120	4.4%
6	澳大利亚	4 716	3.4%
7	加拿大	4 510	3.3%
8	尼日利亚	3 400	2.5%
9	乌克兰	3 248	2.4%
10	阿根廷	3 100	2.2%
11	墨西哥	2 513	1.8%
12	印度尼西亚	2 360	1.7%
13	哈萨克斯坦	2 340	1.7%
14	土耳其	2 135	1.5%
15	巴基斯坦	2 043	1.5%
16	法国	1 835	1.3%
17	伊朗	1 721	1.2%
18	泰国	1 530	1.1%
19	南非	1 435	1.0%
20	波兰	1 254	0.9%
21	西班牙	1 250	0.9%
22	德国	1 195	0.9%
23	缅甸	1 104	0.8%
24	孟加拉国	757	0.5%
25	意大利	688	0.5%
26	越南	628	0.5%
27	英国	605	0.4%

（续表）

排名	国家	耕地面积	世界占比
28	菲律宾	540	0.4%
29	日本	429	0.3%
30	柬埔寨	390	0.3%
31	捷克	318	0.2%
32	埃及	288	0.2%
33	委内瑞拉	275	0.2%
34	马来西亚	180	0.1%
35	韩国	160	0.1%
36	老挝	136	0.1%
37	斯里兰卡	120	0.1%
38	荷兰	105	0.1%
39	蒙古	96	0.1%
40	新西兰	47	0.0%

资料来源：《国际统计年鉴》，2012年。

在2012年，中国人口达13.4亿，占世界总人口的19.3%（见表11-4）。

表11-4 世界各国人口（2012年）

排名	国家	人口（万人）	世界占比
	世界	697 374	100.0%
1	中国	134 413	19.3%
2	印度	124 149	17.8%
3	美国	31 159	4.5%
4	印度尼西亚	24 233	3.5%
5	巴西	19 666	2.8%
6	巴基斯坦	17 675	2.5%
7	尼日利亚	16 247	2.3%
8	孟加拉国	15 049	2.2%
9	俄罗斯联邦	14 193	2.0%
10	日本	12 782	1.8%
11	墨西哥	11 479	1.6%

(续表)

排名	国家	人口(万人)	世界占比
12	菲律宾	9 485	1.4%
13	越南	8 784	1.3%
14	埃塞俄比亚	8 473	1.2%
15	埃及	8 254	1.2%
16	德国	8 173	1.2%
17	伊朗	7 480	1.1%
18	土耳其	7 364	1.1%
19	泰国	6 952	1.0%
20	刚果(金)	6 776	1.0%
21	法国	6 544	0.9%
22	英国	6 264	0.9%
23	意大利	6 077	0.9%
24	南非	5 059	0.7%
25	韩国	4 978	0.7%
26	缅甸	4 834	0.7%
27	哥伦比亚	4 693	0.7%
28	西班牙	4 624	0.7%
29	坦桑尼亚	4 622	0.7%
30	乌克兰	4 571	0.7%
31	肯尼亚	4 161	0.6%
32	阿根廷	4 077	0.6%
33	波兰	3 822	0.5%
34	阿尔及利亚	3 598	0.5%
35	阿富汗	3 532	0.5%
36	乌干达	3 451	0.5%
37	加拿大	3 448	0.5%
38	苏丹	3 432	0.5%
39	伊拉克	3 296	0.5%
40	摩洛哥	3 227	0.5%

资料来源:《国际统计年鉴》,2012年。

中国用世界上7.1%的国土面积、8%的耕地面积,养活了19.3%的人口,基本做到了丰衣足食,很了不起。

和世界上耕地面积最大的20个国家相比,中国人均耕地面积只有0.0818公顷(折合1.227亩),美国有0.5233公顷,人均耕地面积是中国的6.39倍。加拿大人均耕地1.3公顷,是中国的15.99倍。俄罗斯人均耕地0.8578公顷,是中国的10.49倍(见表11-5)。中国人口耕地比最高,达到12.515(人/公顷),世界平均水平为5.172(人/公顷),其他22个耕地面积在1000万公顷以上的国家平均水平为3.760(人/公顷)。从资源禀赋来看,中国的人均耕地资源很少,不适合种植土地密集型农作物,需要特别注意保护土地资源,提高土地的利用效率。

表11-5 各国人均耕地面积比较

排名	国家	耕地面积(万公顷)	人口(万人)	人均耕地面积(公顷)	和中国相比人均耕地倍数
1	澳大利亚	4 716	2 262	2.0849	25.49
2	哈萨克斯坦	2 340	1 655	1.4139	17.28
3	加拿大	4 510	3 448	1.3080	15.99
4	俄罗斯联邦	12 175	14 193	0.8578	10.49
5	阿根廷	3 100	4 077	0.7605	9.30
6	乌克兰	3 248	4 571	0.7106	8.69
7	美国	16 275	31 159	0.5223	6.39
8	波兰	1 254	3 822	0.3281	4.01
9	巴西	6 120	19 666	0.3112	3.80
10	土耳其	2 135	7 364	0.2899	3.54
11	南非	1 435	5 059	0.2837	3.47
12	法国	1 835	6 544	0.2804	3.43
13	伊朗	1 721	7 480	0.2301	2.81
14	泰国	1 530	6 952	0.2201	2.69
15	墨西哥	2 513	11 479	0.2189	2.68
16	尼日利亚	3 400	16 247	0.2093	2.56

(续表)

排名	国家	耕地面积(万公顷)	人口(万人)	人均耕地面积(公顷)	和中国相比人均耕地倍数
17	印度	15 792	124 149	0.1272	1.56
18	巴基斯坦	2 043	17 675	0.1156	1.41
19	印度尼西亚	2 360	24 233	0.0974	1.19
20	中国	11 000	134 413	0.0818	1.00

资料来源:根据表11-2和表11-4计算。

11.3 各国粮食单产

从世界各国粮食单产数据可见,中国的稻谷单产排名世界第8,小麦单产排名也是第8,玉米排名第14,大豆排名第21。几乎所有粮食出口国的粮食单产排名都高于中国。美国玉米单产每公顷9 458千克,中国玉米单产每公顷5 167千克。中国玉米单产仅仅是美国的54.6%。美国每公顷生产大豆2 807千克,中国只有1 454千克。中国的大豆单位面积产量只有美国的51.7%(见表11-6)。近年来,中国不断采用优良品种,改进农田管理,不断提高粮食单产水平。袁隆平培育的杂交水稻对稻谷单产的提高做出了很大的贡献,可是,和世界先进单产水平还有相当的距离。

表11-6 粮食单产世界排名

排名	国家	单产(千克/公顷)	排名	国家	单产(千克/公顷)
	稻谷			小麦	
1	埃及	10 288	1	英国	7 224
2	澳大利亚	5 069	2	荷兰	7 071
3	美国	8 091	3	伊朗	6 961
4	西班牙	7 224	4	埃及	6 478
5	土耳其	6 908	5	法国	6 256
6	阿根廷	6 560	6	墨西哥	5 082
7	日本	6 511	7	捷克	4 857

(续表)

排名	国家	单产(千克/公顷)	排名	国家	单产(千克/公顷)
8	中国	6 433	8	中国	4 607
9	意大利	6 422	9	日本	4 340
10	韩国	6 354	10	波兰	3 938
	玉米			大豆	
1	西班牙	9 917	1	土耳其	3 535
2	法国	9 491	2	意大利	3 334
3	美国	9 458	3	埃及	3 303
4	德国	9 447	4	阿根廷	2 971
5	意大利	9 144	5	巴西	2 813
6	加拿大	8 511	6	美国	2 807
7	埃及	8 050	7	法国	2 757
8	阿根廷	7 666	8	澳大利亚	2 437
9	伊朗	7 562	9	伊朗	2 364
10	土耳其	6 838	10	加拿大	2 301
14	中国	5 167	21	中国	1 454

资料来源：《新中国农业60年统计资料》，表4-7，表4-8，表4-9和表4-10。表中单产是2007年的数据。

11.4 各国粮食生产的潜力

如果中国要扩大粮食进口，关键在于世界各国有没有增加粮食产量的潜力。

各国耕地数字比较可靠，粮食单产数量的可信程度稍差一点。不过，可以肯定地说，大部分主要粮食生产国的粮食单产水平都比中国高。如果外国农民像中国农民那样充分利用耕地的话，拿中国农民的单产数量乘以他们的耕地数量得到的总产量应当低于他们如今的粮食产量。事实恰恰相反，美国、加拿大、澳大利亚等国的粮食产量不仅没有达到这个数字，反而差了一大截。只能解释说，这些国家的农民并没有充分地利用他们的耕地，凡是在美国中部和加拿大中部大平原地区旅行过的人都会看到大片优质耕地被撂荒、闲置，并没有投入粮食生产。

为什么世界上的主要粮食生产国没有充分利用它们的耕地资源？主要原因是它们自身早就实现了粮食自给自足，多生产了，卖给谁？需求不足抑制了它们的粮食生产。有人说，世界上还有许多穷国的老百姓在饥饿中挣扎，每年有数百万人因营养不良而死亡。他们迫切需要粮食。可是非常遗憾，他们没有资金来购买食物。在市场机制中，没有支付能力的需要并不等于有效的需求。帮助穷国摆脱粮食短缺，不仅要靠国际粮食援助，更重要的是帮助他们通过经济体制改革，解放生产力，通过自己的努力，摘掉贫困的帽子，远离饥饿。国际援助很好，很必要，却靠不住，也很难持久。例如，加拿大每年向非洲捐赠几十万吨粮食，可是，谁来支付运费呢？加拿大政府和慈善机构四处筹集资金来支付运费和其他费用，可是，由于加拿大自身债台高筑，力不从心，难以扩大捐赠范围。每逢收获季节，美国和加拿大农场经常粮满为患，市场需求制约了粮食增产。

由于世界各国粮食单产不同；粮食生产的结构各不相同，有的国家以小麦为主，有的国家以水稻为主；耕地使用程度也不一样，因此，很难准确地算出各国潜在粮食生产的数字。不过，可以从另外一个角度来说明全球粮食生产还存在着巨大的潜力。

毋庸置疑，美国农民在资金、设备、技术水平和社会分工程度上都优于中国农民，美国粮食单产比中国高了差不多一倍，中国农民用 1 公顷耕地养活 12.22 个人，为什么美国农民用 1 公顷耕地只养活 1.91 个人？按道理说，中国农民做得到的事，外国农民也能够做到。如果世界各国的农民都按照中国农民的单产种田，在理论上他们可以养活的人口数字将大大超过各国现有的人口。例如，如果美国农民按照中国农民那样充分利用美国的 16 275 万公顷耕地，他们至少可以养活 20.3 亿人，实际上美国人口只有 3.32 亿，也就是说，美国还有多养活 17 亿人的潜力。以此类推，俄罗斯还可以多养活 13.7 亿人，印度的潜力为 6.2 亿人。按照中国农民的单产水平，充分利用全世界的耕地，至少还可以多养活 101 亿人（见表 11-7）。平心而论，世界的前途是乐观的。人类完全可以通过国际合作，经济体制改革，扩大贸易，提高耕地利用效率，在不远的将来在全球范围内消除饥饿和贫困。

表 11-7　理论上全球各国可养活的人口数　　　　　（单位:万人）

国家	耕地面积(万公顷)	实际人口	理论上能养活的人口	多养活人口数
世界	138 120	714 311	1 728 559.00	1 014 248
中国	11 000	137 664	137 664.00	0
美国	16 275	33 232	203 680.20	170 448
印度	15 792	135 392	197 635.50	62 244
俄罗斯联邦	12 175	14 875	152 369.00	137 494
巴西	6 120	19 585	76 591.25	57 007
澳大利亚	4 716	2 245	59 020.32	56 775
加拿大	4 510	3 794	56 442.24	52 648
尼日利亚	3 400	16 068	42 550.69	26 482
乌克兰	3 248	4 784	40 648.43	35 865
阿根廷	3 100	4 114	38 796.22	34 682
墨西哥	2 513	11 450	31 449.97	20 000
印度尼西亚	2 360	25 222	29 535.19	4 313
哈萨克斯坦	2 340	1 635	29 284.89	27 650
土耳其	2 135	7 409	26 719.33	19 311
巴基斯坦	2 043	17 926	25 567.96	7 642
法国	1 835	6 522	22 964.86	16 443
伊朗	1 721	7 922	21 538.16	13 616
泰国	1 530	6 941	19 147.81	12 207
南非	1 435	5 022	17 958.90	12 937
波兰	1 254	3 928	15 693.70	11 766
西班牙	1 250	4 666	15 643.64	10 977
德国	1 195	8 375	14 955.32	6 580
缅甸	1 104	4 969	13 816.46	8 847

资料来源:根据表 11-1 和表 11-4 计算。

当然，受到气候、传统、生态环境和其他生产要素的约束，现实情况绝对不会如此简单。这个数字只不过是一个很抽象的极限估计。在这里只不过想通过这些数字说明：没有理由说，其他国家农民的劳动生产率就一定不如中国农民，如果世界各国都能充分利用它们的土地资源，增加农作物产量的潜力还很大。由此可见，中国如果有计划、有步骤地扩大粮食进口，可以推动世界上主要粮食生产国更好地利用它们的耕地资源。从全球生产能力来讲，中国进口粮食的来源不成问题。

有人担心，如果中国大规模进口粮食，会让非洲人民饿肚子。其实，这两者之间并没有什么必然的内在联系。非洲的人口占世界人口的11%，占有的耕地面积也是11%，刚好在世界的平均线上。而中国人只用世界上8%的耕地养活了19.3%的人口。非洲的耕地条件比中国更好。如果按照中国农民的生产方式，非洲的农民完全能够养活非洲所有的人口。

中国的经济发展经验对非洲和其他国家或地区具有很好的参考价值。在经济改革之前，中国的粮食一直供不应求，不得不通过发粮票来抑制需求，大部分人半饥不饱，在1959年前后还爆发过大饥荒。改革开放以来，废除人民公社，实行家庭承包责任制，在很短的时间内就解决了粮食问题。同样是那么多耕地，在改革之前不够吃，改革之后吃不了，靠的就是经济改革。如果非洲国家能够稳定社会秩序，推进经济改革，完全有可能在很短的时间内解决粮食问题。

11.5 国际粮价暴涨的教训

俗话说："一朝被蛇咬，十年怕井绳。"2007—2008年间，国际粮价暴涨，使得许多人担心如果中国今后大量进口粮食，会导致国际粮价暴涨。

2007年，长期低迷的粮价突然暴涨（见图11-3）。根据联合国粮农组织统计，国际市场的食品价格在2007年比2006年上涨了23%。其中，粮食价格上涨42%，食用油类价格上涨50%，奶类制品上涨80%。2007年国际市场玉米价格164美元/吨,稻米334美元/吨,小麦264美元/吨,比2000年分别上涨86%、62%、120%。2007—2008年间,国际粮价继续暴涨,谷物价格平均上涨了60%。其中,小麦价格上涨54%,稻米104%,大豆76%。[①] 英国《卫报》称,从2002年到2009年2月,一篮子粮食价格涨幅高达140%。

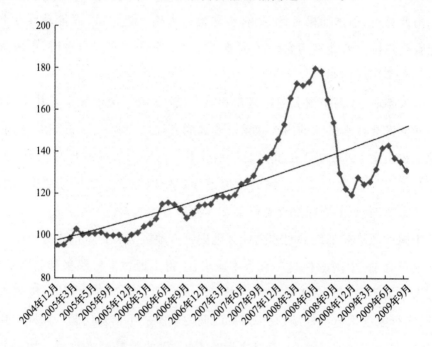

图11-2 国际商品粮价格指数月度变化(2005=100)

注:商品粮包括谷物、植物油、肉类、海鲜、糖、香蕉等。图中射线为商品粮价格变化的指数趋势线。

资料来源:IMF(http://www.imf.org/external/np/res/commod/index.asp)。

在稻米、小麦和玉米三种主要谷物中,稻米价格涨势最凶,小麦次之,玉米价格上涨比较和缓(见图11-3)。

[①] Runge, C. Ford and Benjamin Senauer(2007),"How Biofuels Could Starve the Poor",*Foreign Affairs*, Vol. 86, No. 3, May/June, pp. 41—53.

第 11 章　全球粮食生产潜能和国际粮价波动

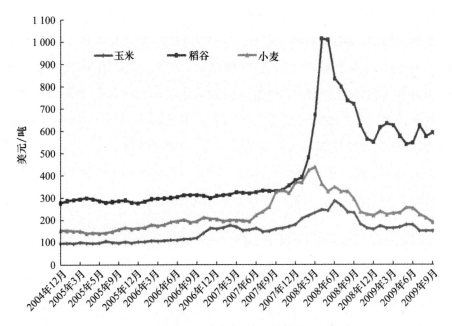

图 11-3　谷物名义价格变化

资料来源：IMF（http://www.imf.org/external/np/res/commod/index.asp）。

根据国际货币基金组织统计，粮食和石油价格上涨严重冲击了 75 个发展中国家，加剧了饥饿，减缓了经济增长，导致通胀上升、失业率增加。联合国粮农组织警告，2008 年将有 36 个国家面临食物短缺。从南美洲的海地到非洲的埃及，粮价暴涨激发越来越多的社会不稳定事件。自 2007 年年底以来，因为玉米价格暴涨，墨西哥民众上街游行示威，印度尼西亚民众集会抗议创纪录的黄豆价格，巴基斯坦因小麦短缺导致社会骚乱，粮价暴涨在阿富汗、索马里、苏丹、刚果（金）等国引起社会动荡，海地政府总理为此黯然下台。

为什么在 2007—2008 年间国际粮价暴涨？《纽约时报》在 2008 年 4 月 10 日发表评论：受无法控制的外力影响，粮价不断上升，其中包括了能源价格上升的推动，以及中国、印度等人口大国对粮食需求的增加。[①] 在西方媒体中有两种说法比较流行：第一，由于中国和印度这两个人口大国消费了大量的粮

---

① *The News York Times*, 2008.4.10. 显然，这个估计被证明是错误的。在 2008 年收获期之后，国际粮价逐步下落。

食,导致国际粮价暴涨。第二,是生物燃料(玉米酒精)惹的祸。①

德国《明镜周刊》2008年5月称:"(中国)政府甚至准备了4 000万吨到5 000万吨的粮食紧急储备。但是,即便如此,供需缺口仍有10%不能满足。这意味着,中国必须为高达1 300万人的缺口进口粮食。"按照他们的想象:中国人赚到钱之后必然要填饱肚子。中国人口如此之多,只要每个人多吃几口饭,就会导致全球粮食供不应求、粮价上涨,导致粮食危机。

必须弄清楚两个问题:第一,2007—2008年国际粮价暴涨的原因是什么?和中国有什么关系?第二,如果中国今后增加粮食进口,是不是一定会导致国际粮价暴涨?

11.6 国际粮价在2007年暴涨的原因

粮价的波动不仅取决于供给、需求,还和国际粮食市场的运行机制密切相关。2007—2008年国际粮价剧烈上涨,引起了许多人的不安或恐慌,许多人把粮价暴涨称为粮食危机,好像世界就要陷入一场大灾难。其实,这种说法尚需斟酌。

粮食危机意味着全球范围内的谷物短缺。可是,近年来世界各国谷物总产量并没有减少。2012年全球谷物产量为25.5亿吨,比2000年增产4.86亿吨。虽然全球谷物生产总量随着气候和市场变化上下波动,但是,从大趋势来看,谷物总产量持续增长,谷物增长速度超过了人口增长率,出现全球粮食危机的概率并不高。

从某一个时间节点来看,如果世界主要粮食生产国遭遇天灾,粮食产量下降,有可能导致国际粮价波动。

1950—2007年,国际粮食市场供过于求。国际市场小麦、玉米真实价格的

---

① 事实上,粮价上涨和生物燃料并没有多大关系,详见徐滇庆、李昕《经济命脉系三农》一书第7章关于生物燃料的专题讨论。

长期回归线呈现显著的负斜率,国际粮价逐年下降。① 1950—1984 年,粮食价格下降 12.27%。② 粮食出口的利润越来越低,许多传统的粮食出口国纷纷减产。2005 年世界粮食出口国的粮食产量下降 4%,2006 年下降 7%。

2005—2006 年世界许多主要粮食出口国遭遇旱灾。澳大利亚声称是千年一遇的大干旱,谷物产量下降 20%。加拿大、乌克兰也遭遇严重旱灾。加拿大 2007 年春小麦产量从前 10 年的平均产出 807 万吨下降为 590 万吨。在 2007 年,因为天灾,有 14 个国家的谷物减产,其中,澳大利亚减产 1 230 万吨,加拿大减产 232 万吨,法国减产 699 万吨,德国减少 297 万吨,英国减少 462 万吨。

除去那些由于自然或其他原因导致的减产,和 2000 年相比,在 2007 年由于价格偏低而减产谷物高达 3.8 亿吨。如果这些重要的粮食出口国不减产的话,2000—2007 年全球粮食产量将增加 6.6 亿吨,增长幅度大大超过同期全球人口增长幅度。

从全球来看,谷物产量并没有减少,但是由于遭灾和粮价偏低,主要粮食出口国减产,使得国际粮食市场上谷物供应量大幅度下降,在谷物交易市场上供不应求,最终导致国际市场粮价暴涨。

11.7　供求边际调整和粮价波动

谷物总量短缺与边际调整之间有着很大的区别。只有总量短缺才会导致粮食危机,而边际调整只不过是短期的经济周期波动。

在国际市场上交易的粮食只占全球粮食总量中的一小部分。2007 年全球粮食总产量 23.4 亿吨,在国际市场上的交易量为 3.5 亿吨左右,占总量的 14.96%。2011 年,稻谷贸易量占总产量的平均比重为 5.02%,小麦贸易量占总产量的 21.14%,玉米贸易量的比重为 12.39%,大豆贸易量的比重为 34.74%(见表 11-8 至表 11-11)。

---

① 参见卢锋,"我国粮食供求与价格走势(1980—2007)——粮价波动、宏观稳定及粮食安全问题探讨",北京大学中国经济研究中心讨论稿,2007 年 12 月。

② 资料来源:尹成杰,《粮安天下:全球粮食危机与中国粮食安全》,中国经济出版社,2009 年。

表 11-8 稻谷的国际贸易比例　　　　　　　　　　　　　（单位:万吨）

年份	稻谷出口	稻谷进口	稻谷生产	出口/总产量
2000	2 339	2 252	59 936	3.90%
2001	2 648	2 357	59 983	4.42%
2002	2 721	2 678	57 139	4.76%
2003	2 771	2 719	58 707	4.72%
2004	2 885	2 754	60 799	4.75%
2005	2 935	2 787	63 444	4.63%
2006	3 041	2 951	64 121	4.74%
2007	3 355	3 149	65 698	5.11%
2008	2 959	3 115	68 841	4.30%
2009	2 958	2 929	68 481	4.32%
2010	3 298	3 121	70 105	4.70%
2011	3 626	3 353	72 256	5.02%

注:此处贸易比=出口/总产量,水稻产量及贸易在 FAO 的编码为 27。
资料来源:生产数据与贸易数据均来自 FAO(http://faostat.fao.org/site/535/default.aspx#ancor)。

表 11-9 小麦的国际贸易比例　　　　　　　　　　　　（单位:万吨）

年份	小麦出口	小麦进口	小麦生产	出口/总产量
2000	11 719	11 706	58 569	20.01%
2001	11 375	11 285	58 983	19.28%
2002	12 040	12 075	57 474	20.95%
2003	10 959	11 064	56 013	19.57%
2004	11 894	11 666	63 214	18.81%
2005	12 047	12 031	62 674	19.22%
2006	12 644	12 729	60 234	20.99%
2007	12 465	12 461	61 285	20.34%
2008	13 117	12 809	68 301	19.20%
2009	14 697	14 627	68 684	21.40%
2010	14 516	14 353	65 191	22.27%
2011	14 827	14 721	70 140	21.14%

注:此处贸易比=出口/总产量,小麦产量及贸易在 FAO 的编码为 15。
资料来源:生产数据与贸易数据均来自 FAO(http://faostat.fao.org/site/535/default.aspx#ancor)。

表 11-10　玉米的国际贸易比例　　　　　　　　（单位：万吨）

年份	玉米出口	玉米进口	玉米生产	出口/总产量
2000	8 235	8 210	59 248	13.90%
2001	8 382	8 198	61 553	13.62%
2002	8 747	8 762	60 487	14.46%
2003	9 071	8 976	64 516	14.06%
2004	8 268	8 270	72 897	11.34%
2005	9 042	8 811	71 368	12.67%
2006	9 542	9 599	70 684	13.50%
2007	11 003	10 758	78 988	13.93%
2008	10 213	10 318	83 026	12.30%
2009	10 065	10 023	82 002	12.27%
2010	10 785	10 763	84 979	12.69%
2011	10 965	10 807	88 529	12.39%

注：此处贸易比＝出口/总产量，玉米产量及贸易在 FAO 的编码为 56。
资料来源：生产数据与贸易数据均来自 FAO（http://faostat.fao.org/site/535/default.aspx#ancor）。

表 11-11　大豆的国际贸易比例　　　　　　　　（单位：万吨）

年份	大豆出口	大豆进口	大豆生产	出口/总产量
2000	4 738	4 848	16 130	29.37%
2001	5 696	5 737	17 824	31.96%
2002	5 463	5 681	18 168	30.07%
2003	6 503	6 580	19 065	34.11%
2004	5 764	5 841	20 552	28.05%
2005	6 538	6 687	21 456	30.47%
2006	6 790	6 636	22 196	30.59%
2007	7 442	7 446	21 972	33.87%
2008	7 902	7 910	23 124	34.17%
2009	8 154	7 994	22 326	36.52%
2010	9 660	9 595	26 505	36.44%
2011	9 102	9 081	26 204	34.74%

注：此处贸易比＝出口/总产量，大豆产量及贸易在 FAO 的编码为 236。
资料来源：生产数据与贸易数据均来自 FAO（http://faostat.fao.org/site/535/default.aspx#ancor）。

粮食生产受到气候或其他因素的影响有起有落。如果粮食出口国遭遇自然灾害，粮食产量下降，在满足国内基本需求之后，能够提供出口的数量必然下降。举例说明，假若某国生产小麦100个单位，出口10个单位。如果该国遭灾，小麦产量降低为95个单位。小麦产量减少只不过5%而已。在满足国内需求之后，出口量从10个单位骤减为5个单位。小麦出口量下降50%。因此，粮食出口量增减属于边际调整，和粮食整体供求关系并不是一回事。

如果多个粮食出口国都遭遇天灾，势必对国际粮食市场产生重大的冲击，很快就会出现粮食进出口市场的供不应求，推动粮价上涨。其实，对此完全用不着大惊小怪。市场机制会自动进行调整。如果国际粮价上升，必然刺激粮食生产大国增加产出。在粮食生产的一个周期之后粮食增产，国际粮食市场的供求关系很快就恢复过来了，粮价必然回落。只要全球总产量持续上升就不会出现真正意义上的粮食危机。

2007—2008年粮价波动最大的是稻米。稻米的主要进口国为阿联酋、沙特阿拉伯、美国、英国等，这些国家的进口量并没有发生很大的变化。只有菲律宾由于遭灾而显著地增加了稻米进口量。在2007年全球稻米总产量为65 741.35万吨，比2000年增加了5 284万吨。投入国际市场交易的稻米数量仅为164.33万吨，占总产量的0.25%。① 稻米价格的剧烈波动属于边际调整效应。如果在短期内供不应求，很可能推高稻米价格。随之，在下一个种植周期如果稻米供给量增加，很快就达到一个新的均衡点。从图11-4中可见，在2008年国际市场稻米价格急剧飙升，每吨超过了1 000美元，仅仅隔了一年，在2009年米价就跌回每吨600美元以下。

国际粮食市场上小麦和稻米的价格暴涨，仅仅影响那些进口小麦和稻米的国家，而对于能够自给自足的经济体来说，其冲击程度并不高。在2008年中国人除了在报纸和网站上读到一些粮食危机的新闻之外，并没有感受到粮价暴涨的威胁。

---

① 贸易及产量数据均来自FAO(http://faostat.fao.org/site/535/default.aspx#ancor)，稻米编号为27。

11.8 国际粮食市场的主要参与方

从 2010 年的数据来看,排前五名的稻米进口国或地区是印度尼西亚、尼日利亚、孟加拉国、伊朗和沙特阿拉伯,小麦是埃及、阿尔及利亚、意大利、日本和巴西,玉米是日本、墨西哥、埃及、西班牙,大豆是中国大陆、墨西哥、德国、西班牙、荷兰(见表 11-12 至表 11-15)。

表 11-12 世界稻米进口　(单位:%,占总贸易量的比例)

国家和地区	2000 年	2005 年	2006 年	2007 年	2008 年	2009 年	2010 年
印度尼西亚	5.95	0.68	1.55	4.46	0.93	0.85	2.20
尼日利亚	3.49	4.22	3.30	3.86	3.12	3.96	6.03
孟加拉国	2.01	2.53	1.96	1.96	2.69	0.14	2.18
伊朗	4.52	4.17	4.24	3.21	3.85	2.74	3.63
沙特阿拉伯	4.16	3.88	3.24	3.08	4.11	4.48	4.11
马来西亚	2.65	2.10	2.78	2.47	3.55	3.71	2.98
阿联酋	1.92	1.79	2.61	3.30	4.15	3.84	3.02
科特迪瓦	1.95	2.90	3.06	2.57	2.45	3.83	2.76
南非	2.33	2.72	2.73	3.05	2.09	2.54	2.35
伊拉克	5.33	2.98	4.50	2.34	3.38	3.75	3.60
塞内加尔	2.39	3.07	2.39	3.41	3.25	2.63	2.26
日本	2.87	2.82	2.05	2.04	1.91	2.29	2.13
菲律宾	2.85	6.54	5.82	5.74	7.81	6.06	7.62
墨西哥	1.89	1.76	1.83	1.77	1.76	1.92	1.83
英国	1.77	1.89	1.70	1.67	1.90	2.00	1.97
美国	1.34	1.45	2.10	2.16	2.02	2.25	1.73
巴西	2.81	1.78	2.10	2.18	1.35	2.13	2.40
中国大陆	1.06	1.85	2.43	1.49	0.94	1.14	1.16
古巴	1.85	2.60	1.99	1.87	2.03	1.76	1.36
加纳	0.74	1.74	1.32	1.40	1.27	1.31	1.03
合计	100	100	100	100	100	100	100

资料来源:United Nations Commodity Trade Statistic Database。

表 11-13　小麦进口　　（单位:%,占总贸易量的比例）

国家和地区	2000年	2005年	2006年	2007年	2008年	2009年	2010年
埃及	4.18	4.73	6.29	6.61	6.50	6.24	7.38
阿尔及利亚	4.58	4.72	3.90	3.90	5.06	3.91	3.52
意大利	5.86	5.61	5.63	5.02	4.25	4.43	5.21
日本	5.00	4.55	4.19	4.23	4.51	3.21	3.81
巴西	6.43	4.15	5.13	5.33	4.71	3.72	4.41
印度尼西亚	3.07	3.68	3.60	3.73	3.51	3.18	3.35
土耳其	0.82	0.11	0.19	1.72	2.89	2.32	1.78
韩国	2.84	3.03	2.77	2.55	2.09	2.60	3.05
德国	1.10	1.20	1.31	1.65	2.02	2.78	2.78
西班牙	2.14	6.23	4.07	2.76	3.63	4.38	3.20
墨西哥	2.39	3.09	2.71	2.61	2.51	1.90	2.44
尼日利亚	1.90	3.09	2.55	2.41	2.40	2.60	2.77
荷兰	2.02	2.64	3.13	3.88	3.36	3.41	3.67
摩洛哥	2.94	2.19	1.43	2.96	3.19	1.63	2.26
比利时	3.06	2.86	2.72	2.77	2.43	2.45	2.66
孟加拉国	1.37	1.74	1.69	2.18	1.04	1.65	2.24
伊拉克	2.72	2.11	2.23	1.95	2.31	2.09	1.29
菲律宾	2.27	1.70	2.16	1.44	1.33	2.10	1.30
也门	1.34	1.59	1.96	1.90	1.66	1.91	1.92
越南	0.46	0.93	0.96	0.98	0.55	0.95	1.55
合计	100	100	100	100	100	100	100

资料来源:United Nations Commodity Trade Statistic Database。

表 11-14　玉米进口　　（单位:%,占总贸易量的比例）

国家和地区	2000年	2005年	2006年	2007年	2008年	2009年	2010年
日本	19.62	18.90	17.59	15.46	15.95	16.26	15.04
墨西哥	6.51	6.52	7.93	7.39	8.86	7.24	7.29

（续表）

国家和地区	2000年	2005年	2006年	2007年	2008年	2009年	2010年
韩国	10.61	9.69	9.03	7.97	8.74	7.32	7.94
埃及	5.74	5.78	3.93	4.89	3.86	5.40	5.73
西班牙	4.24	4.85	4.38	6.20	5.27	4.04	3.67
中国台湾	6.02	5.65	5.29	4.18	4.05	4.58	4.65
伊朗	1.44	2.54	2.69	2.63	2.90	3.73	5.38
荷兰	1.59	2.52	2.50	3.21	3.45	3.14	2.71
印度尼西亚	1.54	0.21	1.85	0.65	0.28	0.34	1.42
阿尔及利亚	1.81	2.70	2.29	2.12	2.13	1.99	2.40
马来西亚	2.74	2.92	3.42	2.47	2.04	2.62	2.86
哥伦比亚	2.36	2.80	3.38	3.09	3.22	3.24	3.36
意大利	0.64	1.42	1.67	2.38	2.15	2.20	2.06
秘鲁	1.03	1.49	1.56	1.46	1.36	1.51	1.78
德国	1.19	1.95	1.76	2.27	1.83	1.96	1.75
中国大陆	0.00	0.00	0.07	0.03	0.05	0.08	1.46
沙特阿拉伯	1.54	1.39	1.40	1.70	1.63	1.54	1.79
葡萄牙	1.34	1.40	1.35	1.61	1.59	1.36	1.31
摩洛哥	1.10	1.84	1.50	1.76	1.64	1.70	1.76
叙利亚	1.16	1.85	1.40	1.31	0.98	1.92	1.78
合计	100	100	100	100	100	100	100

资料来源：United Nations Commodity Trade Statistic Database。

表11-15　大豆进口　（单位：%，占总贸易量的比例）

国家和地区	2000年	2005年	2006年	2007年	2008年	2009年	2010年
中国大陆	21.49	39.76	42.60	41.39	47.33	53.23	57.11
墨西哥	8.22	5.55	5.67	4.85	4.43	4.29	3.93
德国	7.92	5.81	5.30	4.96	4.41	3.96	3.53
西班牙	5.47	3.85	3.24	3.66	4.14	3.67	3.26

(续表)

国家和地区	2000年	2005年	2006年	2007年	2008年	2009年	2010年
荷兰	11.10	7.28	6.71	5.63	5.07	3.81	3.70
日本	9.96	6.25	6.09	5.59	4.69	4.24	3.60
中国台湾	4.75	3.66	3.59	3.13	2.65	2.96	2.66
印尼	2.64	1.62	1.71	3.01	1.48	1.64	1.81
泰国	2.72	2.40	2.10	2.07	2.18	1.92	1.90
土耳其	0.80	1.73	1.53	1.65	1.57	1.22	1.83
意大利	1.51	2.31	2.31	2.06	2.08	1.71	1.62
韩国	3.08	1.99	1.70	1.59	1.67	1.36	1.28
埃及	0.50	0.86	0.86	1.53	1.51	0.69	1.83
越南	0.00	0.01	0.07	0.10	0.17	0.22	0.24
俄罗斯联邦	0.08	0.06	0.00	0.17	0.71	1.20	1.11
伊朗	1.24	1.17	1.38	1.44	1.50	1.26	0.89
英国	1.60	1.16	1.09	1.10	0.99	1.13	0.89
法国	0.91	0.76	0.54	0.66	0.55	0.80	0.56
葡萄牙	1.34	1.39	1.58	1.69	1.50	1.12	0.91
马来西亚	1.20	1.23	0.59	0.68	0.64	0.61	0.66
合计	100	100	100	100	100	100	100

资料来源：United Nations Commodity Trade Statistic Database。

日本一直是世界粮食的主要进口国。2010年，日本稻米进口占世界总贸易量的2.13%，小麦3.81%，玉米15.04%，大豆3.6%。欧盟也是世界粮食的主要进口地区。因此，如果有需求方面的冲击的话，理应从这些主要的客户来找原因。由于日本和欧盟的粮食需求并没有发生剧烈变化，因此，不能将2007年粮价波动的原因归咎于需求方面。

世界上大部分贫穷人口分布在非洲和亚洲。可是为了赚取外汇，许多贫穷的非洲国家居然是粮食的净出口国。例如，2005年非洲的阿尔及利亚和多哥净出口小麦数量达1万吨及2.4万吨，乌干达净出口玉米1.5万吨；2006年赞比亚净出口小麦2万吨；2007年肯尼亚净出口精炼大豆油0.3万吨……由于没有足够的资金来采购粮食,在2007年前后世界上的穷国并没有扩大粮食采购量,进口粮食的数量并不大,因此,也不能把粮价波动的原因推给它们(见表11-16至表11-19)。

表 11-16 世界稻米出口 (单位:%,占总贸易量的比例)

国家和地区	2000年	2005年	2006年	2007年	2008年	2009年	2010年
泰国	26.20	25.58	24.39	27.32	34.43	29.06	27.00
越南	14.86	17.88	15.27	13.59	16.00	20.18	20.90
印度	6.55	13.84	15.59	19.22	8.40	7.26	6.75
巴基斯坦	8.62	9.85	12.13	9.33	9.50	9.30	12.67
美国	11.49	12.91	10.76	8.82	11.09	9.89	11.36
巴西	0.11	0.93	0.95	0.60	1.73	1.99	1.28
阿根廷	1.98	1.19	1.61	1.31	1.40	2.03	1.41
意大利	2.83	2.55	2.41	2.13	2.67	2.43	2.44
乌拉圭	3.05	2.41	2.40	2.32	2.45	3.30	1.88
中国大陆	12.54	2.24	4.01	3.89	3.20	2.58	1.82
澳大利亚	2.63	0.17	1.04	0.57	0.16	0.06	0.16
比利时	0.51	0.48	0.50	0.62	0.75	0.77	0.68
西班牙	1.21	0.95	0.93	0.69	0.54	0.34	0.84
巴拉圭	0.06	0.13	0.18	0.21	0.23	0.41	0.41
缅甸	1.07	0.61	0.23	1.07	0.75	0.85	0.37
柬埔寨	0.03	0.01	0.02	0.01	0.02	0.06	0.16
荷兰	0.38	0.44	0.38	0.41	0.47	0.41	0.36
俄罗斯联邦	0.09	0.04	0.06	0.04	0.07	0.27	0.45
希腊	0.18	0.25	0.31	0.28	0.27	0.27	0.34
塞内加尔	0.00	0.02	0.33	0.22	0.07	0.32	0.16
合计	100	100	100	100	100	100	100

资料来源:United Nations Commodity Trade Statistic Database。

表 11-17 世界小麦出口 (单位:%,占总贸易量的比例)

国家和地区	2000年	2005年	2006年	2007年	2008年	2009年	2010年
美国	23.75	22.56	18.49	26.43	22.94	14.93	19.03
法国	15.39	13.30	13.11	11.54	12.42	11.48	14.52
澳大利亚	15.12	11.55	11.84	5.42	6.31	10.20	10.95
加拿大	16.02	11.56	14.63	14.08	12.03	13.12	12.67
俄罗斯联邦	0.36	8.57	7.68	11.59	8.94	11.45	8.16
阿根廷	9.40	8.66	7.67	7.74	6.69	3.48	2.78
德国	3.90	3.84	4.83	3.73	5.37	6.59	6.14
乌克兰	0.17	4.99	3.69	0.85	5.73	8.77	2.96
哈萨克斯坦	4.26	1.58	3.32	4.96	3.77	2.20	3.49
巴西	0.00	0.13	0.52	0.08	0.49	0.26	0.91
英国	3.01	2.07	1.67	1.53	2.11	1.72	2.30
保加利亚	0.43	0.93	1.03	0.20	1.34	1.21	1.58
巴基斯坦	0.02	0.02	0.00	0.37	0.02	0.10	0.00
罗马尼亚	0.10	0.21	0.72	0.17	1.52	1.59	1.71
捷克共和国	0.74	1.22	0.78	0.64	0.69	1.21	0.89
匈牙利	0.50	1.36	1.66	1.28	1.61	1.13	1.45
乌拉圭	0.01	0.07	0.08	0.09	0.33	0.73	0.89
丹麦	0.80	0.36	0.57	0.65	0.32	1.06	1.09
墨西哥	0.47	0.33	0.42	0.46	1.07	0.77	0.30
波兰	0.00	0.37	0.52	0.27	0.26	1.37	0.65
合计	100	100	100	100	100	100	100

资料来源:United Nations Commodity Trade Statistic Database。

表 11-18 世界玉米出口 (单位:%,占总贸易量的比例)

国家和地区	2000年	2005年	2006年	2007年	2008年	2009年	2010年
美国	58.25	50.18	60.66	51.82	52.96	47.50	47.20
阿根廷	13.17	16.20	10.90	13.62	15.06	8.48	16.27

(续表)

国家和地区	2000 年	2005 年	2006 年	2007 年	2008 年	2009 年	2010 年
巴西	0.01	1.18	4.13	9.94	6.30	7.73	10.03
乌克兰	0.20	3.09	1.76	0.87	2.75	7.13	2.68
法国	9.65	8.16	6.30	4.32	6.01	6.69	6.13
印度	0.04	0.46	0.67	2.48	3.46	2.58	2.13
匈牙利	1.22	2.01	2.45	4.52	3.30	4.15	3.63
南非	0.75	2.35	0.66	0.07	1.06	1.65	1.15
罗马尼亚	0.18	0.48	0.25	0.28	0.68	1.68	1.91
塞尔维亚	0.00	0.00	1.42	0.38	0.54	1.59	1.54
巴拉圭	0.26	0.53	1.99	1.92	1.04	1.86	0.99
加拿大	0.33	0.29	0.24	0.44	0.86	0.23	0.79
保加利亚	0.15	0.57	0.28	0.19	0.21	0.57	0.60
德国	0.67	0.97	0.93	0.65	0.67	0.68	0.60
俄罗斯联邦	0.00	0.08	0.06	0.05	0.19	1.35	0.21
赞比亚	0.02	0.05	0.03	0.18	0.19	0.02	0.06
比利时	0.06	0.17	0.29	0.38	0.54	0.34	0.16
泰国	0.03	0.08	0.32	0.34	0.66	1.07	0.44
奥地利	0.19	0.38	0.38	0.33	0.44	0.45	0.30
马拉维	0.01	0.00	0.00	0.36	0.02	0.00	0.01
合计	100	100	100	100	100	100	100

资料来源：United Nations Commodity Trade Statistic Database。

表 11-19　世界大豆出口　（单位：%，占总贸易量的比例）

国家和地区	2000 年	2005 年	2006 年	2007 年	2008 年	2009 年	2010 年
美国	57.39	39.24	41.41	40.10	43.02	49.67	43.84
巴西	24.31	34.31	36.75	31.89	31.00	35.03	30.10
阿根廷	8.70	15.24	11.59	15.91	14.85	5.26	14.10
巴拉圭	3.79	4.54	3.32	4.73	4.67	2.61	4.06

(续表)

国家和地区	2000 年	2005 年	2006 年	2007 年	2008 年	2009 年	2010 年
加拿大	1.63	1.81	2.16	2.51	2.34	2.79	2.87
乌拉圭	0.00	0.73	0.93	1.04	1.03	1.34	2.05
乌克兰	0.02	0.27	0.40	0.43	0.25	0.32	0.20
荷兰	2.05	2.28	1.67	1.75	1.24	1.40	1.31
斯洛文尼亚	0.00	0.00	0.03	0.00	0.11	0.00	0.28
比利时	0.21	0.19	0.42	0.32	0.24	0.17	0.19
中国大陆	0.45	0.61	0.56	0.61	0.59	0.43	0.17
意大利	0.03	0.04	0.08	0.06	0.05	0.09	0.10
罗马尼亚	0.05	0.08	0.08	0.03	0.05	0.01	0.04
克罗地亚	0.00	0.04	0.02	0.02	0.01	0.05	0.04
奥地利	0.07	0.03	0.05	0.06	0.04	0.05	0.04
摩尔多瓦	0.02	0.01	0.05	0.03	0.03	0.01	0.04
德国	0.02	0.05	0.04	0.05	0.06	0.04	0.04
南非	0.01	0.01	0.00	0.00	0.01	0.20	0.13
匈牙利	0.02	0.01	0.01	0.01	0.01	0.03	0.03
塞尔维亚	0.00	0.00	0.00	0.01	0.00	0.00	0.05
合计	100	100	100	100	100	100	100

资料来源：United Nations Commodity Trade Statistic Database。

2007—2008 年粮价暴涨是事实，但是这并不意味着全球粮食生产能力欠缺，也不意味着粮价上涨将成为长期的趋势。

粮食价格在短期内上涨并不要紧。在一般情况下，粮食的供给弹性小于需求弹性。在粮价偏低的情况下，农民缺乏增产积极性，导致粮食短缺。如果市场机制能够正常发挥作用，随着粮价的上升，粮食生产变得有利可图，农民将增加播种面积，提高粮食产量，供求缺口将逐渐缩小。不过，增加粮食供给有一个时间滞后，最少也要等几个月之后才能收获下一茬庄稼。只要市场机制还能起作用，基本上就用不着政府出手干预。市场机制将自动调整供给和需求，并且达到新的均衡。与其说 2007—2008 年粮价上涨是粮食危机，还不如更客观地说,这是一次被动的市场调整,从一个均衡点转移到另外一个均衡点,是长期粮价下跌之后必然出现的反弹。基本上还属于正常的经济周期波动。

这一次粮价波动和国内猪肉价格的波动很相像。2004年以来,由于饲料和能源价格上涨而猪肉价格涨幅很小,农民养猪不赚钱,养猪积极性衰减。在2006年爆发生猪"蓝耳病",生猪存栏数量减少,于是市场上猪肉供应紧张。经过媒体渲染夸大,很快就形成一股恐慌,猪肉货源越少越抢购,很快就把猪肉价格抬起来了。政府慌了,又是动用储备肉,又是给养猪户补贴,还给老母猪买保险。其实,这些措施都是多余的。只要猪肉价格足够高,农民自然会多养猪,要不了多久,就可以达到新的均衡。果然到了2009年夏天,猪肉再度供过于求,猪肉价格一跌再跌。官员们白忙活了。如果政府动不动就干预市场,往往帮倒忙,把事情越搞越复杂。

国际粮价波动幅度偏大的原因有三条:第一,储运系统不够完善,国际粮食市场缺乏一个内在的稳定机制。第二,投机集团恶意炒作,趁机囤积,兴风作浪,扩大粮价波动幅度,从而牟取暴利。第三,民众对于粮食安全缺乏正确认识,一经某些媒体炒作就引起莫名其妙的集体恐慌。粮价暴涨主要是分配环节出了问题,并不是农业生产遭遇瓶颈。如果能够改进世界粮食市场机制,提高储备粮的比例,抑制过度粮食投机,完全可以让粮价的波动变得更平缓一些。

11.9 国际粮价上涨赖得着中国吗

西方某些人把粮价上涨的原因归咎于中国。其实,只要稍微花点时间,检查一下谷物进出口数据就不至于犯如此低级的错误。在2007年中国根本就没有进口稻米、小麦和玉米,2008年谷物价格上涨完全赖不着中国。

在2010年中国进口稻谷占全球稻谷贸易量的1.16%。中国进口小麦占全球小麦贸易量不到1%,进口玉米占1.46%。由于中国进口稻谷、小麦和玉米在国际贸易总量中所占比例如此之小,国际市场上小麦、稻米和玉米价格的变化和中国基本无关。中国进口大豆占全球贸易量的57.11%,毋庸讳言,国际市场上大豆价格上涨和中国进口有关。

按理说,大豆价格上涨对购买大豆的人不利。中国在国际市场上买了这么多大豆,似乎中国人应当抱怨豆价上涨,可是并没有听见中国人抱怨。道理很简单,即便如此,国际市场上大豆的价格比国内还低。进口大豆对中方有利。在2000年以后,中国大量进口大豆,既不是因为国内人口增加也不是因为消费结构变化,而是全球资源优化配置的结果。中国进口大豆,有相当一部分作为水产饲料,养殖大虾之后出口,满足美、日、韩等国不断增长的海鲜进口需求,大大压低了大虾和其他水产品的价格。有些人只注意到国际市场大豆价格上升,却忽略了大虾价格的急剧下降,顾此失彼,犯了片面性错误。

今后如果中国大幅度调整农业生产结构,增加粮食进口,会不会导致国际粮价暴涨?

中国进口粮食具有两个特点:第一,粮食进口的计划性很强。进口粮食的目的是用于工业用途和部分饲料,并不是因为国内口粮短缺而进口,因此可以提前安排进口计划。第二,作为国家粮食供销策略调整,进口粮食的数量绝对不是小打小闹,动辄几十万吨,甚至几百万吨。因此,中国若要进口粮食一定会早早和供给方签订合同,下订单。

世界上大宗粮食贸易早就进入了订单时代。主要粮食出口国,如美国、加拿大、澳大利亚等,人少地多,尚有大量耕地没有得到充分利用。这些国家的农场主急切地盼望得到更多订单。订单越大越好。

订单农业的特点是交易数量较大,预定周期较长,交易相对稳定,买卖双方直接交易基本上无需中间商。农场主在签订合同之后,才按照合同的数量安排播种、生产。如果没有合同,大片耕地就撂荒在那里。这种订单的时间提前量大。在一年甚至几年前就签好合同。在一个或若干个种植周期之后按照合同交割、清算。农产品的价格是在签订订单的时候就已经确定了。由于这样的订单的数量和价格都已经固定,定点供销,在一般情况下不会对国际粮食市场的价格产生冲击。

第12章

荒诞的粮食制裁

12.1 经济制裁的目标和手段

众所周知,扩大粮食进口有利于优化资源配置、保护土地资源,可是随之而来一个严重的问题,如果粮食自给率下降了,会不会受制于人?一旦爆发贸易战,面对粮食制裁该怎么办?无论如何,害人之心不可有,防人之心不可无。有必要认真研究出现贸易战的可能,特别要关注粮食制裁的威胁。

截至2009年年底,全球发生了200多次比较重要的经济制裁。从发起方来看,联合国和其他国际组织发起的经济制裁共27次,占总数的13.6%。美国作为世界上唯一的超级大国,单独或领头发起了133次经济制裁。如果算上参与联合国的经济制裁,美国共参与160次经济制裁。换言之,美国主导或参与了80.4%的经济制裁。除已经实施的经济制裁之外,美国还对中国、日本、韩国等频频发出经济制裁的威胁。毫不夸张地说,在很多情况下美国扮演了国际警察的角色。经济制裁好像是美国手中的一根大棒,动不动就给人家一记。除美国以外,俄罗斯和前苏联先后发起19次经济制裁。英国挑起或参与经济制裁28次,其中被美国制裁了1次。阿拉伯联盟发起了4次。

近年来,经济制裁的频率有所提高。2000年以来,全球爆发了15次经济制裁。有些经济制裁直到今天还在进行之中。有些经济制裁起源于20世纪中叶,拖了几乎半个世纪。有大国制裁大国、大国制裁小国,也有小国之间的经济制裁。经济制裁,特别是粮食制裁的效果似乎越来越差。即使很小的国家,例如洪都拉斯、格鲁吉亚等国也顶住了经济制裁的压力。反思这些经济制裁的案例,使人们认识到,经济制裁比战争手段要好一些,温和一些,却未必能最终解决矛盾。当国家和国家之间发生矛盾或冲突的时候,还是坐下来谈判更好。不要动不动就祭出经济制裁的法宝,害人不利己,甚至搬起石头砸了自己的脚。

发起经济制裁往往有多重原因。首先,不能容忍对方的行为和政策,因而发起经济制裁,施加压力,警告、惩罚对方。其次,对盟国表示遵守诺言,维持威信,显示力量。此外,对于国内来说则表示政府是在积极主动地维护国家利益。在相当多的情况下,平衡国内压力、争取选票是发起对外国经济制裁的主要原因。

经济制裁的手段有限制进口、限制出口和限制金融等三种选择。

限制进口是指通过抬高本国关税壁垒、实施惩罚性关税或者干脆关闭本国对指定商品的进口,使得对方产品难以进入本国市场。由于本国海关控制在自己手里,限制进口比较容易。限制进口可以削减对方的订单,打击对方就业,通过加大对方的失业率破坏其经济增长和政治稳定。

限制或者禁止向对方出口包括禁止向某些国家出口高科技产品、武器、某些原材料等。限制或禁止出口必须对本国企业实施管制,有可能干扰或损害本国企业的生产和供销,提高本国失业率。如果发起制裁的国家没有垄断地位,被制裁国可能转向其他方面取得这类商品或技术,最终,所谓的制裁并没有达到打击对方的目的,反而很有可能损伤了自己。

采取金融手段制裁意味着停止给对方财政援助或贷款,已经发放的贷款不再延期等。金融制裁对本国经济的损伤最小。前提条件是对方资金短缺,债台高筑。金融制裁绝对不能用来对付资金实力雄厚的国家,更不能用于债权国。

统计过去 100 年内发生过的经济制裁:如果只限制出口,成功率只有 17.9%。限制进口的成功率为 20%。同时限制进出口的成功率为 25%。如果将金融制裁和进出口制裁结合起来,成功率可以上升到 40.3%。总的来说,经济制裁的成功率在 35% 上下。在 1990—2000 年间美国单独发起的经济制裁的成功率只有 18.2%。[①]

12.2 经济制裁的代价

经济制裁是矛盾双方在经济、贸易上的较量。必然有一方主动挑战,而另一方被动应战。众所周知,国际贸易和国际金融能够促进商品、资金的流动,有利于优化资源配置,提高全球的福利。虽然参与交易的双方不能均等地分享国际贸易所带来的好处,但是,既然是自由贸易,双方一定都有好处,否则,其中的一方完全可以"自由"地退出贸易。经济制裁实际上是挑战方为了达到自己的诉求,主动退出了某些特定的交易,迫使应战方也不得不退出。毫无疑问,经济制裁必然引起对方的反制裁。挑战方和应战方都要付出代价。实际上,经济制裁是以自己的经济损失为代价来迫使对方也承受经济损失。倘若本方能够承受经济制裁的冲击,而冲击强度超过了对方承受的极限,迫使对方不得不俯首认输,从而达到经济制裁的目的。单从经济利益上来说,经济制裁损人不利己。只有非经济因素的考虑大大超过经济因素,经济制裁才会有其用武之地。

经济制裁的成本包括市场份额和市场价格两个方面。

从市场份额来说,在贸易战中挑战方和迎战方一样都要失去对方的市场份额。如果只有两方参与博弈,那么当经济制裁结束以后,双方仍然有可能收回暂时失去的那一部分份额。如果直接或间接参与博弈的还有其他国家,那么在经济制裁结束以后,市场份额将在全球范围内重新分配。在贸易战中失去的份额有可能一去不复返。

丢失市场份额意味着国内许多企业订单减少,不得不降低产量,关闭一些生产线,裁减员工,失业率上升,人民生活水平下降。而失业率上升必然引起国内民众不满,加重社会保障负担。

---

① 参见徐滇庆,《中国不怕》,社会科学文献出版社,2010 年,第 4、5、6 和 12 章。

从市场价格来说,在贸易战中,如果拒绝从对方进口,那么必然要转向从其他国家进口,其商品价格可能更高(否则早就从其他国家进口了)。也就是说,国内的消费者将被迫支付更多的钱来维持相同的消费水平。由于通货膨胀压力上升,削弱了民众购买力。与此同时,由于放弃了原有的出口渠道,为了打开新的市场必然要花费广告费用,增加各种营销成本,甚至不得不降低价格,使得出口的利润下降。

12.3 经济制裁的六条戒律

总结历史上200多次经济制裁可以得出六条基本"戒律"。

第一条戒律:不要制裁大国

经济制裁必然给挑战者和应战者都带来损失。是否发动经济制裁,关键取决于双方承受损失的能力。

孙子兵法说:"十则围之,五则攻之。"要取得经济制裁的成功,一定要先掂量一下,对方的经济规模有多大。经济制裁实质上就是围困对方。如果贸易战双方经济规模相差悬殊,己方的经济规模大于对方10倍以上,取得成功的把握就会比较大。

经济规模在经济制裁中起着决定性的作用。如果一个大国、强国制裁一个小国、弱国,经济制裁所带来的损失,对大国来说可能是九牛一毛,对小国则可能伤筋动骨、大伤元气。对于同样的经济损失,譬如1亿美元,对于海地这样的小国来说可能是一个很沉重的打击,但是对于一个像美国、俄罗斯、中国这样的大国来说,就算不上什么要紧的事情。由于国家大,人口众多,损失被分摊到每一个人头上就显得微不足道。显然,大国的承受能力要比小国强。大国制裁小国比较容易获得成功。如果挑战者的国内生产总值比应战者大上10倍甚至100倍,成功的概率就会比较高。

毫无疑问,如果大国和大国发生贸易战,双方都要付出相当高的成本。好比是在大海上航行的两条船,如果一艘5万吨的大船撞上了一艘50吨的小帆船,肯定帆船倒霉,大船只不过是挠挠痒痒,没事。如果另一艘船是1万吨,冲撞的结果就很难说了。1万吨的船损失严重,5万吨的船也很危险,说不定两艘船都要沉。

从双方经济规模来看,经济制裁可以分为三类:大国(或国际组织)制裁小国;大国(或国际组织)制裁大国;小国制裁小国。小国制裁大国的案例一个也没有。

小国之间的经济制裁有三例。1963—1966年印度尼西亚制裁马来西亚,1994—1995年希腊制裁马其顿,1994年希腊制裁阿尔巴尼亚。这些所谓的经济制裁无非是发泄愤怒,断绝交往,双方混战一场,并没有什么实质性的结果。

1965年美国制裁阿拉伯联盟,1973—1974年阿拉伯联盟反过来制裁美国。虽然阿拉伯联盟在经济规模上远不如美国,但是手中有石油有钱,双方相互制裁,闹腾一场,还得坐下来谈判,没有哪一方在经济制裁中达到目的。

大国制裁大国的案例共25起,只有1次成功,其余都失败了。

美国对中国实施经济制裁3次,前苏联经济制裁中国1次,全部失败。

美国和西方世界制裁俄罗斯(前苏联)9次,全部失败。

在第二次世界大战之前,国际社会经济制裁德国和日本,全部失败。

唯一成功的案例是1933年英国对苏联实施的经济制裁。导致经济制裁的理由是英国要求苏联释放两个被捕的英国人。也许斯大林觉得不值得为了这点鸡毛蒜皮的小事和英国人翻脸,就悄悄地把两个英国人放了。

经济制裁成功的案例几乎全部是以大制小,挑战方比应战方的经济规模大10倍以上。美国近来频频动用经济制裁,其制裁对象大部分是尼加拉瓜、津巴布韦、海地、索马里这样的小国。对于这些小经济体而言,贸易战导致的成本几乎是天文数字,而对于美国来说,无关紧要。

如果能够形成一个统一战线,最好是通过联合国这样的国际组织,许多国家一起行动,挑战方的经济规模就会更大。由于制裁带来的损失被大家分摊了,更加容易取得成功。例如,1990年由于伊拉克入侵科威特,联合国发起经济制裁,得道多助,伊拉克连气都喘不过来。可是,萨达姆并没有屈服于经济制裁,顽抗到底,最后还是军事行动把他赶下了台。

经济制裁最基本的戒律是:不要指望通过经济制裁大国而取得成功。

第二条戒律:制裁你的朋友

若要取得经济制裁成功,要牢记这条准则:只能制裁你的朋友,在绝大多数情况下,放过你的敌人,因为制裁不制裁都一样。

各国对外贸的依赖度不同,受到的冲击程度也不一样。如果一个国家基本处于闭关自守的状态,或者对外贸易在国民经济中的比重非常小,根本就谈不上什么经济制裁。如果一个国家和挑战国之间的经贸往来极少,那么即使完全断绝外贸联系也无所谓,经济制裁完全找不到着力点。

总结经济制裁取得成功的例子就可以发现,美国制裁它的朋友、盟友时最容易取得成功。例如美国制裁日本、韩国、中国台湾,或者制裁和美国有密切经贸联系的拉丁美洲国家,如巴西、萨尔瓦多等得心应手,轻而易举。这些国家或地区和美国的经贸联系甚多,甚至在长期以来形成了对美国市场的严重依赖。一旦决裂,对国民经济的冲击很大。

终止援助是最有效的经济制裁手段,只伤害应战国,而对挑战国几乎没有负面影响。对美国来说,主动停止援助,损失很小,可以狠下决心,坚决制裁。受援国如果不听话,就拿不到钱了。应战国在美国的压力下不得不屈服。在1956年由于苏伊士运河之争,美国制裁英国和法国,当时英国和法国在很大程度上依赖美国"马歇尔计划"的援助,不得不低头认输。

在冷战期间,敌对的两大阵营之间几乎没有什么经济往来,提出经济制裁岂非多此一举?朝鲜、伊朗等国和美国没有多少经贸往来,美国扬言实施经济制裁,对方毫不在乎,所谓经济制裁岂不是一句空话?

第三条戒律:泰山压顶,超过对方的承受能力

经济制裁的另一条基本戒律:别得罪人,要得罪人就得罪到底。攻其不备,出其不意,一次施压,务必超过对方的承受极限。

经济制裁一定要选择能够产生重大冲击的项目入手,击中要害。在贸易战中有些部位十分敏感,一旦受到损失,反应非常强烈,有些部位并不敏感,受些冲击也不要紧。对贸易战的承受能力取决于对失业率的敏感程度、受打击产业的集中程度、产业的应变能力、在贸易战中的监督成本以及在政治上的稳定程度。贸易战的结局往往取决于双方对损失的承受能力。谁先受不了,谁就会先回到谈判桌上来。

在 1954 年苏联要求澳大利亚遣返几名逃亡者,澳大利亚不予理睬,苏联宣布对澳大利亚实行经济制裁,拒绝购买澳大利亚的木材。苏联购买澳大利亚木材的数量并不大。对于澳大利亚来说,不买就不买,没有什么了不起。苏联扬言的所谓制裁没有击中要害,等于是一场儿戏。

从目前形势来看,好像只有美国还有可能发动针对中国的经济制裁。别看美国经济实力强大,拥有先进的科学技术,可是在假设的贸易战中,美国暴露出来的软肋或者说敏感部位比较多,对中国实施"精确"打击的难度很大。

毋庸置疑,贸易战将提高双方的失业率。如果中国和美国爆发贸易战,就看谁更能承受失业的压力。就算中美双方在贸易战中的损失是 10∶1,中国丢失 100 万个工作机会,而美国只丢掉 10 万个工作机会。按照一般兵家的说法,美国在贸易战中大获全胜。但是让我们看看这一后果对美中双方都意味着什么。

一旦发生贸易战,中国东南沿海地区的许多工厂将因失去订单而减产甚至关闭。必须指出,生产出口商品的主力是遍布各地的中小企业和合资企业。这些部门的工人本来就没有"铁饭碗"。如果在贸易战中农民工丢掉了好不容易才找到的工作,自然很伤心、气愤。没事干了,只好回家。目前,中国农村剩余劳动力超过 8 800 万,再加上 100 万,变化不大。农民工丢了工作回家之后和其他人一样,在经济上和心理上都比较容易接受。失业者很快就融入了农村的汪洋大海。由于尚未承诺向农民工支付失业保险,起码在短期内不会直接对中国政府的财政形成巨大的压力。

反之,如果在贸易战中美国的大公司丢了 10 万个工作岗位,美国政府必须马上向这 10 万工人发放失业救济金。这是一笔不小的开支。更何况美国各行业的工会绝对不会满足于失业救济,他们会要求补偿,使得美国政府的负担更加沉重。

在贸易战中出现的失业者分散在中国广大的地区,主要在农村。这些地方不是敏感部位。可是美国的失业者将集中在像波音、通用等几个大企业和小麦农场中。这些飞机公司、汽车公司的大老板和农场主们嗓门大、惹不起,他们必然会为了自己的利益而责问白宫,有什么理由要他们为这场贸易战付出重大代价?

产业的应变能力决定了敏感度。中国出口商品中初级产品和轻纺产品所占比重很大。如果爆发美中贸易战,这两个部门将受到严重的打击。可是,这两个部门都是劳力密集型产业,资金投入和技术要求不高,容易转产。丢失了美国的订单之后,可以转行生产别的东西或者转向别的国家出口。由于中国国内市场规模巨大,增长迅速,还可以吸收相当一部分产品。美国对中国出口的主要是飞机、电子设备等高技术产品和小麦等农产品。生产飞机的工厂绝对不可能生产玩具。如果不能出口中国就非减产不可,没有多大的回旋余地。

在贸易战中,美方的监督成本要远远高于中方。中国向美国出口的商品,例如家用电器、工具、衣服、鞋子、玩具等,五花八门,品种成千上万。其中许多是港商、台商以及外资企业独资或合资商品。小商品容易转产,其原产地很难鉴别和监督。美国政府一网下来可能会打到几条鱼,但是,漏网的小鱼小虾必定不少。可是,要鉴别波音飞机、美国小麦就太容易了,一打一个准,闭着眼睛也错不了。

另外,政治上的稳定程度在相当大的程度上决定了双方的承受能力。如果应战方国内已经是矛盾重重,处在不稳定的状态,那么,从外界稍稍施加些压力就有可能引起变化。如果应战方的政治结构十分稳定,经济制裁可能适得其反。在外来的压力面前,反而唤起了民族意识,加强了国内团结,增强了抵抗能力。别看美国某些议员老爷气壮如牛,喊得很凶,若真要开打贸易战,仔细算算,美国的承受能力未必强过中国,还是不打为妙。

第四条戒律:选择有限的目标

不要把经济制裁的目标定得太高。贪多嚼不烂。

经济制裁不是万能的。经济制裁只能达到有限的经济和政治目标。如果引起争执的题目不大,经济制裁比较容易达到目标。例如,1933年苏联的克格勃抓了两个英国公民,英国屡次抗议不果,扬言要实行经济制裁,苏联正面对着世界大战的威胁,整军备战,比较一下利弊得失,不声不响就把人放了。

如果经济制裁选择的目标是置对方于死地,这样的经济制裁很难达到预期目标。例如苏联在1948年制裁南斯拉夫,明摆着要铁托的命,铁托当然要抵抗到底了。其结果,斯大林什么好处也没有捞到。

第五条戒律:铁壁合围,结成统一战线

经济制裁就像围城一样,要围就得围个水泄不通,使守军弹尽粮绝,不得不降。半围半不围,还不如干脆不围。在发动经济制裁之前要好好盘算清楚,能不能断绝应战方的外援。为此,必须结成最广泛的统一战线,杜绝替代可能性。最好是请联合国通过一项法案,让世界各国都参加制裁。

当苏联在1948年开始经济制裁南斯拉夫的时候,南斯拉夫和苏联之间的进出口量占其贸易总额的50%左右。在经济制裁的初期,南斯拉夫的确遇到了许多困难。南斯拉夫声称在1948年到1954年期间,南斯拉夫由于苏联的经济制裁所造成的经济损失高达4亿美元。不过,苏联的经济制裁迫使南斯拉夫把贸易转向西方。到了1954年,南斯拉夫和西方贸易占了对外贸易额的80%。铁托从西方各国得到了更多的贸易信贷和援助。据一些西方经济学家的统计,在这段时间内,南斯拉夫"失于东墙,得之西隅",净收益1.87亿美元。苏联制裁南斯拉夫不仅没有达到预期的目的,反而帮了铁托的忙。

美国在1960年决定制裁古巴。按理说,以大凌小,像泰山压顶一般,没有不成功的道理。哪知道,"一报还一报",苏联伸了只手进来,古巴要什么就给什么,美国的经济制裁有名无实,拖到今天,没看到任何结果。

阿拉伯国家联合起来制裁以色列,可是美国却给了以色列大量的援助,从而化解了经济制裁的压力。阿拉伯世界对以色列的经济制裁只是徒有虚名。

通常挑起经济制裁的一方必须要好好考虑一下,是不是能够组成一条统一战线?这条统一战线可靠不可靠?如果久攻不下,帅老兵疲,统一战线有可能被瓦解,使得经济制裁难以为继。

第六条戒律:速战速决

只有在最短的时间内给对方以沉重的打击,在对方国内产生巨大的冲击,经济制裁才有可能产生效果。所以挑战方最好把所有的牌一次都打出去。"添油"式的战术不起作用。拖的时间越长,经济制裁的效果就越差。

如果经济制裁拖的时间太长,挑战方自己家里有可能出现反对的声音,反对的力量将逐渐积累起来,到了一定的程度,将使得经济制裁的计划落空。从以往经济制裁案例来看,凡是成功的制裁都是在几个月内解决问题,凡是拖的时间较长的经济制裁都失败了。

如果实施粮食制裁,必须在第二个收获期之前见效。对于应战国而言,只要能够坚持到第二个收获期就可以从容调整农业生产结构,扩大粮食播种面积,降低对进口粮食的依赖程度。尽管粮食制裁依然存在,人家已经能做到口粮自给自足,所谓粮食制裁不过徒具形式而已。

总而言之,可行的经济制裁方案是:选择那些和本国关系密切的弱国、小国作为经济制裁的对象;谨慎地选择有限的目标;结成最广泛的国际统一战线;加大制裁力度,击中要害;速战速决。

12.4 历史上荒诞的粮食制裁

在有史可考的200多起经济制裁当中,纯粹的粮食制裁并不多见。粮食制裁通常是全面经济制裁的一部分,很少单独使用。历史上最著名的粮食制裁案例是1980年美国对苏联的粮食制裁。

20世纪70年代末,苏联的计划经济体制陈旧僵硬,效率低下,几乎走到山穷水尽的地步。农业连年歉收,不得不大量进口粮食。1972年与1975年度,粮食净进口分别为2 100万吨与2 500万吨。1979—1980年度,由于农业歉收,苏联计划进口3 400万—3 700万吨粮食,其中从美国进口2 500万吨粮食,占当年粮食进口计划数量的70%左右。

勃列日涅夫集团不思改革,反而穷兵黩武,1979年12月24日派兵入侵阿

第 12 章　荒诞的粮食制裁

富汗,引起全世界一片抗议之声。美国总统吉米·卡特①于 1980 年 1 月 4 日宣布对苏联实施粮食禁运,中断 1700 万吨粮食贸易的出口合同。卡特政府预期禁运政策将对苏联的饲料供给及肉类生产造成破坏性影响,从而在苏联国内产生压力,迫使其从阿富汗撤军。

1980 年 1 月 12 日,加拿大、澳大利亚、欧盟等美国传统盟国纷纷表态,同意参与这次粮食禁运,并保证它们向苏联出口粮食不超过"正常和传统"水平。

实践证明,美国卡特政府过高估计了构筑粮食禁运统一战线的能力,忘记了世界经济的多元性。

阿根廷在禁运一开始就拒绝合作。尽管阿根廷在 1980 年遭灾歉收,由于苏联愿意支付较高的价格,阿根廷削减了对意大利、西班牙、日本、智利等国的出口,高价卖给苏联玉米、高粱等谷物 450 万吨,利润提高了 25%。②

虽然美国的盟国都表态参加对苏联的粮食制裁,不过,欧盟、加拿大、澳大利亚只承诺把向苏联出口的谷物维持在"正常和传统"的水平以下。这个水平究竟多高,概念很模糊。各国阳奉阴违,只要有利可图就绝不放弃任何一笔买卖。

澳大利亚在 1979—1980 年间向苏联出口谷物 430 万吨,其中一部分是在美国发起粮食禁运之后售出的。

欧盟在此期间向苏联出口 80 万吨粮食,同比增加四倍多。

加拿大在 1980 年 2 月向苏联追加销售 200 万吨粮食,在一年期间内销售粮食总量达到 350 万吨,远远超出过去三年的平均量。在 1980 年夏季,加拿大对苏联出口谷物增加到 500 万吨。同年 8 月加拿大与苏联签订每年出口 500 万吨粮食的协议。1980 年 11 月,由于美国与中国签订了长期粮食贸易协定,加拿大认为美国挖了自己的墙脚,气愤之余宣布再增加向苏联出口粮食

---

①　吉米·卡特于 1977—1981 年担任美国总统。在任期内实现了中美关系正常化,将巴拿马运河管理权交还巴拿马。他推动中东和谈,访问古巴,曾获得联合国人权奖。卸任之后依然在全世界奔走调停,争取和平。

②　参见 Paarlberg, R. (2000), "The Weak Link Between World Food Markets and World Food Security", *Food Policy*, Volume 25, Issue 3, June, p.153。

210万吨。从1980年6月到1981年6月,加拿大向苏联出口谷物达680万吨。

卡特政府号召各国制裁苏联,可是盟国在利益驱使下各行其是,美国政府无可奈何,只好睁只眼,闭只眼,原本脆弱的统一战线很快就分崩离析。

卡特政府切断了美国商人直接向苏联出口小麦的渠道,却给国际粮食贸易集团提供了难得的商机。它们通过第三国将粮食转口卖给苏联,从中牟取暴利。其中,西班牙、瑞典和泰国的贸易公司表现尤为积极,获利甚厚。美国人自己也不甘落后,美国最大的几家粮商在海外都有分公司,这些分公司很快就变成了转运站。粮商们以商业秘密为由,绕过各级政府监管部门,将谷物"泄漏"出境,去向不明。据估计,流出的谷物高达500万吨。东欧各国原计划在1980年从美国进口1 600万吨粮食,禁运开始之后,它们进口谷物骤然上升到1 800多万吨。其中相当一部分被转运去了苏联。美国政府要求所有的粮商申报出口谷物的目的地,却没有办法检查在到达目的地之后是否被转运,更没有办法监督转运粮食的去向。美国监管部门哀叹,只要商船一离开大湖区(The Great Lake)就没有办法监管。[①] 砍头的买卖有人做,赔本的生意没人干。正是这些粮商把卡特禁运的城墙挖开一个大洞,使得粮食禁运徒具虚名。如何监督、制止和惩罚这些中间商?美国的法律管不了那么宽,更没有办法关闭国际粮食市场。按下葫芦浮起瓢,弄得美国政府很恼火。

最要命的是,粮食禁运直接打击了美国自己的农场主。美国政府突然下达粮食出口禁令,农场主手中的小麦卖给谁?于是农场主联合起来,要求政府给予补偿。美国政府只好花费22亿美元收购农场主无法销售的1 700万吨粮食。由于粮仓的容积又不够,打下来的粮食没有地方保存,损失难以避免,只好千方百计推销。结果,许多粮食落入投机商手中,通过各种渠道流出。明知道其中有一部分最终流去苏联,可是,没有人愿意认真查处。绝大部分禁运的谷物在1980年夏季就都售出了。

在冷战环境下,苏联的意识形态宣传扭曲了真相,苏联老百姓没有获得外

---

① 参见 Gilmore, R. (1982), *A Poor Harvest—The Clash of Policies and Interests in the Grain Trade*, Longman, New York and London, p.171.

部信息的渠道,没有形成来自民众的压力。在计划经济体制下,苏联国内粮价受到政府直接控制。西方的粮食禁运丝毫没有改变苏联的粮食价格,没有直接冲击一般民众的日常生活。

卡特政府的粮食禁运声势浩大,却扑了一场空。卡特总统的顾问们预测粮食禁运会使苏联肉类消费下降20%,可是,苏联1980年粮食进口高达3 120万吨,饲料供给率仅下降2%,对肉类消费并没有产生显著影响。苏联对美国发起的粮食制裁毫不在乎,继续在阿富汗大打出手。

在1980年大选中,美国共和党的里根猛烈抨击卡特政府的粮食制裁政策,他的理由很有说服力:粮食禁运对苏联这样的大国根本不起作用,反而严重损伤了美国农场主的利益。里根许诺一旦当选就结束粮食禁运。毫无疑问,大量美国农民的选票转向里根,最终让卡特丢掉了白宫宝座。1981年4月,里根入主白宫,几个月后便宣布解除禁运,终结了这次历史上规模最大的、历时16个月的粮食贸易战。①

在粮食禁运中,美国农场主吃了亏,他们吵得地覆天翻,要求美国政府赔偿损失。里根当然不愿意掏钱来为民主党政府买单。许多国会议员为了给自己拉选票纷纷给农场主撑腰代言。为了安抚农场主,美国国会在1981年12月通过一项立法:如果再一次发生粮食禁运,政府必须赔偿农民的经济损失。② 同时修订《期货贸易法》,明确规定即使发起粮食制裁也必须执行在此之前270天内签订的粮食购销合同。也就是说,如果签了粮食合同,就必须执行。粮食制裁只能管下一年的交易。对于农场主来说,只要他们签了合同,就可以放心种植、收获、销售。政府无权废掉他们手中的合同,只不过要求他们下一年就别和被制裁的对象再签合同了。这两项立法基本废掉了粮食制裁的武功。美国政府如果要动用粮食制裁,首先要考虑支付给农民多少赔偿金。

---

① 卢锋的文章"我国粮食贸易政策调整与粮食禁运风险评价",1997年8月,对俄罗斯遭遇的粮食制裁进行了很有说服力的分析。

② 如何计算农民的损失?光这个问题打起官司来,其费用就非常可观。在发展中国家高度分散的农民往往是弱势群体。可是美国农场主协会却是一个非常强势的组织,对广大农户具有很强的号召力,在选举中谁都不敢忽视他们能动员的选票。

其次,即使下决心执行粮食制裁,也要等到下一年才有效。这就完全勾销了粮食制裁突然袭击的可能,给对方提供了相当长的喘息时间,可以从容安排对策,化解粮食制裁的压力。

非常具有讽刺意味的是,在1980年苏联是被制裁国,可是,在数年之后苏联又掉过头来制裁别人。在1989年为了阻止立陶宛独立,苏联宣布实行粮食禁运。立陶宛毫不在乎,直接从欧洲进口一些粮食就解决了问题。

如果要成功地实行粮食制裁,首先就需要把全球粮食的来源都控制起来,说禁运就全面禁运,一颗粮食也不卖。不过,这样的粮食禁运联盟还从来没有出现过。

正如Gilmore(1982)所总结的:"大量证据表明,使用食物武器的努力更可能危害而不是培植美国的利益。历史已证明,食物武器更能对其使用者而不是其目标对象造成伤害。……食物武器已被验证为无效的武器。"[1]

即使发生贸易战,也不一定包括粮食禁运在内。

12.5 粮食制裁的焦点是口粮

粮食安全的核心是口粮安全。在粮食制裁中双方较量的焦点是口粮。因此,在研究粮食安全的时候,重点在于是否在任何时候、任何情况下都能够保证口粮供给。

对于一个大量进口粮食的国家来说,要分清进口粮食的用途:口粮和饲料各占多大百分比?如果口粮占的百分比很高,对于外部粮食制裁就会比较敏感。如果饲料占的百分比较高,对外部粮食制裁就不那么敏感。

如果饲料供应不足,必然导致肉类、奶类和水产品减产,经过一段时间之后,影响人们的饮食结构。与此同时,市场会传递出一个警告信号:敦促人们在口粮短缺之前采取相应对策。虽然减少副食品供应也会让民众产生不满,

---

[1] Gilmore, R. (1982), *A Poor Harvest—The Clash of Policies and Interests in the Grain Trade*, Longman, New York and London.

但是其冲击强度远远赶不上减少口粮供应。饥饿对民众的影响要比减少肉类、禽蛋、鱼虾消费更直接,更强烈。对贸易战的研究表明:禁止饲料交易做不到速战速决,而冲击口粮供应链更容易破坏对方的社会稳定。在紧急情况下,进口饲料要比进口口粮更有把握。历史上还没有出现过禁止出售饲料的贸易战案例。显然,如果贸易战的挑战国限制饲料交易,倒霉的往往是它们自己。①

大豆在榨油之后被用作饲料。豆粕作为优质饲料能够有效地提高家畜、水产品的产量和质量。尽管大豆的用途很广,可是在粮食制裁中禁止大豆交易却没有很大的威慑力,无非迫使对方少养一些家畜和水产品,不会直接造成饥饿。显而易见,如果粮食制裁的挑战方指望通过削减大豆交易量来压服对方,很可能劳而无功。②

工业用粮的敏感程度比饲料更差。

工业用粮大约占粮食总量的10.9%。由于制药、化工、酿酒等工业的发展,对玉米等农产品的需求量明显增加,中国工业用粮,"九五"期间年均增长3.5%,"十五"期间年均增长5%。2005/2006年度,谷物(大米、小麦、玉米)的工业消费总量为3074万吨,2006年上升为3718万吨,年增长21%。2007/2008年度达到4221万吨,增长13.5%。其中,用于生产乙醇和淀粉的玉米消费量迅速增长,2004年为1250万吨,2007年为3500万吨,4年间增长了1.8倍。2007/2008年度用于工业用途的玉米达到3650万吨。③

对于国计民生来说,口粮比工业用粮更重要。在遭遇粮食制裁之后,应战国必然会相应减少工业用粮的数量,将一部分工业用粮转移为口粮。

---

① 日本、韩国、中国台湾大量进口饲料,却保持很高的大米自给程度。这种安排在很大程度上就是考虑到两种不同的需求弹性。
② 参见徐滇庆、李昕《经济命脉系三农》一书第5章关于大豆贸易的分析。
③ 2007年中国玉米总产量为15 230万吨,工业用途消耗占24%。参见尹成杰,《粮安天下:全球粮食危机与中国粮食安全》,中国经济出版社,2009年,第292页。

12.6　中国遭遇粮食制裁的概率

群体思维具有超强的惯性。

早在20世纪,全球性的冷战就已经结束了,可是,50多年冷战所形成的思维模式却保持着巨大的惯性。不仅是一些美国议员动不动就按照冷战思维模式妖魔化中国,国内的一些人也时常拿阴谋论来解释国际关系。美国有些人动不动就吆喝要经济制裁中国。中国有些人提心吊胆,生怕明天就爆发一场贸易战。在20世纪的大饥荒以后,中国人有一种"集体饥饿恐惧",许多人特别担心一旦遭遇粮食制裁又要饿肚子。

在任何情况下都不要说中国绝对不会遭遇粮食制裁。世界上总有一些像希特勒、东条英机那样的疯子,不自量力,不按规矩办事。因此,一定要把口粮供给的主动权牢牢地把握在自己手中。不过,平心而论,在可预见的未来,中国遭遇外部粮食制裁的概率不大。退一万步说,假若爆发针对中国的粮食制裁,挑起贸易战的只能是美国。

中国的谷物自给率很高。2012年中国进口大米占国内总产量的1.6%,进口小麦占国内总产量的4.4%,进口玉米占总产量的3.6%。[①] 由于进口谷物占国内产量的比例很低,即使完全不进口谷物也不至于影响口粮安全。何况,中国进口谷物的来源多元化,不仅从美国进口谷物,还从加拿大、澳大利亚等国进口。倘若美国退出贸易,市场份额一定会转移给其他粮食出口国。美国农场主再傻也不会干这种蠢事。

在粮食制裁问题上,唯独大豆似乎还值得讨论。在2011年中国进口大豆5 245.3万吨,国内总产量1 448.5万吨(见表10-1),进口量是国内总产量的3.62倍。中国从美国进口大豆2 060万吨,占总进口量的39.3%(见表10-9)。有没有可能美国在大豆贸易上发难,实施粮食制裁?

从贸易战的六条戒律来讲,美国如果发动制裁中国的贸易战,禁止向中国

[①] 进口粮食数据来自《人民日报》,2013年2月3日。

出口大豆,就犯了兵家大忌,注定要失败。

第一,若要取得经济制裁胜利,挑战方的经济规模起码要比应战方大10倍。中国和美国的经济规模相差不到一倍,如果中国和美国爆发贸易战,就像两艘巨轮在海上相撞,无论大小,哪一艘船都吃不消。

实施经济制裁最基本的准则是不要制裁大国,特别是不要制裁和自身经济规模相差无几的大国。中国的经济规模居于世界第二。在历史上美国曾经先后三次经济制裁中国,三次都以失败告终。不过,美国有些人自我感觉特别好,总以为自己是唯一的超级大国,动不动就扬言要制裁中国。有位美国官员说:如果爆发美中贸易战,中国肯定是输家。[①] 他的话没有错。倘若丢失美国市场,中国肯定损失惨重。不知道为什么这位先生却没有提到,美国在这场贸易战中也将是一个大输家,很可能比中国输得更惨。

第二,美国市场对中国来说非常重要,但是远远没有达到致命的依赖程度。2008年美国和中国的货物进出口总额3 337亿美元,中美贸易只占中国进出口总额25 616亿美元的13%,和美国的盟国,例如日本、韩国相比,中国对美国市场的依赖程度并不高。近年来,中国对外贸易实现分散化、多元化,进一步降低了对美国市场的依赖度。

第三,很难组成制裁中国的统一战线。若要制裁一个大国,必须要结成广泛的统一战线。中国是联合国安理会常任理事国,具有一票否决权。想让联合国通过经济制裁中国的决议岂不是白日做梦?中国和大部分发展中国家保持良好的双边关系,相互支援帮助,想离间中国和发展中国家之间的关系绝非易事。

其实,即使美国的盟友也未必愿意跟在美国后边和中国作对。美国和中国的经济结构有着巨大的差别,两国在产业结构上互补多于竞争。美国在技术密集型和资本密集型产品上有很强的比较优势,中国在劳动密集型产品上具有比较优势。中国刚刚开始制造大飞机,在短期之内没有能力和美国竞争;但是美国人要生产鞋子、玩具,肯定不是中国企业的对手。欧洲、日本的经济

---

① 参见美国商务部副部长艾森斯达于1996年5月16日在美国国会的讲话。

结构和美国比较相似,竞争性大于互补性。在经济上美国人真正的竞争对手不是中国,而是欧洲和日本。如果美国要制裁中国,欧洲、日本会不会合作?很难说。即使在开始的时候勉强搞个联盟,要不了多久就会各怀鬼胎,分道扬镳。西欧、日本在不景气中已经挣扎了好几年,巴不得获得更大的市场。如果美国拒绝向中国出售波音飞机,欧洲马上就会把空中客车(Air Bus)送上门来。美国政府能不能禁止欧洲和中国做生意?想都别想。如果让欧洲和日本取得了中国这块巨大的市场,美国经济必然在竞争中处于劣势,逐渐丧失世界经济中的龙头地位。在前两次世界大战中,美国人远离战场,发了大财。现在,美国人再笨也不会把自己陷在贸易战中而把生意送给别人。

第四,中国的承受能力特别强,稳定程度非常高。中国在历史上受过美国的经济制裁,也受过苏联的经济制裁,磨练出了超强的承受能力。在1950年,中国一穷二白,几乎什么都没有,面对美国的经济封锁,中国关起门来,自力更生,建设了一套独立自主的经济体系。至今中国经济依然具有很强的自我调整能力。

中国和美国的政治体制很不一样。美国有民主党和共和党两党制约。如果民主党惹了祸,客观上就帮助了共和党。"你方唱罢我登台。"如果美国发动对中国的贸易战,只要丢掉十万个工作机会,奥巴马就很难在白宫住下去了。试想,如果贸易战开打了,就算中国丢掉一百万个工作机会,北京的政府班子会有什么变化吗?

第五,如果美国一意孤行,禁止中国商品进口美国,必然大大提高国内价格水平,损害美国消费者的利益。例如,中国生产的折叠伞在美国"廉价商店"中只卖一美元。如果美国拒绝进口中国雨伞,就只好进口印度生产的雨伞。由于印度生产一把雨伞的成本比中国几乎贵一倍,拿到美国来卖,售价至少要增加50%。[①] 制裁中国的结果是美国人需要多花不少钱,却得不到就业机会。这样损人不利己的事情,还是别干为妙。

[①] 中国生产雨伞的平均成本只有0.37美元。尽管中国平均工资比印度高2.2倍,可是劳动生产率高3—4倍,因此,中国生产雨伞的平均成本低于印度。参见徐滇庆等,《终结贫穷之路》,机械工业出版社,2009年。

第六,发动对中国的经济制裁能不能速战速决?绝无可能。美国在1950年、1989年和1991年先后三次发动针对中国的经济制裁。特别是1991年针对武器扩散对中国实施经济制裁,有谁知道这次制裁是在什么时候启动、什么时候终止的?经济制裁中国往往有始无终。拖到最后,不了了之,压根就谈不上什么速战速决。

在总体上说,如果美国发起针对中国的经济制裁,只能搬起石头砸自己的脚。如果单单就大豆贸易制裁中国,更是荒唐。

中国进口大豆主要来自美国、巴西和阿根廷三个国家。美国位于北半球,巴西和阿根廷位于南半球。美国和巴西、阿根廷的收获季节恰好相反。中国每年6月到11月主要从南美进口大豆,从11月到第二年5月主要从美国进口。在美国和巴西、阿根廷之间并不是简单的竞争关系,而是很明显的互补关系。大豆主要出口国(美国、阿根廷、巴西等)之间几乎不可能达成联合禁运的协议。它们之间的商业利益竞争和冲突要远远大于和中国之间的矛盾。如果美国单方面撕毁订购合同,那么订单的一部分将转移到南美。它们在下个生产周期将增加大豆生产,还有一部分订单将转移到其他北半球国家,像加拿大、俄罗斯都很希望获得更多的合同。更何况,按照美国法律,粮食制裁法令只能在270天后生效。当年生产的大豆照卖不误。如果第二年不签合同,毫无关系,排队等着和中国签合同的国家还多着呢!顾客就是上帝。兜里揣着钱还怕找不到商家吗?发动大豆禁运的人遇到的麻烦要远远大过中国。从切身利益考虑,即使美国发起对中国的粮食制裁,他们也不会禁止大豆出口。

就算突然中断大豆贸易,是谁倒霉?如果第二年不能续签购买大豆的合同,中国农民无非把种植经济作物的农田还原,再种大豆就是了。真正损失惨重的不是中国农民,而是毁约的外国农场主。美国、巴西、阿根廷之所以在近年来大幅度增加大豆产量,全靠中国的订单。世界上没有任何一个国家能够消化掉这么多大豆。生产了大豆,不卖给中国,卖给谁?在任何情况下,只要中国下了大豆订单,就一定能够如期获得预订的大豆。倘若这些国家毁约,要按照贸易惯例支付赔偿金,更为严重的是,撕毁和中国的合同之后,大豆必然供过于求，价格急剧下跌，粮农遭受严重损失。如果卖不出去的大豆压在仓库中，这些国家的农民就会不停地施加压力，要求政府赔偿损失。各国粮商必然会利用这个机会廉价收购，千方百计转运到中国。其实美国人也很清楚，无论采取什么措施，只要大豆生产出来，就无法阻止其流向中国。

极而言之，假定中国真的不能进口大豆，渔民将减少大虾饲养量，减少大虾出口。其结果是国际市场上大虾价格猛涨。大虾会从许多美国家庭的餐桌上消失。受到损害的是美国的普通消费者。

非常清楚，大豆市场是买方市场，作为最大的顾客，中国掌握着很大的主动权，进退空间很大。如果出现大豆制裁，谁怕谁？完全用不着杯弓蛇影，过度忧虑。

第 13 章

进口粮食,调整农业生产结构

13.1 确保口粮绝对安全

2014年中央一号文件指出:"任何时候都不能放松国内粮食生产,严守耕地保护红线,划定永久基本农田,不断提升农业综合生产能力,确保谷物基本自给、口粮绝对安全。"文件非常清楚地区分了粮食、谷物和口粮,为主动调整农业生产结构提供了行动准则。

粮食安全可分三个层次:核心是口粮(包括种子),外围是饲料,最外围是工业用粮(如造酒、燃料乙醇、淀粉等)。

无论从哪个角度来看,保障粮食安全,关键是口粮。中国人主要吃米饭和面点。在口粮中稻谷占58.52%,小麦占33.51%。仅稻谷和小麦就占口粮的90%多,玉米占口粮的7.05%,大豆占口粮的0.93%(见表8-13)。保证口粮安全,要害在于要保证稻谷、小麦的自给率必须高于95%。由于玉米和大豆在口粮中所占比重很小,只要国内生产一定数量的大豆和玉米就可以做到口粮绝对安全。只要能够做到谷物完全自给,也就做到了口粮基本自给,就可以保证粮食供应的主动权,在任何时候都不会受制于人。

对于外围的饲料供应,可以有较大的灵活性。玉米是饲料的主力军,占整个饲料消费量的75.33%,稻谷占饲料消费的10.81%,大豆占8.23%(见表8-13)。在保证口粮供给的前提下完全可以依靠国际贸易,进口一些饲料,扬长补短,提高经济效益。具体进口数量可以根据市场价格确定。

在谷物中除了稻谷、小麦之外还有玉米。大量玉米被用于饲料和工业用粮。因此,谷物的自给率可以稍低一些。谷物基本自给意味着谷物自给率在 90% 上下就可以了。

对于最外围的工业用粮则完全可以按照一般商品交易的原则,按照市场价格通过国际市场互通有无。只要市场价格合适,尽管扩大进口的数量。

如果笼统地强调粮食安全,不区分口粮、饲料和工业用粮,采取"一刀切"的方式,闭关自守,不利于中国的利益,尤其不利于农民。

13.2 播种面积的优化配置

在 2001 年,稻谷的播种面积最多(43 219 万亩),小麦次之(36 996 万亩),玉米排名第三(36 423 万亩)。在 2002 年玉米的播种面积(36 951 万亩)超过了小麦(35 862 万亩),跃居第二。在 2007 年玉米的播种面积(44 216 万亩)超过稻谷(43 378 万亩),跃居第一。在 2011 年玉米的播种面积(50 313 万亩)比位居第二的稻谷(45 086 万亩)多出来 5 227 万亩。从 1991 年到 2011 年,在这 20 年内,稻谷的播种面积减少了 3 799 万亩,小麦的播种面积减少了 10 016 万亩,唯独玉米的播种面积逆势而上,增加了 17 592 万亩。

谷物播种面积占全部耕地的比例从 1995 年的 59.6% 下降为 2011 年的 56.08%。其中,稻谷从 1995 年的 20.51% 下降为 2011 年的 18.52%,下降了 1.9 个百分点。小麦从 1995 年的 19.26% 下降为 2011 年的 14.96%,下降了 4.3 个百分点。玉米播种面积所占的比例非但没有下降反而从 1995 年的 15.2% 上升为 2011 年的 20.67%,上升了 5.5 个百分点(见表 13-1)。这说明,由于稻谷和小麦单产上升,口粮的压力有所减轻。可是,饲料和工业用粮的需求持续上升,导致玉米的播种面积也随之上升。

表 13-1 主要农作物种植结构　　　　　（单位:%）

	1995年	2000年	2005年	2010年	2011年	2012年
总播种面积	100.00	100.00	100.00	100.00	100.00	100.00
粮食作物	73.43	69.39	67.07	68.38	68.14	68.05
谷物	59.59	54.55	52.66	55.92	56.08	56.67
稻谷	20.51	19.17	18.55	18.59	18.52	18.44
小麦	19.26	17.05	14.66	15.10	14.96	14.85
玉米	15.20	14.75	16.95	20.23	20.67	21.44
谷子	1.02	0.80	0.55	0.50	0.46	0.45
高粱	0.81	0.57	0.37	0.34	0.31	0.38
其他谷物	2.80	2.21	1.58	1.16	1.17	1.11
豆类	7.49	8.10	8.30	7.02	6.56	5.94
薯类	6.35	6.74	6.11	5.45	5.49	5.44
油料作物	8.74	9.85	9.21	8.64	8.54	8.52
花生	2.54	3.11	3.00	2.82	2.82	2.84
油菜籽	4.61	4.79	4.68	4.59	4.53	4.55
芝麻	0.43	0.50	0.38	0.28	0.27	0.27
胡麻籽	0.41	0.32	0.26	0.20	0.20	0.19
向日葵	0.54	0.79	0.66	0.61	0.58	0.54
棉花	3.62	2.59	3.26	3.02	3.10	2.87
麻类	0.25	0.17	0.22	0.08	0.07	0.06
糖料	1.21	0.97	1.01	1.19	1.20	1.24
烟叶	0.98	0.92	0.88	0.84	0.90	0.98
药材	0.19	0.43	0.78	0.77	0.85	0.95
蔬菜、瓜类	7.08	11.06	12.82	13.31	13.57	13.93
其他农作物	4.49	4.70	4.78	3.76	3.62	3.39

资料来源:《中国统计年鉴》,2013年,表13-14。

在1995年到2011年期间,油料、棉花、糖类作物的播种面积变化不大。烟叶、麻类的播种面积有所减少。药材和瓜果的播种面积急剧增加。显然,在价格机制的指导下,农民为了增加收入,在确保口粮的基础上改变农作物的播种面积以实现耕地资源的优化配置。

毫无疑问,市场机制指导、推动了中国农业生产结构的变化。这是合理的选择。问题在于,有没有必要不断地增加饲料和工业用粮产量?换言之,能不能通过进口玉米、大豆来满足国内对饲料和工业用粮的需求,而腾出土地来用于工业和城镇化建设或者实现土地轮作,保护生态环境?

13.3 永久基本农田的数量

在2014年中央一号文件中首次提出了永久基本农田的概念。这是一个很重要的制度创新。严守耕地红线不能泛泛而谈,核心在于确保口粮供给。永久基本农田就是在耕地中专门划出来一部分用来保证口粮生产,也就是专业化的口粮生产基地。究竟需要多少永久基本农田?可以参考近年来口粮所需的播种面积。

从用途来说,无论是稻谷、小麦、玉米还是大豆都包括口粮、饲料和工业用粮。不过,三种主要用途所占的比例不同,历年的播种面积也不一样(见表13-2至表13-5)。

表13-2 稻谷播种面积分类　　　　　　　　　　　　(单位:万亩)

年份	稻谷播种面积	口粮面积	饲料面积	工业用粮面积
2001	43 218	37 297	5 402	519
2002	42 303	36 677	5 076	550
2003	39 762	35 150	4 016	596
2004	42 569	38 312	3 661	596
2005	43 271	39 636	2 986	649
2006	43 407	39 066	3 690	651
2007	43 379	39 041	3 687	607
2008	43 862	38 510	4 693	614
2009	44 441	38 752	4 977	755
2010	44 810	39 074	5 019	762
2011	45 086	39 315	5 050	766

资料来源:《中国农业发展报告,2012》,表12,按照本书表8-3稻谷用途分配播种面积。

表 13-3　小麦播种面积分类　　　　　　（单位:万亩）

年份	小麦播种面积	口粮面积	饲料面积	工业用粮面积
2001	36 996	32 076	1 961	2 923
2002	35 862	31 666	1 363	2 833
2003	32 996	29 234	1 089	2 673
2004	32 439	27 995	1 752	2 660
2005	34 190	29 061	2 120	3 009
2006	35 420	30 000	2 090	3 329
2007	35 582	30 315	1 601	3 665
2008	35 426	29 616	2 055	3 755
2009	36 437	28 202	4 737	3 498
2010	36 386	29 036	3 784	3 566
2011	36 405	30 143	2 403	3 859

资料来源:《中国农业发展报告,2012》,表 13,按照本书表 8-5 小麦用途分配播种面积。

表 13-4　玉米播种面积分类　　　　　　（单位:万亩）

年份	玉米播种面积	口粮面积	饲料面积	工业用粮面积
2001	36 423	3 970	28 155	4 298
2002	36 951	3 954	27 602	5 395
2003	36 098	3 646	25 593	6 859
2004	38 169	3 626	25 039	9 504
2005	39 537	3 637	24 592	11 308
2006	42 695	3 800	26 001	12 894
2007	44 217	3 626	26 884	13 707
2008	44 796	3 673	27 146	13 976
2009	46 775	3 836	29 141	13 798
2010	48 750	3 705	31 298	13 748
2011	50 313	3 874	32 150	14 289

资料来源:《中国农业发展报告,2012》,表 14,按照本书表 8-7 玉米用途分配播种面积。

表 13-5　大豆播种面积分类　　　　　　　　　　（单位：万亩）

年份	大豆播种面积	口粮面积	饲料面积	工业用粮面积
2001	14 223	3 129	1 252	9 842
2002	13 080	2 590	811	9 679
2003	13 970	2 417	1 104	10 449
2004	14 384	2 388	1 323	10 673
2005	14 387	2 287	1 021	11 078
2006	13 920	2 046	988	10 872
2007	13 131	1 917	499	10 728
2008	13 691	1 698	438	11 555
2009	13 785	1 640	538	11 621
2010	12 774	1 520	498	10 768
2011	11 834	1 408	462	9 976

资料来源：《中国农业发展报告，2012》，表 15，按照本书表 8-9 大豆用途分配播种面积。

根据 2011 年数据，稻谷、小麦、玉米和大豆的总播种面积为 14.36 亿亩。其中，口粮播种面积为 7.47 亿亩，饲料播种面积为 4.01 亿亩，工业用粮播种面积为 2.89 亿亩（见表 13-6）。

表 13-6　口粮、饲料和工业用粮的播种面积（2011 年）　　（单位：万亩）

	总播种面积	口粮播种面积	饲料播种面积	工业用粮播种面积
稻谷	45 086	39 315	5 050	766
小麦	36 405	30 143	2 403	3 859
玉米	50 313	3 874	32 150	14 289
大豆	11 834	1 408	462	9 976
合计	143 637	74 740	40 064	28 890

资料来源：根据《中国农业发展报告，2012》，表 5 计算。

为了保证口粮绝对自给，要保证至少有 7.474 亿亩农田用作口粮生产基地。

由于南方气候温暖，雨水充沛，许多地方的耕地每年种植两茬以上。播种面积等于耕地面积乘以复种系数。从全国历年的平均数来看，播种面积大约为耕地面积的 1.3—1.5 倍。在 2011 年直接用于生产口粮的耕地面积大约为

5亿—6亿亩。考虑到天有不测风云,粮食生产有增有减,为了保险起见,要留有余地。如果在全国的重点产量区划定7.5亿亩作为永久基本农田用来种植稻谷和小麦,考虑到复种的因素,基本上可以保证即使在遭遇较严重的天灾情况下口粮播种面积也大于7.5亿亩。

第二次全国土地调查表明,耕地总量为20.3亿亩。保证中国口粮供给所需的耕地仅7.5亿亩,还不到总数的一半。完全可以挑选一些耕作和灌溉条件比较好的地块作为专业化的口粮生产基地。通过立法确定这些耕地为永久基本农田。不仅要严格立法,还要在财政、金融、税收、农机、科技等多方面扶持口粮生产基地。严格禁止将永久基本农田转为他用。永久基本农田可以相对集中在一些产量大省和地区。为了提高劳动生产效率,更好地使用农业机械,可以逐步将耕地集中给种田能手,以合作社的形式使用永久基本农田。要进一步淡化这些耕地的使用权,保证土地使用状态长期不变。

显然,成片监管这些相对集中的永久基本农田要比普遍监管所有耕地容易得多,也更为有效。

13.4 主动调整农业生产结构

一谈到增加粮食进口,就有人担心是否会影响到口粮安全。凡事都有一个量的概念。过犹不及,有备无患。只要把总量控制在一定程度,进口粮食不仅不会威胁口粮安全,还有利于改善资源配置,提高人民福祉。在全国20亿亩耕地中扣除了7.5亿亩永久基本农田之后,其余的耕地可以根据国内外粮食市场的供求关系适当地调整农业生产结构。在保证100%的口粮自给率之后,有可能多进口一些玉米和大豆,降低谷物自给率和广义的粮食自给率。

调整农业生产结构是我们主动的选择,绝对不是在天灾或外部冲击下被动的应对。从粮食战略上来讲,是进攻而不是防御,更不是退却。无论如何调整,都要深思熟虑,反复论证,谋定而后动,在任何情况下都保持在可控状态,绝对不损害国家的口粮安全。

主动调整农业生产结构可以优化土地资源配置,适应经济社会发展的需要。在讨论中国的粮食安全时必须充分考虑国情：中国人均资源短缺。人均耕地仅为世界平均水平的40%。宜居土地只有陆地总面积的19%。人均淡水资源只有世界平均水平的25%。由于人口继续增长，粮食需求量持续上升，如果过度利用土地，过度施肥，有可能破坏生态系统，造成严重的水土流失和地力下降，土地污染和水资源污染日趋严重。如果能够将一部分土地轮作、撂荒，减轻农业对环境的压力，将有助于恢复生态平衡，有益于子孙后代的长期发展。

恰如宁高宁在中国粮食安全高峰论坛上所说："把粮食安全定义在一个什么样的定义和百分比上？有人讲95%、90%、80%。品种不同，时间不同，结果是不一样的。但有一条是一样的，那就是我们不应该这么严格地百分之百地用自己的资源。中国是不需要这样的。长远来讲，这对民族的生态环境有一个非常好的影响。"[①]

其实，进口工业用粮和进口能源、工业原材料在本质上区别不大。即使是世界上自然资源非常充沛的国家也少不了进口一些原材料。各国之间互通有无，取长补短，互助互利。虽然还有人试图通过贸易战来卡住对方的命脉，压迫别人服从自己的意志，可是贸易战不得人心，成功的概率越来越小。理论和实践都已经证明，对中国这样的大国发起贸易战，取胜的概率几乎等于零。虽然中国和欧美的贸易摩擦不断，但是爆发全面贸易战的可能性并不大。[②] 近年来，中国石油对外依存度已经高达58%，铁矿石的对外依存度为54%，显然，切断原油、铁矿石的供给线对于中国的冲击绝对不会低于进口工业用粮。世界上高度依赖海外资源的国家很多，不是都活得挺好？用不着疑神疑鬼、庸人自扰。和平、发展是当今世界的主流，我们完全有可能抓住有利的时机，扩大粮食进口，从而加速经济建设，增强国力。说到底，扩大粮食进口并没有放弃一亩地，只不过目前不种或少种一些饲料和工业用粮。如果外部形势变了，没有什么了不起，在撂荒的地上再度播种就是了。

---

① 参见《财经》，2013年12月9日。
② 参见本书第11章关于粮食制裁的论述。

13.5 相对价格决定是否进口

从经济角度来讲,和那些粮食出口国相比,中国的土地密集型农产品(如大豆、大麦等)没有比较优势,而劳动力密集型农产品和有些技术密集型农产品具有明显的比较优势。土地稀缺是不可改变的现状,只要有可能,农民就应当减少土地密集型作物的播种面积,而将宝贵的土地资源转向劳动力密集型作物,多种一些产量、利润都比较高的粮食作物和经济作物。

是否进口粮食取决于国内和国际粮价。如果国际粮价低于国内,进口粮食对我们有利。如果国际粮价高于国内,在一般情况下,粮食贸易将导致亏损,需要慎重考虑。除非国家出于保护土地和环境的考虑给予补贴,否则这样的买卖是做不下去的。

无论国内还是国际市场,粮价都在波动变化。总的来说,在1991年到2011年的31年中,稻谷的国际平均价格大约为国内价格的87%,小麦的国际平均价格是国内价格的85%,玉米的国际价格是国内价格的65%,大豆的国际价格是国内价格的68%。人们常常认为稻谷的国内价格低于国际市场,其实,只有2007—2009年这三年国内稻谷价格低于国际市场,其余年份国内稻谷价格都高于国际市场。

在2007年和2008年,由于主要产粮国遭遇旱灾,粮食减产,小麦价格暴涨。从1999年的每吨91美元上升为2007年的每吨238美元。国际市场的小麦价格超过了国内市场。但是这个趋势只延续了两年,在2009年国内小麦价格迅速上升,每吨270.9美元,国际市场价格却掉头向下,国际市场小麦价格大幅度下降了几乎40%,每吨仅179美元。小麦的国际市场价格再度高于国内价格。国际市场的小麦价格只有国内价格的66%。在随后几年内国际市场的小麦价格皆显著地低于国内市场价格。

玉米的国际市场价格一直低于国内价格。在1997年到2006年期间,国际市场的玉米价格只有国内价格的一半左右。近年来国际市场玉米价格有所上升,可是依然只有国内价格的75%左右。

国际市场的大豆价格远远低于国内市场,价差最大。2011年国际大豆价格仅仅为国内价格的54%。即使加上运费、税费,进口大豆依然具有显著的价格优势(见表13-7)。

表13-7 国际市场和国内市场粮食价格　　　　　　　　(单位:美元/吨)

年份	国内价格	国际价格	国际价格/国内价格	国内价格	国际价格	国际价格/国内价格
		稻谷			小麦	
1991	123.2	167.0	1.36	115.3	107.0	0.93
1992	120.0	130.0	1.08	122.8	119.0	0.97
1993	149.4	176.0	1.18	123.9	120.0	0.97
1994	147.6	149.0	1.01	126.0	127.0	1.01
1995	184.0	202.0	1.10	173.0	167.0	0.97
1996	384.9	212.0	0.55	189.8	175.0	0.92
1997	265.4	221.0	0.83	169.5	124.0	0.73
1998	277.8	196.0	0.71	148.4	97.0	0.65
1999	235.6	131.0	0.56	142.0	91.0	0.64
2000	205.4	124.0	0.60	118.3	96.0	0.81
2001	151.7	94.0	0.62	126.9	102.0	0.80
2002	140.9	99.0	0.70	127.6	131.0	1.03
2003	207.8	178.0	0.86	186.6	125.0	0.67
2004	314.1	162.0	0.52	165.5	125.0	0.76
2005	321.0	169.0	0.53	171.2	126.0	0.74
2006	331.1	220.0	0.66	177.2	157.0	0.89
2007	227.0	282.0	1.24	207.1	238.0	1.15
2008	278.0	370.0	1.33	238.4	249.0	1.04
2009	284.0	317.0	1.12	270.9	179.0	0.66
2010	296.6	280.0	0.94	279.5	209.0	0.75
2011	403.9	313.0	0.77	321.5	266.0	0.83
1991	80.8	93.0	1.15	201.2	205.0	1.02
1992	84.5	81.0	0.96	238.1	204.0	0.86

(续表)

年份	国内价格	国际价格	国际价格/国内价格	国内价格	国际价格	国际价格/国内价格
		玉米			大豆	
1993	97.0	98.0	1.01	279.8	235.0	0.84
1994	98.2	89.0	0.91	211.6	201.0	0.95
1995	142.7	128.0	0.90	247.0	247.0	1.00
1996	258.6	140.0	0.54	478.7	247.0	0.52
1997	212.3	96.0	0.45	422.2	238.0	0.56
1998	187.2	76.0	0.41	362.4	181.0	0.50
1999	146.2	72.0	0.49	283.9	170.0	0.60
2000	410.7	73.0	0.18	287.5	167.0	0.58
2001	155.9	78.0	0.50	237.8	161.0	0.68
2002	146.2	91.0	0.62	267.0	203.0	0.76
2003	213.8	95.0	0.44	364.9	270.0	0.74
2004	189.7	81.0	0.43	453.1	211.0	0.47
2005	189.2	79.0	0.42	401.5	208.0	0.52
2006	252.1	120.0	0.48	412.7	236.0	0.57
2007	193.4	165.0	0.85	552.3	371.0	0.67
2008	218.3	160.0	0.73	500.8	366.0	0.73
2009	243.0	140.0	0.58	582.7	352.0	0.60
2010	273.3	204.0	0.75	738.6	415.0	0.56
2011	321.8	244.0	0.76	803.4	430.0	0.54

注:国际价格取美国市场价格。
资料来源:FAO 数据库,2013 年 10 月。

13.6 大豆进口是一个成功的案例

在 1994 年中国进口大豆的数量只有 5.2 万吨,到 2011 年中国进口大豆 5 264 万吨,进口量增加了 1 000 倍。进口了这么多大豆,引起了一些争论,说什么的都有。可是不论说什么,进口的大豆全被消费掉了,仓库中的大豆存量并没有显著增加。①

2011年大豆亩产平均1 836千克,如果不进口5 264万吨大豆而依靠国内生产,需要4.3亿亩耕地(见表13-8)。相对于全国耕地总量20.3亿亩,这是一个非常显著的数字。毫不夸张地说,如果不进口大豆,国内耕地的紧张状态将更为严重。在某种意义上,进口大豆(或其他粮食)就等于是进口了土地资源。从合理利用土地资源来看,近年来大量进口大豆是一个非常成功的案例。

表13-8 进口大豆置换的耕地

年份	进口量(万吨)	单产(千克/公顷)	置换耕地(万亩)
1994	5.2	1 735	45
1995	29.8	1 661	269
1996	111.4	1 770	944
1997	288.6	1 765	2 453
1998	320.1	1 783	2 693
1999	432.0	1 789	3 622
2000	1 041.9	1 656	9 438
2001	1 394.0	1 625	12 868
2002	1 131.5	1 893	8 966
2003	2 074.1	1 653	18 821
2004	2 023.0	1 815	16 719
2005	2 659.1	1 705	23 394
2006	2 827.0	1 721	24 640
2007	3 082.1	1 454	31 796
2008	3 743.6	1 703	32 974
2009	4 255.2	1 630	39 158
2010	5 479.7	1 771	46 412
2011	5 264.0	1 836	43 007

资料来源:根据《中国农业发展报告,2012》中大豆进口量和单产计算。

---

① 在各种统计数字中大豆被用于饲料的数据有较大的差异,其原因就是如果把榨油后的豆粕算作饲料,则饲料的数量就大大增加。如果把送进榨油厂的大豆都计为工业用途,则工业用粮的数量就很高。无论大豆的用途如何划类,进口的大豆转化为豆油和豆粕,豆粕再转化为肉类、禽类和水产。进口大豆满足了不断增长的养殖业对饲料的需求。

在大量进口大豆的同时,2012年国内依然生产大豆1732万吨(表8-1)。有没有必要在国内生产这么多大豆?由于大豆在口粮中的比例很低,进口大豆不会直接影响到口粮安全。因此,可以考虑增加大豆进口量,减少国内生产大豆数量。如果在未来10年内逐步将国内大豆产量降低到1000万吨,减少大豆生产732万吨,按照单产1836千克/公顷计算,有可能再置换出5980万亩耕地。每年可以置换出大约600万亩耕地。

13.7　农业生产结构调整方案模拟

设计农业生产结构调整模拟方案的原则是:

第一,保障口粮绝对自给。

第二,工业用粮完全依靠进口。

第三,饲料按照市场价格高低适度进口,进口的饲料占国内饲料需求量的1%、2%、3%、4%、5%、10%和15%。

七个不同的方案分别对应不同的进口饲料数量。方案一表示工业用途耗用的粮食全部进口置换,饲料总消费量的1%靠进口置换;方案二表示工业用途耗用的粮食全部进口置换,饲料的2%靠进口置换;以此类推。

如果按照方案一进行耕地置换,在保证口粮完全自给的基础上,工业用粮全部进口,饲料进口1%,需要进口玉米5589万吨,小麦1256万吨,稻谷311万吨,大豆12万吨。合计进口粮食7168万吨。如果按照方案七,需要进口玉米7314万吨,小麦1365万吨,稻谷590万吨,大豆25万吨,合计进口粮食9293万吨(见表13-9)。

表13-9　农业结构调整需要进口的粮食　　　　(单位:万吨)

	方案一	方案二	方案三	方案四	方案五	方案六	方案七
玉米	5589	5712	5835	5958	6082	6698	7314
小麦	1256	1264	1272	1280	1287	1326	1365
稻谷	311	331	350	370	390	490	590
大豆	12	13	14	15	16	20	25
合计	7168	7320	7471	7623	7775	8534	9293

如果采用方案一,稻谷、小麦、玉米的工业用粮全部进口替代,用于饲料的稻谷、小麦和玉米的1%靠进口,大豆的工业用粮和饲料的1%进口替代。可以置换出稻谷耕地679万亩,小麦耕地3 896万亩,玉米耕地14 585万亩,大豆耕地100万亩。合计可置换出耕地19 278万亩。如果采用方案七,稻谷、小麦和玉米的工业用粮全部靠进口,15%的饲料靠进口,大豆的工业用粮和饲料的15%靠进口,可以置换出24 844万亩耕地(见表13-10)。

表13-10 进口置换播种面积 (单位:万亩)

	方案一	方案二	方案三	方案四	方案五	方案六	方案七
玉米	14 585	14 907	15 229	15 550	15 872	17 480	19 088
小麦	3 896	3 920	3 944	3 968	3 992	4 112	4 232
稻谷	697	741	786	831	876	1 100	1 323
大豆	100	107	114	121	129	165	201
合计	19 278	19 675	20 073	20 470	20 868	22 856	24 844

相对于18亿亩耕地红线而言,这些数字相当显著。

中国在2013年年底拥有外汇储备3.82万亿美元。仅在2012年一年里外汇储备就增加了5 097万亿美元。[①] 如果执行方案一,进口全部工业用粮和1%的饲料需要动用223.03亿美元。即使采用方案七,进口全部工业用粮和15%的饲料也只需要293.49亿美元(见表13-11),还不到每年新增外汇储备的5.75%,完全不成问题。

表13-11 进口粮食所需外汇量 (单位:亿美元)

	方案一	方案二	方案三	方案四	方案五	方案六	方案七
玉米	163.36	166.96	170.56	174.16	177.76	195.77	213.78
小麦	41.47	41.73	41.98	42.24	42.50	43.78	45.06
稻谷	17.58	18.71	19.84	20.98	22.11	27.76	33.41
大豆	0.62	0.66	0.71	0.75	0.80	1.02	1.25
合计	223.03	228.07	233.10	238.13	243.16	268.33	293.49

注:国际市场的粮食价格采用2011年FAO数据。

---

① 中国外汇储备数据来自《人民日报》,2014年1月16日。

上述七个方案分别模拟了进口粮食的数量、可能置换出来的耕地数量和所需的外汇数量。而要指出的是,在实践中,粮食进口替代的数量并不固定,随市场而变化。国际粮价低就多进口一点,国际粮价高就少进口一点。除了价格因素之外还要考虑农民的就业问题,因地制宜,量力而行。

无论采用哪个方案,进口这些粮食主要用于顶替工业用粮和饲料,口粮依然全部依赖国内自给自足。只要把进口粮食的数量控制在这个范围之内就不会威胁到国家的粮食安全。无论进口多少粮食,中国的土地资源并没有变化,一亩地都没有少。倘若外部环境发生变化(例如,国际市场粮价暴涨,局部战争等),不适合进口,完全可以在短时间内恢复播种。只要口粮不短缺,解决工业用粮和饲料的需求就会比较容易。

综上所述,由于世界上增产粮食的潜在能力很大,中国对饲料和工业用粮的需求很强,具有足够的外汇支付手段,因此,在满足粮食安全的前提下,中国调整农业生产结构的空间很大,增加进口粮食具备外部的可行性。如果中国主动调整农业生产结构,北美、澳大利亚等地的农户有可能得到中国的粮食订单。对于那些地多人少的国家而言,有助于它们提高资源利用效率,增加就业。而中国增加进口饲料和工业用粮有可能腾出一些耕地。一部分置换出来的耕地用于城镇住房和基本建设,另外一部分耕地可以用来作为绿地,保护环境和水资源。与此同时,农业生产结构的调整还有助于实现外汇均衡,减轻人民币升值压力。因此,大量进口粮食有利于中国,也有利于粮食出口国,是国际合作成功的范例。

第 14 章

粮食仓储系统改革

14.1 被忽视的粮食损耗

在讨论粮食安全的时候,人们往往把注意力集中在口粮生产、市场供求关系和保护耕地上,而忽略了节约粮食。据估计,每年浪费在餐桌上的粮食就有 2 万吨,这可不是一个小数目。近年来发起的节约粮食行动,提倡"光盘"运动,取得了很好的效果。可是,一般人都没有想到,在粮食仓储环节还存在着巨大的浪费。

中国的储粮体系始建于计划经济年代,改革 30 多年来,只不过在技术层面上修修补补,并没有从制度创新上有所突破。目前,大部分粮库不仅是国有而且是国营。国有企业有不少弊病:官僚主义、产权不清晰、缺乏竞争机制、效率低、浪费高。这些毛病,国营粮库样样皆有,有过之而无不及。粮食系统的亏损居高不下,贪污腐败案件层出不穷。看起来,粮食系统不改不行了。粮食储运系统不缺钱,也不缺设备,缺的是新思维、新方法和一套适应当前形势的新体制。如今,到了认真推进粮食储运系统改革,大破大立,建立一套新型企业制度的时候了。

国营粮库的设备在近年来得到了很大的改进。2007 年,全国有 3.6 万家粮食仓储企业,总仓容达到 3.2 亿吨,基本消除了露天储粮。其中约 80% 的仓房实现散装储存。浅圆仓、立筒仓等便于散粮装卸周转的仓容已经达到

3410.7万吨,占有效仓容的11.9%。平房仓的密闭、保温、隔热性能大大改善,仓房完好率达90%以上。粮食部门大力推广机械通风、环流熏蒸、粮情检测、谷物冷却等4项新技术。截至2007年年底,全国装备机械通风系统的仓容为19 800万吨,占有效仓容的68.9%;装备环流熏蒸系统的仓容为10 800万吨,占有效仓容的37.6%;装备粮情测控系统的仓容为14 500万吨,占有效仓容的50.5%。装备谷物冷却机835台;烘干设备4 716台(套),烘干能力5.1万吨/小时,2007年实际烘干粮食3 974.2万吨,占全国谷物总量的12%左右。①

这是一个可喜的开端。可是,必须冷静地估计到粮库建设的任务依然十分艰巨。迄今为止,还有80%以上的粮食是依靠传统方式烘干,30%以上的粮库尚缺机械通风系统,难以防止粮食发霉、陈化、变质。在这种状况下,粮食损耗数量非常惊人。②

国营粮库,状况堪忧。更令人担忧的是散布在民间的粮食储存。中国有7亿多农民,据粮食部专家的估计,粮食存储量的60%分散在千万农户家里。前农业部副部长尹成杰在《粮安天下》一书中指出:"据全国农村固定观察点调查,许多农民家中的储粮足够一两年的口粮。2007年年底,农民户均粮食结存数量为1 294千克,按户均4口人,每人每月消耗20千克原粮计算,农民户均全年约需要口粮960千克,远低于2007年年末农民户均粮食结存数量。即使再按照平均每户每年450千克的标准扣除饲料粮消耗,剩余的存粮仍可满足家庭人口10个多月的口粮需要。许多农民家中的存粮足够一两年的口粮。"③农户储粮是个变量。在收获之后农户储存的粮食很多,逐日消费,储量减少。到下一个收获季节之前,一般还剩几个月的存粮。按照这些数字估计,在农民家庭的粮食总量大约在1亿—2亿吨上下波动。

中国农民如何储存粮食?真是难以置信,进入新千年之后,许多农户还沿用秦始皇时代的方法,用木箱、水缸来储藏粮食。农民真的很伤脑筋,放在木

---

① 参见尹成杰,《粮安天下:全球粮食危机与中国粮食安全》,中国经济出版社,2009年,第156页。
② 国营粮库的陈化粮数量巨大,目前,国内生产生物燃料所用原料基本上是不能食用的陈化粮。
③ 参见尹成杰,《粮安天下:全球粮食危机与中国粮食安全》,中国经济出版社,2009年,第157页。

箱里怕老鼠啃,放在水缸里怕虫蛀、发霉。说起来,几只老鼠,似乎无关紧要,可是,鼠啃、虫蛀、发霉,每时每刻都在发生,累积起来,数额之大,难以想象。重生产、轻仓储是许多地方政府的通病。粮食产量在经济统计中占有显著的地位,是考核各级官员政绩的一项指标。可是,人们往往忽视了是不是所有的粮食都被有效利用了?由于粮食仓储高度分散,人们对于农户储粮的严重损失似乎司空见惯,习以为常,相当麻木。

如果批评粮食部门什么都没有做,显然是不公平的。"2004年国家启动了'粮食丰产科技工程'重大项目,按照'技术、装具、方法、药剂、培训、服务'六位一体的基本思路,开展了农户储粮技术研究,并取得重大突破。研究定型10种适合不同地区、不同品种的农户储粮仓型,成功开发3种高效低毒储粮药剂,形成6套农户储粮技术模式。"①可是,倘若下去仔细调查一下,就会吃惊地发现,事情远远不像报告中写的那么乐观。

2009年夏,我在云南乡下看到正在推广的一种新型粮仓,是用白铁皮敲出来的,直径一米五,像蒸笼一样,一层摞一层。制造者很高兴地介绍说:"我们这里老鼠非常厉害,什么样的谷仓都能咬坏。采用新的粮仓,老鼠牙再硬也咬不动铁皮!"

我问:"稻谷在春季黄梅天发霉怎么办?"

农民摇头:"那可就没办法了。连天下雨,连晒谷子的日头(阳光)都没有。"

他们说,大部分农民连这种铁皮谷仓也没有。

究竟每年老鼠、蛀虫、霉菌祸害了多少粮食?我们请教许多农业专家,大家都知道这个数字很大,却很难提供具体的数字。从统计上来说,确实如此,不知道从什么地方开始统计,又如何计量?不过,许多专家都说,损耗粮食的比例估计在10%—15%左右。也有人说,可能比这个数目更高。根据《人民日报》的一篇文章报道:"国家抽样调查数据显示:农户分散储粮的损耗为8%—10%。而粮食集中保管的损耗率仅为0.1%—0.3%。"②2012年全国粮

---

① 参见尹成杰,《粮安天下:全球粮食危机与中国粮食安全》,中国经济出版社,2009年,第158页。
② 参见"江苏太仓开了7家粮食银行",《人民日报》,2013年6月5日。

食产量 6 亿吨,大约有一半的粮食储存在农民手里,按照这个比例算,在存储过程中大约损失 3 000 万—4 000 万吨粮食。

根据尹成杰的估计:"从 2007 年起,粮食部门计划 10 年内改善 500 万农户储粮设施,由此每年挽回粮食损失 1 100 万—1 780 万吨。"[①]全国农户总数超过 1.5 亿,其中有许多农户,特别是在城郊的农民已经不再自行储存粮食。他们宁肯多花点钱,直接到市场购买口粮。如果保守一点估计,全国自行储存粮食的农户总数为 5 000 万户,按照这个数字推算,岂不是每年要损失上亿吨粮食?

《财经》杂志 2013 年 12 月 9 日刊登的"中国粮食安全报告"中指出:"全国每年粮食产后损失和浪费的粮食约为 8 000 万吨,相当于粮食总产的 15%,即 2 亿人消费的粮食数量。为了实现中国粮食的自给,减少粮食产后损失和浪费,亦可构成节流。"

不算不知道,一算吓一跳。

农业部推荐的粮仓还停留在相当原始的阶段,小打小闹。虽然这些经过改进的粮仓比现在农民的储粮设施好一些,总算是个进步,可是,依然没有解决问题。为什么我们还要慢慢爬行,就不能吸取别人的先进经验,一步跨进世界先进行列?众所周知,若要增产 1 亿吨粮食,需要投入许多力量,消耗很多资源,可是这些粮食却不知不觉地在储存中损耗殆尽。能不能从老鼠和蛀虫嘴里把这些粮食抢回来?

14.2 他山之石,可以攻玉

在探索中国粮食储运系统改革的时候,不妨借鉴一下外国的经验。

为什么西方国家没有出现过排队售粮的长队?因为实现了储粮于民。

为什么在西方国家似乎没有看到晒谷场?因为采用了现代化粮仓。

在北美高速公路上开车,不时可以看见农舍旁耸立着一座又一座 20 米左

---

① 参见尹成杰,《粮安天下:全球粮食危机与中国粮食安全》,中国经济出版社,2009 年,第 158 页。

右的高塔,这就是粮仓(见图14-1)。经过多年的研究、改进,现代化粮仓基本都是立筒仓,实现了高度自动化和标准化,兼有粮食(小麦、玉米、稻谷、黄豆等)储存、干燥、防止霉变、防鼠防虫等多项功能。

图 14-1　北美的粮仓

注:在加拿大安大略省的一处粮仓。图中有大、中、小三个粮仓。一般农户只有一个小型粮仓。

在经济学中常谈到"后发优势"。发展中国家学习先进经验可以节省大量的时间和精力,避免前人犯过的错误,迅速赶上去。特别是在产业管理、技术设备上,发展中国家可以很快缩短和先进国家之间的差距。例如,在电脑行业,中国人没有从286、386等低水平电脑起步,而是直接跨进了最新一代。在汽车行业也是这样,国产汽车学习先进,起点比较高,很快就有模有样了。在许多领域,中国迅速填补空白,赶上或接近世界先进的科技水平。在粮仓改革上,我们也要反对爬行主义,拿张铁皮敲敲打打,在低水平上慢慢摸索。我们完全可以采用拿来主义,直接学习西方最先进的技术,一步到位,后来居上。

其实,在一百年前西方农民也是用木箱、水缸来储存粮食。他们为了防鼠、防蛀、防霉,动了不少脑筋,试探了各种办法,最后摸索出一套经验,形成了规范化的粮仓体系。

在北美,粮仓制造商都是民营企业,市场竞争相当激烈。农民只要打个电话,他们就会主动上门推销产品,提供各种图纸,帮助农民选择最适合的粮仓。订货之后,他们帮助农民安装、调试。如果粮仓出了问题,只需一个电话,他们立即登门服务、维修。这些农业机械公司得到政府的补贴,能够保持正常、稳定的利润回报。

农民收获谷物之后,无须晒谷扬场,直接将收获的谷物送进粮仓,用热风自动吹干。[①]

在储存期间,如果粮仓内谷物受潮发热,监测系统将自动启动设备,通过热风循环清除水分,将湿度控制在合理的范围内,从而防止谷物变质发霉。新一代粮仓只是在第一次烘干粮食的时候需用外部能源,以后,凭塔顶的太阳能装置提供的电能就可以保持粮仓连续运行(见图14-2)。

加拿大粮食购销的主体是半官方的加拿大小麦协会(Canada Wheat Pool)。加拿大的粮食购销系统具有非常显著的计划经济色彩。为了保障农民利益,加拿大政府通过加拿大小麦协会和农民签订种植收购合同,按照合同规定的数量和价格向农户收购谷物。如果在收购之后尚有多余的粮食,农民只能自己想办法处理。小麦协会的合同决定了加拿大农民的播种面积。

粮食部门收到农民谷物入库的报告之后立即支付一半粮款。在理论上,粮仓中有一部分粮食已经和国家签约,属于国家储备粮,另外一部分是农民自用的。他们有权按照利益最大化的原则处置粮仓内未签约的谷物。实际上,两部分粮食并没有分开。农民有责任保质保量地将签约的粮食交给粮食部门。如果违反合约是要受到惩罚的。在一般情况下,农民缺乏市场营销渠道,或者由于自行销售的成本太高,不得不在很大程度上依赖小麦协会。因为高度专业分工,北美的农民基本上不再自己磨粉、烘制面包,而是和城市居民一样直接从超市购买面包和其他食品。

---

① 在中国农村,只要种庄稼,就少不了晒谷场。农民往往把村里最好的地方开辟为晒谷场。许多地方由于晒谷场不够用,农民将收获的玉米、小麦、稻谷摊在马路上晒场。报纸和媒体不断提醒农民,在柏油路上晒谷不仅有碍交通,还污染粮食,甚至使粮食有毒而不能食用。可是,许多农民根本不予理会,继续在柏油路上晒粮。

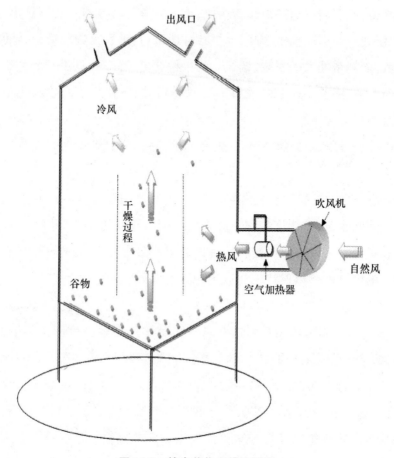

图 14-2　粮仓谷物干燥平面图

　　农民为了得到第一笔粮款,必然会及时呈报入库粮食的信息。因此,粮食部门可以很准确地通过电脑网络掌握全国的粮食储备数据。加拿大真正做到了储量于民,连大部分国家粮食储备也分散在千家万户。在信息中心,非常清楚地显示出国家储备粮的分布状况,信息之完备一点不亚于集中储藏在国家粮库之中。

　　粮食部门根据全国各个面粉厂的生产情况和出口需求统一调度粮食运输。在落实用户之后,通知专业的粮食运输公司前去拉粮。运粮车都是密封、散装车。根据农村道路状况,运粮车大部分设计为 20 吨,另外再拉一个 20 吨的拖挂。运输公司在拉粮前一周通知农户。司机按照约定的时间到达指定的粮仓。农民必须保证道路畅通,如果出现道路故障,妨碍运粮,农民需赔偿运粮公司的损失。运输公司的司机只需要将运粮车的管道和粮仓接通,启动气泵,就可以将谷物直接抽入运粮车,无须人工搬运。在抽出谷物的同时,仪器自动取样。当谷物被运送到加工厂之后,随即对样品进行质量检查和评级。

只有在交付粮食并且质量检查合格之后农民才能收到粮食部门寄来的另外一半粮款。农民无须和运输部门、粮食加工部门打交道。由粮食部门负责在农民、粮食加工厂和运输部门之间结算。

粮仓中所有粮食的产权都属于农民。如果粮食不能达到合格标准,粮食加工厂可以拒绝接受。粮食部门不仅不会支付第二笔粮款,还会追还已付部分。由于产权非常清晰,农户必然会尽力尽心地操作粮仓,保证谷物质量。

农民储粮的时间长度并不确定。运输公司何时拉粮完全取决于市场需求情况。一般来说,农民只能被动地等待。也可能在刚刚收获入库的时候,也可能要过好几个月。反正在粮仓中还有农民自己的口粮,多存些时间区别并不大。在一般情况下粮食部门并不向农民支付储粮费用。只有超过了10个月(各地规定不同)还没有来拉粮食才支付储粮费。

粮食部门按照线性规划的原理,实现电脑控制和调度,有计划地将粮食就近调拨,从农民的粮仓直接运往粮食加工厂,大大节省了运力。如此安排,农民自然没有卖粮难的麻烦,更不会让卖粮车大摆长龙。

14.3 粮食储运改革要有魄力,要有新思路

其实,人们早就知道加拿大粮食储运的经验,官方曾经数次派出代表团考察。很遗憾,什么结论也没有。有些人摇头,加拿大的经验虽然很好,却很难照搬到中国来。

他们主要有两点理由:第一,中国农民穷,买不起现代化的粮仓。没钱怎么办事?巧媳妇难为无米之炊。第二,中国实行农户家庭承包制,小户经营,每个农户只有几亩地,不像北美的农民动不动就有几百公顷。北美农户生产的粮食多,可以采用现代化粮仓,而一个中国农户生产的粮食恐怕连粮仓的一

个角落都装不满。他们认为只有等到将来中国农村实现集约化,把土地集中给种田能手,每户的耕种面积达到几百、几千亩,农民的收入达到相当高的水平之后才可能引进现代化粮仓。

这些说法貌似有理,却经不起推敲。

中国农民很穷,手里没钱,买不起现代化粮仓,这的确是事实。

中国农村经营规模很小,很难在短期内扩大农户的经营规模,这也是事实。

尽管这两个理由都客观存在,却并不能否定现代化粮仓的可行性。要辩证地看待粮仓现代化。有些人只见其一,不知其二。怎么不想想,每年老鼠、蛀虫祸害了几千万吨粮食。千万不要以为这些损失是农民的就不心痛。损失的粮食说到底是中国的。农业部认识到这个问题的严重性,制订了计划,准备在 2007 年以后的 5 年内帮助 500 万户农民改善储粮条件。这个计划很好,可惜气魄小了一点。500 万户农户还不到农户总数的 10%,请问其余 90% 的农户怎么办?是否还要听任老鼠和蛀虫啃噬他们的粮食?我们无论如何也不能袖手旁观。一定要想出办法来,从老鼠和蛀虫口中把粮食夺回来。哪怕再艰难,也值得大胆探索下去。尽早实现粮仓现代化是加强国力、改善农民收入的重大国策,必须给予充分的重视。

换个思路,海阔天空。

为什么我们不能大胆进行制度创新,通过信贷手段,让农民有能力购买粮仓?农业生产以农户家庭为单位,粮食仓储却未必一定要以农户家庭为单位。只要开动脑筋,总会摸索出一条道路。

我们要算清几笔账,采用先进的技术能带来多大的经济效益,而采取爬行的策略,将付出多大的代价。如果从老鼠、蛀虫嘴里夺回的粮食足够多,我们就理应大胆出击,任何拖延和犹豫都是严重的战略失误。

改革要有魄力,要有新思路。

14.4 储粮改革是一个系统工程

储粮改革是一个系统工程,必须全面统筹安排。可以设想,改革后的储粮系统分为三个子系统：金融、制造和运输信息系统。三部分构成一个完整的大系统，相互关联，相互制约，达成统一的目标。

目前，北美粮仓具有多种标准规格，容量从 3 600 蒲式耳到 83 000 蒲式耳，可以储存小麦 50 吨到 800 吨。农民可以按照自己的要求向制造商订货。有人看到现代化粮仓之后担心价格太贵，超过了中国农民的负担能力。别看粮仓有十几米高，庞然大物，实际上成批生产之后，价格并不贵。在 2008 年，储粮 50 吨的粮仓的基本设备价格为 2 681 加元（合人民币大约 14 000 元）。储粮 800 吨的粮仓价格为 15 187 加元（合人民币 85 000 元）。我们可以设计一套金融系统，在不增加农民负担的前提下，迅速实现中国粮仓改革。只要能从老鼠、蛀虫那儿把粮食抢回来，只要几年时间就可以全部收回粮仓投资。

如果在全国范围内推广的话，可能需要建设现代化粮仓 300 万—400 万个。粮仓有大有小，价格不一，如果以 30 000 元（200 吨储量）作为平均价格，总投资大约在 1 000 亿元左右。虽然投资总额很高，但是从宏观经济来看，这是一项非常有价值的投资。如果以中位数计算，每年挽回粮食损失 5 000 万吨，每吨粮食 800 元，每年节省的粮食价值就达到 400 亿元。不到三年就可以全部回收投资。2012 年国家财政收入超过 11.7 万亿元[1]，即使完全由国家包下来，也是力所能及，更何况我们完全可以通过金融市场操作，基本上不用国家花钱就可以办成这件大事。

兵马未动，粮草先行。办事情不能没有资金。改革的关键在于储粮金融体系。是否可以成立一些地方性的金融公司，由当地的民营企业出资，成立股份有限公司？这些金融公司不吸收民间存款，通过定向私募或者发行股票来筹集资金，在金融资质审核合格之后，由银行给予一定数量的信贷。

金融公司和农户签订粮食收购合同。在收到粮食入库的报告后立即给农户支付第一笔粮款。待粮食从农户粮仓运至粮油加工厂之后，金融公司向加工厂收取粮款，扣除与按揭贷款相对应的部分，支付运输费用之后和农民结算应得剩余部分粮款。

---

[1] 资料来源：《中国统计摘要》，2013 年，第 72 页。

金融公司向购买粮仓的农户提供按揭贷款,并且按照合同,每年从农户交售的粮食中扣除一小部分作为农户的偿付,直到农户最终付清按揭贷款。扣除量应当少于每年被鼠啃虫噬的数量。换言之,不增加农民的负担,只不过是用从老鼠和蛀虫嘴里挽救出来的粮食来支付粮仓的按揭贷款。按揭贷款的期限可以确定为20—30年,以减轻农民的财务和心理负担。金融公司负责粮食储运系统的资金流运转,只要设计各项收费合理,完全可以保证金融公司凭正规运作赢得较高的利润。考虑到农民的经济状况,按揭贷款可以零首付,抵押品就是粮仓本身。如果农户不能履行分期付款合同,则金融机构有权终止合同,拍卖粮仓,选择另外的合作伙伴,或者交由地方政府经营管理。

中国机械加工业的设计、生产能力很强,许多地方产能过剩。制造现代化粮仓并没有什么难以逾越的科技难关。不过,为了充分发挥规模效益,绝对不要一窝蜂上阵,遍地开花。

首先,由国家颁发统一的标准。就像汽车、自行车一样,只能生产某几个规格的粮仓,而不允许各自为政,杂乱无章。统一规范可以充分利用生产能力,减少重复投资,节约成本,生产出来的零部件具有较高的通用性和互换性。

其次,在全国各地,东南西北中,统筹布点。选择一些重点企业,给予政策扶植,成规模、成建制地大批量生产粮仓。

农民得到金融机构提供的按揭贷款之后,向制造企业订购粮仓。制造企业得到农户订单之后,应当负责把粮仓送进村,帮助农民安装、调试,并且在今后不间断地提供各种售后服务。国家负责质量和价格监督。粮仓营运所需的人工、电力以及零部件和附属设施都由农民自己负担。粮仓的价格中包括一定的国家农业补贴,使得制造粮仓的企业能够得到较高的利润回报。

粮食运输和信息公司可以在较大范围内跨地区营运。它们负责将粮食从农户的粮仓转运至粮食加工厂或者出口码头等地。粮食运输公司也应当实现统一规范,系统联网,从而提供更加准确的信息,降低调运成本。

按照世界各国粮食储运系统的经验,建议将粮食储存的重点由国家粮库分散到千家万户,以农民家庭作为储存粮食的基本单元。粮食储存分为三级。第一级是农民家庭的粮仓。第二级是铁路或交通线旁的地区粮仓。第三级是大城市或港口附近的国家粮仓。储存量的比例大致为农民粮仓占粮食储存量的 60%—70%，地区粮仓占 20% 左右，国家粮仓占 20% 左右。

14.5 粮仓的产权与管理

可以按照当地粮食产量在一个自然村中建造一个或数个粮仓。由村民决定建立粮仓的数量、规格和地点。粮仓总容量需略大于当地粮食总产量。

究竟交给谁？如何运行？这个问题没有先例可循，尚需研究、探索。

粮仓的产权有三种安排：产权归农户所有，归村镇集体所有，或归地方政府所有。

如果粮仓归农户私人所有，可以通过招标，由符合条件的农户独立和金融机构签订按揭贷款合同，购买粮仓。

如果归村镇集体或地方政府所有，则由他们签署按揭贷款合同，再以某种方式承包给农户。

三种安排各有利弊。

如果直接将粮仓的产权落实到农户本身，在初期分配时可能比较麻烦，可是从长期来看，储粮的利润归农户，储粮过程中的所有成本和维修费用等也完全由农户负担，自负盈亏，由于产权清晰，农户责任明确，他们会很好地经营、维护粮仓，保证储存的粮食的质量，降低储粮成本。

如何在村民中挑选粮仓的所有者，可能出现两种极端情况：第一，农民对于现代化粮仓缺乏了解，没有农户愿意购买或承包粮仓。第二，农民认识到经营粮仓具有较好的收益，争先恐后，争夺粮仓。

如果没有人愿意购买粮仓，可以通过试点、教育让农民理解现代化粮仓的优越所在。只要经营粮仓能够给村民带来好处，自然会迅速普及。如果出现争抢，粥少僧多，难以公平分配，最后粮仓很可能落入最有权力和影响的村支书、村委会主任或他们的亲属手中。效果如何，尚待研究。

从经营方式上有三种选择：第一，为周边农民代储；第二，专业粮食储藏户；第三，村镇集体储粮。

如果粮仓的产权归某个农户所有,替周围的农户代储粮食,可能比较麻烦。农民生产的谷物在质量、湿度、杂物等指标上并不一致,混放在一个粮仓中,有可能因为谷物质量和存储期间的成本、损耗等问题发生纠纷。

如果让拥有粮仓的农民成为专业粮食储藏户,可能运行起来比较简单。专业户直接从农民手中收购谷物,集中保管,随后交售给粮食公司。但是,在收购季节需要给这些专业户以资金融通上的支持。

如果让村镇集体管理粮仓,初期比较简单易行,但是由于产权不清,缺乏牟取利润的动力,较难降低成本,也不一定能保证储粮质量。由于责任不落实,有可能使得粮仓得不到合理维护。

究竟哪种办法最好?没有实践,谁都不知道。如果请一群人坐下来讨论,公说公有理,婆说婆有理,肯定争论不休。这就是计划经济的弊病。既然在计划经济思路下找不到答案,为什么不交给市场?只要维持一个公平的市场竞争环境,农民自己会找到合理的分配方案,建立适合当地特点的储粮系统。只要把粮食储备相对集中起来,把老鼠和蛀虫的危害降到最低,粮食储运系统改革就取得了伟大的成功。

14.6 农民具有超凡的创造力

谈及粮仓改革的细节,许多人忧心忡忡,仿佛有数不清的困难。当然,在推广现代化粮仓之前,需要仔细研究实施方案,可是,如果让几个学者和官员关起门来讨论,恐怕要贻误改革,枉费时间。

农民具有超凡的创造力。远的暂且不谈,近年来在大江南北出现的机械化收割就是中国农民的伟大创举。

改革开放初期,许多学者和官员都担心,家庭承包的土地面积太小,不利于实现机械化。可是,中国农民很快就创造了一个奇迹。在麦收季节,几十万台联合收割机浩浩荡荡,井然有序,从长江沿线开始,逐步向北推进,一直开到长城以外。联合收割机的保有量从1997年的14.1万台迅速增加,到2008年已经有71万台,几乎全部归农民个人所有。十多年间,农机跨区作业已发展壮大为一个行业,小麦机收水平由1997年的54%提高到2008年的82%,每亩可以比人工收割降低作业费用15元,每亩减少粮食收获损失9千克,约15元。

在安徽省,农机跨区作业也已成为农民增收的重要途径。2007年,水稻机收价格每亩60元,安徽省机收水稻面积2 500万亩,机手作业收入15亿元,纯收入6亿元。小麦机收价格每亩45元,机收小麦3 000万亩,机手作业收入13.5亿元,纯收入5.4亿元。农机跨区作业从小麦机收开始,逐步扩展到水稻、玉米。大中型拖拉机跨区耕地、整地、播种,跨区作业的领域不断延伸。[①]

2009年全国参加"三夏"小麦跨区作业的联合收割机达到28万台;投入水稻跨区作业的联合收割机达到14万台;跨区收获玉米的联合收割机达到2.4万台。[②]

这种大规模的会战是谁组织的?是农民,是市场,而在此之前,人们忧虑甚多,有几个问题似乎很难解决:

第一,一般农户只有一两亩地,怎么可能使用大型农业机械?

第二,由谁出资购买、操作、维护联合收割机?如何提供收割机机手的后勤保障?

第三,如何调度?如果跨市、跨区甚至跨省收割,几乎不可能实现统一调度。

第四,如何计算跨省收割的费用?

至于大规模实现机械化收割的细节安排,更是有数不清的难题,例如,害怕不法分子垄断市场,强行或超标准收取中介费;收割机在夜间单机停放不安全,经常出现财物被盗事件;多台收割机集中停放相对安全,但没有适合场地;收割机如何维修,如何保障配件供应;有的地方欺负外来机手,趁机涨价,或销售假冒伪劣零配件;还有些地方借跨区作业之名乱罚款、乱收费;信息不畅通,

---

① 参见《安徽日报》,2009年9月24日。
② 参见人民网,2009年5月14日。

在这个县没活干,那个县的收割机却不够,农民跑到马路上拦过路的收割机,等等。

如果把组织收割机的任务交给各省的发改委、农业局讨论,恐怕再过十年也拿不出方案来。可是,放开市场之后,农民很快就摸索出一套有效的办法,组织了蔚为壮观的大会战。许多中介机构应运而生,它们利用手机短信组织了收割机的作业计划,一站干完,立即转移到下一站。收割费用完全随行就市,双方协商,很快就形成了一套行规。农民欢迎,机手也获得合理的回报。

在农机跨区收割的初期,农业部迅速表态,大力支持这个新生事物,在政策上开绿灯,在具体问题上给予扶持。2009年安徽省给农民提供购置联合收割机的补贴6.1亿元。如果没有农业部门的支持,农机跨区收割很难达到如今的规模。

联合收割机的案例说明了一个简单而朴实的道理:要相信农民,只要是合理的事情,他们一定会结合当地的实际,摸索出可行的办法。在这一点上,农民要比学者和官员聪明多了。

在粮食储运系统改革中,农民有哪些事情干不了?

农民没有资金,很难从银行贷款。

农民不知道什么是先进的现代化粮仓,也不知道如何制造这些现代化粮仓。

由于这些障碍,农民很难自发地改革粮食储运系统。从秦始皇时代到今天,两千多年过去了,粮食储藏方式基本上没有发生变化。如果不采取突破性改革措施的话,恐怕再过几十年、几百年,农民还将使用原始的粮仓。人人都知道老鼠、蛀虫在吞噬着宝贵的粮食,可就是无能为力。

农民干不了的事情,必须由政府出头承担。粮仓改革要求政府完成的任务并不多:第一,提供资金帮助,把粮仓改革的金融支持任务交给新生的民营银行;第二,组织力量设计现代化粮仓,并且安排生产;第三,把这些粮仓直接交给农民。至于由哪些农民拥有粮仓,如何使用这些粮仓,如何组织粮食的储运资金流和物流等,统统交给农民和市场。

14.7 粮食储运系统改革势在必行

粮食储运系统改革有下述作用。如一旦起步,有可能迅速突破,给农村带来一股崭新的空气,增加农民收入的同时增强国力。别看当前粮食储运改革严重滞后,一张白纸,但日后有可能画出最新、最美的图画。

(1) 减少粮食损耗。农户的粮食储存进了现代化粮仓,避免的损失每年可以高达几千万吨粮食,非常可观。

(2) 节省粮食储存管理费用。粮食系统架床叠屋,官僚主义严重,每年亏损严重。与其不断地向这些无底洞丢钱,还不如从根本上解决问题。实行新的粮食储运体系,每年可以从国营粮库的开支中节省下来一大笔资金。农民粮仓实行扁平化管理,有助于精简机构,降低管理成本。国营粮食系统设备维护费用很高,而农民粮仓产权清晰,只要一次投入,多年运行,设备使用寿命远远长于国营粮库。在一般情况下,粮食在被投入最终使用之前一直储存在农民手中,用不着反复折腾。农民各家管各家的粮仓,用不着警卫人员和专职的保管人员,既安全又可靠。

(3) 节省运费。分散储粮于民,可以就近调度,节省运费。

(4) 有利于增加农民收入。粮仓属于农民私有财产,大量兴建新型粮仓,增加了农民拥有的固定资产。新型粮仓能够充分使用农村老弱病残劳动力,增加农村就业机会。

(5) 彻底解决农民卖粮难的问题。建设新粮仓有利于农民更主动地计划生产、储存和销售,激励生产积极性,增加产出。政府对粮仓的补贴落实到了农业生产环节。

(6) 将国家粮食储备和农民粮食储备合二为一,储粮于民,有利于提高农民的国家意识。分散储粮,有利于战备。

(7) 有利于提高粮食保管质量。在小农经济模式下,很难保证上交粮食质量的统一。国营粮库分类复杂,管理困难。粮库越大,造成的损失往往也越大。采纳新的粮食储运系统之后,在最终使用粮食之前才分类定级,由于粮食产权清晰,保管人员责任心强。

（8）有利于粮食周转。众所周知,当新粮上市时,有可能将国营粮库的粮食排挤出市场。大型粮库往往周转困难,陈粮积压多年。不仅农民手中新粮的质量高于国库中的陈粮,而且农民在集市上直接销售粮食的成本远远低于国营粮库。在市场竞争中,国营粮库处于很不利的态势,往往造成严重的连年亏损。采取新的粮食储运体系之后,主要粮食库存转移到农民手中,更为接近市场,可以加速粮食周转。国营粮库经过改造之后可以作为中转和终端粮库。

（9）有利于保护土地资源。采用新的粮食储运系统之后,农民再也不用晒谷扬场,节省了晒谷场用地。兴建新的粮仓也不必占用优质农田。

（10）促进内需,拉动国内机械行业。当前,在金融危机冲击下机械行业处于严重的不景气状态。大量制造现代化粮仓,可以提供许多就业机会,缓解当前失业潮压力。

（11）促进农村的公路体系建设。由于标准的运粮车为20吨,拖挂也是20吨。通往各乡的公路属于国家投资,而通往各个粮仓的道路由村民自己负责。有了新型粮食储运系统之后,国家、地方和农民都会更加关心公路建设。

（12）有助于掌握更为准确的粮食信息。农民粮仓的产权非常清晰,和农业开发银行的专项资金没有关系,和地方官员的政绩也很少联系,因此,农民会比较准确地呈报库存粮食数量,没有欺骗、作弊的理由。

（13）有助于反腐倡廉。目前,粮食购销由国家包下来,亏损由国家兜底。粮食部门的责任、权力和利益不匹配。国营粮库中的粮食的产权在名义上属于全民所有,严格来说,产权并不清晰。出现亏损,由全民均摊。在粮食储运系统中政府作用和市场机制矛盾甚多,缺乏有效的激励机制。如果在新的粮食储运系统中落实每一步的产权归属,必然有助于防止贪污腐败和铺张浪费。

14.8 减少仓储损耗等于增加耕地

2012年农村人口占总人口的48%。由于农村居民对粮食的消费多于城市居民,再加上种子需求,在农民手里的粮食超过总消费量的一半。《人民日报》2013年7月7日报道:"从有关部门了解到,我国粮食在运输、储存、加工、销售和消费过程中,大约有10%是浪费了的。国家粮食局粮食经济研究中心研究员丁声俊指出,按照去年的粮食产量统计,大概有1100亿斤粮食被浪费了。"

为了简单起见,假定农民手里的粮食占总数的一半。农村居民基本上自己储备粮食,根据比较保守的估计,平均损耗7%。按照2011年的数据,每年由于发霉、鼠患损耗在农民手里的稻谷459万吨,小麦408万吨,玉米683万吨,大豆234万吨,合计粮食793万吨。为了生产这些粮食需要耕地5819万亩(见表14-1)。显然,如果能够改革粮食仓储系统,减少损耗,也就等于增加了5819万亩耕地。

表14-1 减少储备损耗可以节省的耕地

口粮和种子	总需求(万吨)	农村需求(万吨)	损耗7%(万吨)	单产(吨/亩)	折合耕地(万亩)
稻谷	13 118	6 559	459	0.450	1 020
小麦	11 660	5 830	408	0.333	1 226
玉米	19 510	9 755	683	0.397	1 720
大豆	6 673	3 337	234	0.126	1 854
合计	22 665	11 333	793		5 819

资料来源:稻谷总需求来自表8-2,小麦总需求来自表8-4,玉米总需求来自表8-6,大豆总需求来自表10-1。粮食每亩单产数据来自《全国农产品成本收益资料汇编》。

第 15 章

城镇化和住房需求

15.1 城镇住房总面积和人均住房面积

20世纪50年代,出了北京城门就是大片农田。后来,拆了城墙,修了二环、三环、四环、五环、六环……城区越来越大,农田越退越远。人们看到拔地而起的高楼大厦,喜忧交加,喜的是人民生活水平不断提高,许多人的居住环境得到改善,忧的是今后还有没有足够的农田生产粮食和蔬菜,居民住房的增加在多大程度上威胁到粮食安全。

针对这些忧虑,需要回答如下几个问题:第一,当前城镇有多少住房,人均住房面积有多少?今后会增加到多少?第二,城镇化的速度有多快?也就是说,在未来若干年内有多少农民进城?第三,若要满足城镇居民的住房需求,需要多少土地?第四,究竟还有没有足够的土地来盖住房?

家底清,调控才准。

究竟城镇需要多少住房?

众所周知,城镇居民正常住房需求不仅取决于人口增长率、城镇化速度,还和人均住房面积有关。随着城镇化的进展,还有几亿农民要进城,城镇居民人口在不断增加。如果城镇人均住房面积低于中等收入国家,随着居民收入增加,人均住房面积将逐步上升,推动城镇住房需求。假如住房需求上升很快,一旦供不应求,则必然产生房价上涨的压力。

按说计算城镇居民住房面积还不容易？国家统计局公布的数据中有城镇人口和城镇居民人均住房面积，两者相乘就得到城镇居民住房面积总数。确实有许多人是这么算的。2012年城镇人口71 182万，人均住房面积32.9平方米，乘起来得到城镇住房总面积234.19亿平方米（见表15-1）。计算没错，可是，结果却错了。

表15-1 按统计年鉴推出的城镇居民住房总面积增量

年份	城镇人口（万人）	城镇人均住房面积（平方米）	城镇住房总面积（亿平方米）	城镇住房增量（亿平方米）
2002	50 212	24.5	123.02	—
2003	52 376	25.3	132.51	9.49
2004	54 283	26.4	143.31	10.80
2005	56 212	27.8	156.27	12.96
2006	58 288	28.5	166.12	9.85
2007	60 633	30.1	182.51	16.38
2008	62 403	30.6	190.95	8.45
2009	64 512	31.3	201.92	10.97
2010	66 978	31.6	211.65	9.73
2011	69 079	32.7	225.89	14.24
2012	71 182	32.9	234.19	8.30

资料来源：《中国统计摘要》，2013年，第40、99页。

其实，并不难发现这种计算方法的失误。

统计局公布的城镇人均住房面积是抽样调查数据，住房抽样调查的"标的"是住房，确切的含义是在城镇已有住房的家庭人均住房面积。谁都知道，在城镇中还有许多人根本就没有自己的住房。拿所有的城镇居民数字乘以人均住房面积必然严重地夸大住房总面积。

探索住宅存量的真实性也许可以从住宅增量入手。毫无疑问，城镇居民住房增量等于商品房销售面积扣除每年折旧、拆除的住宅（见表15-2）。在统计年鉴上可以查到各年商品房销售面积。一般来说，商品房销售面积涉及税收和土地使用证，比较可信。由于商品房销售量中包括住宅、办公楼、商业营业用房和其他，每年新增住宅量肯定少于商品房销售面积。由于宏观统计数据中没有商品房销售面积的详细分类,暂且以商品房销售面积代替新建住房增量。这样处理必然高估了住宅的增量。

表 15-2 实际城镇居民住房增量 （单位:亿平方米）

年份	商品房销售面积	折旧住房面积	实际住房增量
2002	2.68	3.08	−0.39
2003	3.37	3.31	0.06
2004	3.82	3.58	0.24
2005	5.58	3.91	1.67
2006	6.19	4.15	2.03
2007	7.74	4.56	3.17
2008	6.60	4.77	1.82
2009	9.48	5.05	4.43
2010	10.48	5.29	5.19
2011	10.99	5.65	5.35

资料来源:商品房销售面积来自《中国统计摘要》,2012 年,第 58 页。

近年来,每年折旧或拆除的老住宅占总住宅面积的 2%—3% 左右。在此暂取 2.5% 计算。根据表 15-2 中城镇居民住宅总面积计算出折旧住房面积,将商品房销售面积减去折旧住房面积之后得到居民住房增量。由表 15-2 可见,这个数字远远低于表 15-1 中计算出来的增量。例如,2011 年商品房销售面积为 10.99 亿平方米,扣除折旧、拆除的 5.65 亿平方米,住房增量最多不超过 5.35 亿平方米。可是,在表 15-1 中住房增量为 14.24 亿平方米。实在太夸张了!即使不考虑折旧,不考虑商品房中非住宅部分,新增的商品房面积无论如何也填不满按照统计年鉴计算出来的住房增量。毋庸置疑,表 15-1 中的城镇居民住房总量被高估了。

由于人均住房面积在 2002 年以前的数据具有较好的连续性,而且,基本上不可能修正 2002 年以前的数据,所以假定 2002 年的数字是正确的。值得指出的是,这条假设并没有太大的把握。这是没有办法的办法。倘若 2001 年数据高估了城镇人均住房面积,将导致以后各年的城镇人均住房面积均被高估。

计算的起始点是 2001 年。该年城镇人口为 48 064 万人,商品房销售量为 2.24 亿平方米。按照城镇人口和人均住房面积计算出城镇住房总面积为 99.97 亿平方米。在这个起点上递推城镇住房面积。

计算原则:在前一年城镇住房总面积的基础上加上商品房销售面积,减去折旧、拆除面积,得出城镇住房总面积(折旧率分别按照 2%、2.5% 和 3% 计算),再除以城镇人口,得到城镇人均住房面积(见表 15-3 至表 15-5)。

表 15-3　重新计算城镇人均住房面积(折旧率为 0.02)

年份	城镇人口 (万人)	城镇住房总面积 (亿平方米)	折旧 (亿平方米)	商品房销售量 (亿平方米)	人均面积 (平方米)
2001	48 064	99.97	2.00	2.24	20.80
2002	50 212	100.21	2.00	2.68	19.96
2003	52 376	100.89	2.00	3.37	19.26
2004	54 283	102.24	2.02	3.82	18.83
2005	56 212	104.02	2.04	5.58	18.50
2006	58 288	107.52	2.08	6.19	18.45
2007	60 633	111.55	2.15	7.74	18.40
2008	62 403	117.06	2.23	6.60	18.76
2009	64 512	121.31	2.34	9.48	18.80
2010	66 978	128.36	2.43	10.48	19.16
2011	69 079	136.27	2.57	10.99	19.73

资料来源:城镇人口和商品房销售量来自《中国统计摘要》,2013 年,第 38、57 页。

表 15-4　重新计算城镇人均住房面积(折旧率为 0.025)

年份	城镇人口 (万人)	城镇住房总面积 (亿平方米)	折旧 (亿平方米)	商品房销售量 (亿平方米)	人均面积 (平方米)
2001	48 064	99.97	2.50	2.24	20.80
2002	50 212	99.71	2.49	2.68	19.86
2003	52 376	99.90	2.50	3.37	19.07
2004	54 283	100.78	2.52	3.82	18.56
2005	56 212	102.08	2.55	5.58	18.16
2006	58 288	105.10	2.63	6.19	18.03
2007	60 633	108.66	2.72	7.74	17.92
2008	62 403	113.68	2.84	6.60	18.22

(续表)

年份	城镇人口（万人）	城镇住房总面积（亿平方米）	折旧（亿平方米）	商品房销售量（亿平方米）	人均面积（平方米）
2009	64 512	117.44	2.94	9.48	18.20
2010	66 978	123.98	3.10	10.48	18.51
2011	69 079	131.35	3.28	10.99	19.01

资料来源：城镇人口和商品房销售量来自《中国统计摘要》，2013年，第38、57页。

表15-5 重新计算城镇人均住房面积（折旧率为0.03）

年份	城镇人口（万人）	城镇住房总面积（亿平方米）	折旧（亿平方米）	商品房销售量（亿平方米）	人均面积（平方米）
2001	48 064	99.97	3.00	2.24	20.80
2002	50 212	99.21	2.98	2.68	19.76
2003	52 376	98.92	2.97	3.37	18.89
2004	54 283	99.32	2.98	3.82	18.30
2005	56 212	100.16	3.00	5.58	17.82
2006	58 288	102.74	3.08	6.19	17.63
2007	60 633	105.84	3.18	7.74	17.46
2008	62 403	110.40	3.31	6.60	17.69
2009	64 512	113.68	3.41	9.48	17.62
2010	66 978	119.75	3.59	10.48	17.88
2011	69 079	126.63	3.80	10.99	18.33

资料来源：城镇人口和商品房销售量来自《中国统计摘要》，2013年，第38、57页。

在许多城市中居民住房的折旧量一般为总住房面积的3%—5%。在2004年全国拆除量为2.68亿平方米，2005年为1.6亿平方米，2006年以后，棚户区改造又加大了折旧量，估计在每年拆除、折旧4亿—6亿平方米左右。各年份、各地的拆除量各不相同。为计算简便，假定平均折旧率分别为2%、2.5%和3%。如果每年住房折旧率为2%的话，在2011年全国城镇居民住房总面积为136.27亿平方米。如果折旧率为2.5%的话，住房总面积为131.35亿平方米。如果折旧率为3%的话，城镇住房总面积为126.63亿平方米。也就是说，在2011年全国城镇居民住房总面积大约在126亿—136亿平方米之间。

近年来,通过行政区划调整将一部分城镇周边的农村住房划为城镇居民住房。例如,北京市的石景山区取消的农村户籍,原来计入农村的住房都转变为城镇居民住房。按照现行划分城乡的规定,城镇划分以城市或镇的公共设施、居住设施等连接的地域为基本标准,最小划分单位为居民委员会和村民委员会,已经在相当大的程度上避免了行政区划变动对城镇居民住房总面积的影响。因为增加城镇住房面积的同时也增加了城镇居民的数量,所以,行政区域变更并不能显著地改变人均住房面积。

在上述核算中没有包括小产权房在内。迄今为止,小产权房还处于不合法状态,没有国土部门颁发的产权证明,不能在房地产市场上交易,也没有履行各项纳税手续,因此,没有比较准确的小产权房的官方统计数字。

根据 REICO 的研究,小产权房竣工面积 = 全社会住宅竣工面积 − 城镇住宅竣工面积 − 农村农户住宅竣工面积。小产权房存量 = 历年小产权竣工面积累计额。根据上述公式计算,1995—2010 年小产权房竣工面积总量为 7.6 亿平方米。如果按照 2010 年年底城镇常住人口 66 978 万人计算,1995—2010 年小产权房相当于增加人均住宅建筑面积 1.1 平方米。[1] 按照发改委价格监测中心王双正的研究,小产权房的总面积为 66 亿平方米。[2] 两个数字相差接近 9 倍,原因是他们对小产权房的定义不同。显然,如果把所有建造在农村集体土地上的住房都称为"小产权房",其数量一定远远大于在城镇周边修建并且可能投入交易的住房。相比之下,REICO 的估算数字更靠谱一些。

综上所述,在 2012 年城镇住房总面积在 126 亿平方米到 136 亿平方米之间。加上小产权房 7.6 亿平方米,再加上行政区划调整增加的住房面积 5 亿平方米,城镇住房总面积大约为 148.6 亿平方米。虽然这些数字不够准确,但是,可以比较有把握地说,在 2012 年城镇住房总面积不超过 150 亿平方米。

在核算城镇居民住房增量的时候没有包括军队、地方政府以及某些国有企业自建的住房。近年来,能够逃税、免税的这类住房越来越少。由于没有国土资源部门核发的产权证,在交易和继承上存在许多麻烦,因此,这些行走在边缘地带的住房数量逐年减少。

---

[1] 资料来源:REICO 工作室,"REICO 的我国小产权房问题研究:现状与出路",2012 年 2 月。
[2] 参见王双正,"工业化、城镇化进程中的小产权房问题探究",《经济研究参考》,2012 年第 33 期。

2011年城镇中有房的居民人均居住面积为32.7平方米,拿住房总面积(126亿平方米和136亿平方米)除以这个数字,有房的城镇人口有4.55亿—4.75亿。城镇总人口达6.91亿,差不多有2.16亿—2.36亿人没有自己的住房。例如,学生宿舍通常四个人一间,平均住房面积很小。一个人登记租房,实际上住进去好几个人,这种现象相当普遍。许多农民工住在城中村,不仅居住条件差,人口密度还很高。还有一些农民工住在简易工棚里,谈不上人均住房面积。城镇居民对住房的改善性需求非常旺盛。

从2001年到2011年,城镇人口增加了2.1亿。各地改造旧城区和棚户区拆除了不少旧房子。尽管全国城镇到处都在大兴土木,盖了许多新楼房,可是,考虑到城镇化加速,大量农民进城,城镇人均住房面积在2002年以后非但没有增加还略有减少,从20.8平方米减少为19平方米左右。

由数据可见,已经拥有住房的城镇居民在最近几年内住房面积持续增加,从2002年的24.5平方米上升为2011年的32.7平方米。随着房价上涨,他们的资产性收入越来越高。可是,在城镇居民中还有大量农民工以及毕业不久的年轻人没有住房,在房价持续上涨以后他们几乎没有购房能力。随着房价的上涨,贫富差距不断加大。

按照统计规则,大量进城打工超过6个月的农民工都被计入城镇人口。他们聚集在简陋的工棚和棚户区里,不仅没有购房能力,甚至不符合某些大城市公开宣布的购房条件。迄今为止,在医疗、教育和其他社会福利上还存在着对农民工的歧视。党中央和政府多次表明绝对不能歧视农民工。"农民工"的称呼迟早会被彻底取消,让所有的人都站在同一条起跑线上公平竞争。众所周知,户籍制度是带歧视性的不合理的规章制度。如果取消户籍制度和其他歧视农民工的政策,他们融入城市的进程将显著加快,越来越多的农民工将拥有购房能力,住房缺口有可能进一步加大。

15.2 人均住房面积的远期目标

为了估计城镇居民住房的长期需求,需要预测中国城镇居民长期的住房水平和城镇化进展的速度。

从统计年鉴上看,中国人口密度为每平方公里 140.3 人。可是,中国人口分布不匀。在西部居住的人口远远低于东部。据推算,中国东部地区的人口密度和英国差不多,但低于荷兰、日本。人口密度高的国家,如日本、荷兰等,人均住房面积大约在 35 平方米左右(见表 15-6)。有理由假定中国的长期目标为人均住房面积 35 平方米。如果折算成建筑面积大约为 45 平方米。

表 15-6 人口密度和人均住房面积

国家	国土面积 (万平方公里)	总人口(万人)	人口密度 (每平方公里)	人均住房面积 (平方米)
美国	982.6	31 300	31.9	67.0
法国	64.4	6 563	101.9	35.2
中国	960.0	134 700	140.3	?
意大利	30.1	6 126	203.5	43.0
德国	35.7	8 130	227.7	39.4
英国	24.4	6 305	258.4	35.4
日本	36.4	12 730	349.3	36.9
荷兰	4.2	1 673	403.1	40.8

资料来源:国土面积和人口数字来自 www.cia.gov,西方国家人均住房面积来自《世界财经报道》,日本住房面积来自日本统计局全国普查数据。

15.3 中国城镇化速度

在 2011 年全球城镇化的平均值为 50%。中国刚好在世界平均值左右。发达国家的城镇化程度大约在 75%—80% 左右。中国香港和新加坡属于港口经济,城镇化程度高达 100%。东欧各国的城镇化程度在 60% 左右(见表 15-7)。[①] 尽管中国城镇化速度很快,可是和东欧各国相比,城镇化程度还差了 10 个百分点。如果中国要赶上东欧的城镇化水平还有将近 1.5 亿人要进城。要在城镇化上赶上先进国家水平还有很长的路要走。

---

① 低收入国家以及印度、越南等国的城镇化程度在 30% 左右。

表 15-7　世界各国城镇化程度（2011 年）　　　　（单位:%）

国家	城镇化程度	国家	城镇化程度
法国	85.7	波兰	60.9
韩国	83.2	罗马尼亚	57.0
美国	82.4	中国	50.5
加拿大	80.7	印度尼西亚	50.7
英国	79.6	埃及	43.5
德国	73.9	津巴布韦	38.0
俄罗斯	73.8	泰国	34.1
土耳其	71.4	赞比亚	36.0
意大利	68.4	巴基斯坦	36.2
匈牙利	68.0	印度	31.3
日本	91.1	越南	31.0

资料来源:《国际统计年鉴》,2013 年,第 112 页;CIA World Factbook,2012 年 10 月。

关于中国城镇化速度有三种估计:匀速递增、加速递增和减速递增。

第一,匀速递增。假定中国城镇化将按照过去的规律,每 7 年上一个台阶,增加 10 个百分点。中国在 1978 年城镇化程度为 17.9%,1981 年超过 20%,1996 年超过 30%,2003 年超过 40%,2010 年达到 50%（见表 15-8）。中国的城镇化从 20% 上升到 30% 用了 15 年,从 30% 上升到 40% 用了 7 年,从 40% 上升到 50% 用了 7 年。由此估计,再过 7 年,到 2019 年中国的城镇化率将达到 60%,到 2026 年将达到 70%。在 2012 年到 2019 年期间,每年城镇人口递增 2 000 万。2020 年到 2026 年期间每年城镇人口递增 1 576 万。

表 15-8　城镇化进程　　　　（单位:万人）

年份	城镇人口	城镇人口增量	乡村人口	乡村人口增量	总人口	城镇人口比例
1979	18 495	1 250	79 074	60	97 569	19.0%
1980	19 140	645	79 565	491	98 705	19.4%
1981	20 171	1 031	79 901	336	100 072	20.2%
1982	21 480	1 309	80 174	273	101 654	21.1%
1983	22 274	794	80 734	560	103 008	21.6%
1984	24 017	1 743	80 340	-394	104 357	23.0%

(续表)

年份	城镇人口	城镇人口增量	乡村人口	乡村人口增量	总人口	城镇人口比例
1985	25 094	1 077	80 757	417	105 851	23.7%
1986	26 366	1 272	81 141	384	107 507	24.5%
1987	27 674	1 308	81 626	485	109 300	25.3%
1988	28 661	987	82 365	739	111 026	25.8%
1989	29 540	879	83 164	799	112 704	26.2%
1990	30 195	655	84 138	974	114 333	26.4%
1991	31 203	1 008	84 620	482	115 823	26.9%
1992	32 175	972	84 996	376	117 171	27.5%
1993	33 173	998	85 344	348	118 517	28.0%
1994	34 169	996	85 681	337	119 850	28.5%
1995	35 174	1 005	85 947	266	121 121	29.0%
1996	37 304	2 130	85 085	−862	122 389	30.5%
1997	39 449	2 145	84 177	−908	123 626	31.9%
1998	41 608	2 159	83 153	−1 024	124 761	33.4%
1999	43 748	2 140	82 038	−1 115	125 786	34.8%
2000	45 906	2 158	80 837	−1 201	126 743	36.2%
2001	48 064	2 158	79 563	−1 274	127 627	37.7%
2002	50 212	2 148	78 241	−1 322	128 453	39.1%
2003	52 376	2 164	76 851	−1 390	129 227	40.5%
2004	54 283	1 907	75 705	−1 146	129 988	41.8%
2005	56 212	1 929	74 544	−1 161	130 756	43.0%
2006	58 288	2 076	73 180	−1 364	131 468	44.3%
2007	60 633	2 345	71 496	−1 684	132 129	45.9%
2008	62 403	1 770	70 399	−1 097	132 802	47.0%
2009	64 512	2 109	68 938	−1 461	133 450	48.3%
2010	66 978	2 466	67 113	−1 825	134 091	49.9%
2011	69 079	2 101	65 656	−1 457	134 735	51.3%

资料来源:《中国统计摘要》,2012 年,第 40 页。

第二,加速递增。有人认为,凡是高速经济增长的地方,如日本、韩国、中国台湾等,在城镇化达到50%以后将加速,很快就达到80%左右的水平。2011年中国的城镇化程度达到了50%,也到了加速发展的时期。美国城镇化从30%到70%用了70年,日本用了40年,中国很可能用不了40年。中国城镇化率在1996年达到30%,如果中国用30年的话,大约在2025年以前城镇化率就可能达到70%。换言之,在最近几年内将出现一个城镇化的高峰。

匀速递增和加速递增的说法不能说没有道理,却忽视了就业对城镇化进程的制约。城镇化是经济增长的结果。城镇化的速度要量力而行。经济增长创造新增就业,有多少新增就业就转移多少农村剩余劳动力。农村剩余劳动力从农村进入城镇,由农业转向制造和服务业,从而提高劳动生产效率,更充分地利用社会生产资源。这是理性的城镇化进程。如果领导人头脑发热,媒体不负责任地忽悠,大批农民盲目涌进城镇,倘若他们找不到工作,势必形成贫民窟,导致严重的社会问题。

中国会不会出现城镇化加速?看起来,中国的情况很可能和日本、韩国等有所不同。城镇化是否加速,关键在于进城的农民是否能够找到工作。日本在20世纪60年代经济起飞,出口商品急剧增加,在北美和欧洲的市场份额逐步扩大,为农民进城提供了大量就业机会。在20世纪70年代,日本的工资水平上升,韩国和中国台湾填补了日本让出来的劳动力密集型产品市场。它们得到许多订单,对于这些经济体的人口规模来说,就业机会几乎是无限供给的。在1989年日本新增就业100万,韩国69万,中国台湾15万。[①] 大量出口很快就消化了农村的剩余劳动力,基本完成了城镇化。

近年来,中国每年平均新增就业1 100万,每年城镇居民都增加2 000多万。和其他发展中国家相比,这是很了不起的成绩。[②] 在2012年新增就业1 266万,创造了历史纪录。在2013年新增城镇就业1 138万。[③] 受到国内市场和国际市场的约束,想要超过这个极限,可能性不大。新增就业是限制中国

[①] 资料来源:国际劳工组织,《全球就业趋势报告,2012》,第35—36页。

[②] 2009年全球新增就业机会3 810万。中国新增就业1 180万。印度每年新增就业机会大约在50万左右。其他发展中国家,如孟加拉国、巴基斯坦、印度尼西亚等也都被就业机会所困扰。国际市场份额的竞争日趋激烈。

[③] 资料来源:"城镇就业缘何逆势创新高",《人民日报》,2014年1月24日。

城镇化速度的瓶颈。

2013年,在农村还有8 800万剩余劳动力。尽管新增就业1 138万人,在扣除700万应届大学毕业生之后,能够提供给农村剩余劳动力的就业机会恐怕只有400万左右。如果在城镇没有足够的新增就业机会,农民进城之后倘若找不到工作,他们将如何维生?在20世纪60年代,大量墨西哥农民涌进城市,导致失业率上升,出现大片贫民窟。在2000年前后的印度,相当多的进城农民找不到工作,不得不再度回乡。城镇化程度甚至有所下降。因此,在估计城镇化速度时不能照搬当年亚洲"四小龙"的经验。中国的城镇化道路任重道远,必须稳步前进。任何操之过急、无视就业、盲目扩张城镇的做法都是不可取的。

第三,减速递增。根据北京大学国家发展研究院曾毅教授的研究,如果维持现行生育政策,中国总人口在2038年将达到峰值14.8亿,然后平稳下降。由于城镇化不断提速,城镇人口比例从2000年的36.8%上升到2010年的50.3%,在2020年达到60.6%,在2030年达到73.4%。城镇人口从2000年的4.6亿逐步上升,2010年为6.7亿,2020年为8.5亿,2030年为9.9亿(见表15-9)。

表15-9 城乡人口的长期预测

年份	乡村人口	城镇人口	总计	城镇化程度
2000	79 602	46 420	126 022	36.8
2010	66 624	67 348	133 972	50.3
2020	54 976	84 624	139 600	60.6
2030	39 601	98 998	134 805	73.4
2040	27 710	107 095	134 805	79.4
2050	16 004	110 933	126 937	87.4

资料来源:曾毅、陈华帅、王正联,"21世纪上半叶老年家庭照料需求成本变动趋势分析",《经济研究》,2012年第10期。原始数据来自曾毅教授。

按照这个模型,在2000年到2010年期间,每年城镇人口增加2 092万人,2010年到2020年期间每年平均增加1 727万人,在2020年到2030年期间每年增加1 437万人,在2030年到2040年期间每年增加809万人,在2040年到

2050年期间每年增加383万人。也就是说,在城镇化达到50%之后,城镇化非但不会加速反而呈现放慢的趋势。

15.4 城镇化推高住房需求

决定城镇住房需求的主要因素包括总人口增长、城镇人口在总人口中的比例增长(也就是常说的城镇化率在增长)、人均住房面积增长、家庭规模等。影响城镇住房供给的主要因素是新建住宅数量和拆迁速度。城镇人口增加导致对住房的需求不断上升。

预测未来城镇住房需求不是一项简单的任务。房地产市场充满了不确定性。倘若遭遇金融危机,整个金融系统都会发生翻天覆地的变化。宏观环境变了,政府政策变了,一切预测都会面目全非。因此,预测都只能根据当前的状况,按照正常的发展规律往前递推。

根据历年数据通过冈博斯模型(Gompertz model)预测人均住房面积,估计在2030年城镇居民人均住房面积将达到30平方米(见表15-10)。在2011年已经拥有住房的城镇居民人均居住面积已经达到32平方米。因此,有理由相信在2030年能让所有的城镇居民都达到这个生活标准。

表15-10 新增住房需求预测

年份	城镇人口(万人)	人均住房面积(平方米)	住房总量(亿平方米)	新增住房需求(亿平方米)	折旧(亿平方米)	总需求(亿平方米)
2011	69 079	19.74	136.36	6.94	3.41	10.35
2012	70 806	20.16	142.77	6.41	3.57	9.98
2013	72 533	20.59	149.37	6.60	3.73	10.34
2014	74 260	21.03	156.17	6.80	3.90	10.71
2015	75 987	21.48	163.18	7.01	4.08	11.09
2016	77 714	21.93	170.40	7.22	4.26	11.48
2017	79 441	22.38	177.83	7.43	4.45	11.87
2018	81 168	22.85	185.47	7.65	4.64	12.28
2019	82 895	23.32	193.34	7.87	4.83	12.70

（续表）

年份	城镇人口（万人）	人均住房面积（平方米）	住房总量（亿平方米）	新增住房需求（亿平方米）	折旧（亿平方米）	总需求（亿平方米）
2020	84 624	23.80	201.44	8.10	5.04	13.13
2021	86 061	24.29	209.06	7.62	5.23	12.84
2022	87 498	24.79	216.88	7.82	5.42	13.25
2023	88 935	25.29	224.91	8.03	5.62	13.66
2024	90 372	25.80	233.16	8.25	5.83	14.08
2025	91 809	26.32	241.62	8.46	6.04	14.50
2026	93 246	26.84	250.31	8.69	6.26	14.94
2027	94 683	27.38	259.22	8.91	6.48	15.39
2028	96 120	27.92	268.36	9.14	6.71	15.85
2029	97 557	28.47	277.73	9.37	6.94	16.32
2030	98 998	29.03	287.35	9.62	7.18	16.80

资料来源：根据冈博斯模型，在居民住房人均远期稳定值为40平方米的假设下计算。

城镇居民人数有不同的估计方法，在这里采用曾毅模型的减速递增模式。显然，如果采用匀速递增或者加速递增模式，城镇居民人数将大大高于这个预测数字，对住房的需求更高。由此可见，按照曾毅模型得出的结论尚且是住房在未来出现供不应求，那么采用其他模式预测，供求缺口将更大。

按照减速递增型城镇化估算出来的城镇人口数字，如果预期在2030年城镇人均住房建筑面积达到30平方米左右，城镇住房总面积需要达到287亿平方米。和当前城镇住房总面积136亿平方米相比，尚需增加151亿平方米。需要新建的住房面积比当前全部住宅面积还多。每年城镇居民住房增量必须达到11亿到16亿平方米。2011年全国新增城镇居民住房5.92亿平方米。由此可见，建筑业的生产能力远远不能满足需求。在未来20年内房地产市场必然存在着严重的供不应求态势。供求缺口有可能进一步扩大。如果不能有效地增加城镇住房供给，很难消除房价上涨的压力。

从人均住房面积来看，2011年中国城镇居民人均住房面积还远远没有达到预期值。必须有计划地逐步增加房地产的产能，配套增加相应的钢材、水泥、建材和家电的生产能力。只有扩大内需才能持续推动经济增长，扩大内需的主战场在房地产业。中国的房地产业任重道远。种种数据说明城镇住房需求非常旺盛,要满足民众的住房需求还需要艰苦的努力,不可等闲视之。如果误判形势,在房地产政策上就可能犯战略性的错误。

15.5 居民住宅的供给能力

统计年鉴中有好几种住宅竣工面积、全社会住宅竣工面积、建筑业住宅竣工面积和开发企业住宅竣工面积。在2000年全社会住宅竣工面积远远大于建筑业住宅竣工面积。建筑业竣工面积只有全社会竣工面积的36.9%。到了2011年,建筑业的住房竣工面积已经很接近全社会的竣工面积了(见表15-11)。这说明居民(包括农民)自建住宅的比例越来越小。住宅建设专业化趋势很明显。

表15-11 住宅供给面积   （单位:万平方米）

年份	全社会竣工面积	建筑业竣工面积	开发企业竣工面积	商品房销售面积
2000	134 529	49 668	25 105	18 637
2001	130 420	57 901	29 867	22 412
2002	134 002	63 712	34 976	26 808
2003	130 161	69 039	41 464	33 718
2004	124 881	81 859	42 426	38 232
2005	132 836	89 471	48 793	55 769
2006	131 408	102 940	55 831	61 857
2007	146 283	119 325	60 607	77 355
2008	159 405	133 881	66 545	65 970
2009	184 210	151 881	72 677	94 755
2010	174 604	172 493	78 744	104 765
2011	197 452	200 749	92 620	109 367
2012	194 703	226 045	99 425	111 304

资料来源:《中国统计摘要》,2013年。全社会竣工面积数据来自第51页,建筑业竣工面积来自第140页,开发企业竣工面积来自第57页。

建筑业竣工面积中包括城镇和乡村。一般说来,房地产开发企业主要服务于城镇,因此开发企业竣工的住房面积低于建筑业竣工面积。

自 2009 年以后,开发企业竣工面积低于商品房销售面积,说明并非所有的商品房都是开发商所建。有些非房地产开发企业也建造一些商品房出售。自从 1998 年房改以来,由于不是商品房拿不到房产证,因此,绝大部分新增居民住房都被纳入商品房之内。

2005 年人口调查显示从 2000 年到 2005 年新增住房 30 亿平方米,平均每年新增住房 5 亿平方米。同期,商品房销售面积总共 19.5 亿平方米。由此可见,在 2000 年前后居民住房增量中还有相当一部分不是商品房。到了 2010 年以后,居民住房增量基本上都来自商品房。

在商品房销售面积中除了住房之外还有办公楼、商业营业用房等。由于住宅和非住宅的边界不是很清楚,根据历年数据在估计住房供给的时候假定新增加的住房是商品房销售量的 80%。

2011 年房屋建筑竣工面积为 29.2 亿平方米,其中住宅竣工面积为 18.3 亿平方米,占总房屋建筑面积的 62.6%。住宅竣工面积分城镇和农村。商品房销售面积为 10.9 亿平方米。如果商品房都算在城镇,大致算来,农村新建住宅为 7.4 亿平方米。在商品房中住房大约为 8.72 亿平方米。如果城镇住房存量面积为 140 亿平方米,按照折旧率 2% 计算,拆除旧房面积大约为 2.8 亿平方米。当年新增住房面积为 5.92 亿平方米。[①]

从城镇居民住房总需求的预测可见,在 2011 年城镇住房需求量为 10.35 亿平方米;实际供给量为 8.72 亿平方米,缺口为 1.63 亿平方米。如果城镇居民的人均住房面积在 2030 年达到 30 平方米的话,在 2015 年总需求为 11.09 亿平方米,在 2020 年为 13.13 亿平方米,在 2025 年为 14.5 亿平方米。如果不能提高住房供给能力,那么住房缺口有可能逐年扩大,带来更高的房价上涨压力。

有人说,中国城镇住房已经过剩,在详细计算房地产市场的供求关系之

---

① 按照任志强的估计,中国每年的城镇住房竣工量约为 6 亿—8 亿平方米,其中商品房不到 500 万套,非商品房约为 300 万套,合计不超过 800 万套。

前,不妨简单地做一个判断。2011年中国城镇化的比例只有51%。在2020年城镇人口为84 624万,城镇化比例为60.6%。2030年城镇人口为98 998万,城镇化比例为73.4%。[①] 如果人均住房面积为30平方米,在2020年需要253.9亿平方米。当前住房存量为140亿平方米,尚需增加114亿平方米。在2030年需要297亿平方米,和现存住房相比尚需增加157亿平方米。按照当前的速度,每年新增5.92亿平方米,无论如何也难以满足需求。除非房地产业还能获得一个大发展,否则肯定要出现供不应求的局面。怎么能说城镇住房已经过剩了呢?

由此可见,供不应求是房地产市场的长期态势。房地产建设起码还有20年以上的高速增长。只有当城市化比例达到75%以后,商品房建设的速度才能有所减缓。在此之前,如果采用行政手段抑制房地产建设,只会破坏经济规律,将房地产需求推后。

15.6 居民住房对土地的需求

一般人眼前看到的是四面八方拔地而起的住房建筑,主观上产生一个错觉,以为居民住房是侵占土地的主要原因。实际上,在2011年,全国建设供地889.9万亩,如果按照用途排名,用地最多的是工矿仓储用地(占32.3%),第二位是居民住房(占21.3%),第三位是交通运输用地(占18.7%),第四位是公共管理和服务用地(占13.4%),第五位是商业服务用地(占7.2%),第六位是水域及水利设施用地(占6.6%)(见表15-12和表15-13)。

由于居民住房的市场化程度最高,因此,居民住房对土地的利用效率最高。工矿仓储用地中包括了许多政府主导的工业园和科技园等,由于土地使用权、产权不清晰,因而土地利用效率最低。在公共管理和服务用地中,属于机场、车站、医院、图书馆的用地合情合理,可是,政府办公大楼、大广场等占地过多就未必合适了。保护耕地、保障口粮安全的重点在于提高工矿企业和仓

---

① 城镇人口预测来自曾毅教授课题组。

储用地的利用效率,限制政府新盖楼堂馆所。城镇居民的住房不仅要盖,而且要大盖、多盖。

表 15-12　国有建设供地的去向　　　　　　　　（单位:万亩）

	2006 年	2007 年	2008 年	2009 年	2010 年	2011 年
供地总量	460.2	513.0	351.3	542.5	648.8	889.9
工矿仓储用地	232.0	212.6	139.4	212.2	231.0	287.0
住宅用地	97.7	120.3	93.0	122.3	172.9	189.7
交通运输用地	27.2	30.4	25.5	68.4	73.2	166.3
公共管理与公共服务用地	44.4	49.9	39.9	65.6	79.4	118.9
商服用地	48.2	86.6	39.8	41.4	58.4	63.9
水域及水利设施用地	7.4	10.3	9.8	29.2	29.2	58.5

资料来源:《中国国土资源统计年鉴》,2012 年,第 108 页。

表 15-13　国有建设供地的构成

	2006 年	2007 年	2008 年	2009 年	2010 年	2011 年
供地总量	100.0%	100.0%	100.0%	100.0%	100.0%	100.0%
工矿仓储用地	50.4%	41.4%	39.7%	39.1%	35.6%	32.3%
住宅用地	21.2%	23.5%	26.5%	22.5%	26.6%	21.3%
交通运输用地	5.9%	5.9%	7.3%	12.6%	11.3%	18.7%
公共管理与公共服务用地	9.6%	9.7%	11.4%	12.1%	12.2%	13.4%
商服用地	10.5%	16.9%	11.3%	7.6%	9.0%	7.2%
水域及水利设施用地	1.6%	2.0%	2.8%	5.4%	4.5%	6.6%

资料来源:《中国国土资源统计年鉴》,2012 年,第 108 页。

在居民住房用地当中,普通商品住房的占比从 2006 年的 73.7% 上升到 2011 年的 82%。值得关注的是,在 2008 年以前,用于中低价位、中小套型的居民住房微乎其微。在 2009 年以后实行了限户型政策之后,中低价位、中小套型的居民住房所占比重逐渐上升,由 2009 年的 15.9% 上升为 2011 年的 25.6%。按照要求,在新建的居民小区中 90 平方米以下户型的住房应当不低于 70%。在 2011 年小户型住房用地 48.5 万亩,在普通商品住房 155.5 万亩中仅占 31%(见表 15-14 和表 15-15)。显然,小户型住房的比例还远远没有达标。只有大量增加小户型住房的比例才有利于中低收入家庭购买住房。

表 15-14　居民住房用地　　　　　　　　　　（单位：万亩）

	2006 年	2007 年	2008 年	2009 年	2010 年	2011 年
合计	97.7	120.3	93.0	122.3	172.9	189.7
普通商品住房	72.0	89.4	69.5	103.6	146.8	155.5
中低价位、中小套型	—	—	—	19.4	31.1	48.5
经济适用住房	7.9	7.6	7.7	15.5	19.9	24.4
廉租住房	—	—	—	2.1	5.1	9.2
高档住宅	0.0	0.1	0.0	1.1	1.1	0.6

资料来源：《中国国土资源统计年鉴》，2012 年，第 108 页。

表 15-15　居民住房的用地的构成

	2006 年	2007 年	2008 年	2009 年	2010 年	2011 年
合计	100.0%	100.0%	100.0%	100.0%	100.0%	100.0%
普通商品住房	73.7%	74.3%	74.7%	84.7%	84.9%	82.0%
中低价位、中小套型	—	—	—	15.9%	18.0%	25.6%
经济适用住房	8.1%	6.3%	8.3%	12.7%	11.5%	12.9%
廉租住房	—	—	—	1.7%	2.9%	4.8%
高档住宅	0.0%	0.0%	0.0%	0.9%	0.6%	0.3%

资料来源：根据表 15-14 计算。

在北京、上海、广州、深圳等大都市，房价居高不下。就是房价砍掉一半，一般工薪阶层还是买不起商品房。廉租房非盖不可。从表 15-14 中可见，在 2008 年以前，用来盖廉租房的土地几乎等于零。显然，这是一个严重的失误。可喜的是用于廉租房的土地面积逐年增加，从 2009 年的 2.1 万亩增加到 2010 年的 5.1 万亩，再到 2011 年的 9.2 万亩，呈现一个良好的上升态势。

在 2010 年以后，媒体上频频出现一个新名词——"保障房"。关于什么是保障房众说纷纭，保障房好像是个筐，类似铁路工人换班宿舍、留学生创业园、政府机关集资房等都可以往里装。这些"保障房"中有多少是用来照顾最穷的穷人的？说不清楚。好在土地审批可以透露出一点端倪。

为了照顾最穷的穷人，政府必须盖些廉租房。低收入家庭住在廉租房里，从政府发放的生活补贴中拿出一部分交房租。本来照顾穷人的社会福利补贴就很有限，交的"房租"自然很低。实际上，穷人自己是不用交钱的，他们也交不出钱来。修建廉租房有成本,却没有收益,因此,只能由政府负责,不能交给企业经营。对于地方政府来说,如果征收廉租房土地出让金,实际上是向自己收费,与其多此一举,还不如干脆免掉算了。按照国家土地政策只有廉租房可以免交土地出让金。① 因此,廉租房占用的土地数量可以清楚地告诉我们,究竟在"保障房"当中有多少是为最穷的穷人修建的廉租房。在2011年,廉租房占用的土地数量还不到全部商品房占用土地数量的5%(见表15-15)。这个比例实在太小了。从廉租房占用的土地数量可见,所谓的"保障房"在很大程度上和最穷的穷人没有什么关系。有些文章炫耀"保障房"的成绩,似乎是"挂羊头卖狗肉"。

在2011年全国经过审批用来盖廉租房的土地总共9.2万亩,占当年全部供地总量的1%。能不能在今后几年内将这个数字乘以10?即使每年使用92万亩土地盖廉租房,也不会对耕地红线产生看得见的冲击。该节约耕地的地方一定要节约,该投入的地方,例如廉租房,就一定要加大投入。

在2011年全国住宅用地只不过189.7万亩,和18亿亩耕地红线相比,不过是千分之一。有人说,盖多了住房将影响粮食生产,似乎有点言过其实。坚守18亿亩耕地红线和居民住房建设并没有不可调和的矛盾。只要能够做好规划,节约用地,为了满足各个收入水平居民的住房需求,居民住房建设还需要一个高速增长的时期。不过,特别要注意克服前段时期出现的扭曲现象,在限制豪华别墅和政府楼堂馆所的前提下,尽量为最穷的群体多盖一些廉租房,为低收入群体多盖一些小户型住宅。

---

① 修建廉租房,地方政府不仅收不到土地出让金,还要掏钱出来支付建安成本和其他费用,在财政预算吃紧的情况下,难怪许多地方政府对建廉租房缺乏积极性。

第 16 章

保护耕地,警钟长鸣

16.1 耕地总量的动态平衡

"18 亿亩耕地红线"的提法一经问世就争论不休。

有人质疑,为什么是 18 亿亩,而不是 19 亿亩或者 17 亿亩?

有人忧心忡忡,眼看着耕地数量逐年减少,进城的人越来越多,房子越盖越多,18 亿亩耕地红线守得住吗? 假若守不住,找谁问责?

有人提出,粮食安全和耕地数量没有必然的联系。不能把我们的粮食政策建立在饥荒随时随地都可能发生的假定上。①

2013 年 5 月 27 日,《中国证券报》登载了一则消息,在中国金融四十人论坛上发布了由国家发改委规划司司长徐林等人撰写的课题报告《土地制度改革与新型城镇化》。报告主张大幅扩大城镇建设用地规划,改变严守耕地红线的思路。马上就有人批评说:"放弃耕地红线不影响粮食安全的说法,实际上是理论上很丰满,现实却很骨感。"②

2013 年年底,公布了第二次全国土地调查结果,耕地总量为 20.3 亿亩。消息一出,又是一片哗然。有人说,既然耕地多出来 2 亿亩,还要 18 亿亩耕地

---

① 参见茅于轼、赵农、杨小静等的《耕地保护与粮食安全》报告。
② 参见《财经》,2013 年 12 月 9 日,第 80 页。

红线干什么?

看起来各持一端,实际上大家的目标都是保证中国的粮食安全。区别在于为了保证粮食安全,有没有必要设立18亿亩耕地红线。

其实,无论耕地数量是18亿亩,还是更多或更少,绝大部分耕地都被正常耕种、充分利用了。只要占用、毁损、减少的耕地数量少于开荒、节约出来的耕地,当前中国不缺口粮,今后也没有问题。

不妨把耕地总量 N 当作一个黑盒子。耕地数量有增有减。每年减少的耕地主要是灾害毁损的耕地 N_a、建设占用 N_b。每年增加的耕地主要来自土地整治和开荒 N_1;由于单产不断增加而腾出来的耕地 N_2;由于进城农民获得市民待遇而腾出来的宅基地(主要是菜园)N_3;由于集约用地而节省出来的基本建设占地 N_4;由于改善粮食仓储系统减少粮食损耗而节省出来的耕地 N_5。显然,只要能够做到

$$N_1 + N_2 + N_3 + N_4 + N_5 > N_a + N_b$$

就可以实现耕地的占补平衡。

根据2011年的数据,灾害毁损耕地37万亩,基本建设占用土地890万亩。[①] 总计耕地减少927万亩。

2011年土地整治、开荒增加耕地525万亩。由于稻谷、小麦和烟草的播种面积减少716万亩,按照1∶1.33的比例折算,相当于耕地538万亩。两项相加,共计1 063万亩。仅此两项就大于耕地减少的数字,可以基本实现耕地占补平衡。

在建设用地中大头是工矿仓储用地,在2011年为287万亩。如果缩减各类开发区用地,提高土地利用效率,起码可以节省下来100万亩。

从许多城市的实际情况来看,类似市政府大楼、市中心广场等公共管理和服务建筑已经基本建成。在许多省市公共服务建筑的修建高潮已经过去。中央政府在2013年发出通知,在最近几年内停止修建政府的楼堂馆

---

① 基本建设用地当中并非全部是耕地,在2011年审批用地917.5万亩,其中农用地转用615.8万亩,在农用地当中耕地379.5万亩(见表5-2)。为简单起见,在这里全部计为耕地。

所。政府主导的公共管理、服务用地 119 万亩,完全有可能砍下一半,节约 66 万亩。

如果严格控制工矿企业和仓储用地,减少公共管理和服务用地,完全有可能把城市建成区的增长速度降下来,做到和城镇居民人口增长等速。在 2011 年城市建成面积 6 540 万亩。按照过去 10 年内的平均增长速度(7.41%),每年扩张 484.6 万亩。如果将城市建成面积的扩张速度控制在与人口增长率等速(3.97%),只需要扩张 259.6 万亩。也就是说,实行集约式城市建设,每年大约可以节省 225 万亩。

如果给进城的农民工各种城镇居民的福利待遇,要求他们把家乡的菜园重新计入耕地,每年估计可以增加耕地数量 114 万亩。

应当指出,节约耕地的数量和农民工归还家乡菜园的数量是不确定的。工作力度大,可能多一些;工作力度小,数字就少一点。只要能够抓住农田整治、开荒和粮食单产增加这两项,就有可能做到耕地数量的动态平衡。

通过粮食仓储系统改革,估计每年可以节省 793 万吨粮食,相当于 5 819 万亩耕地的产量。相对于全国 20.3 万亩耕地来说,这是一个举足轻重的大数字。

如果进一步扩大粮食进口,可以置换出大量耕地。进口粮食的原则是保证口粮百分之百自给,允许工业用粮全部进口,一部分饲料(如 1%、2% 乃至 10%)进口。是否进口饲料和工业用粮还要看国际市场与国内市场的差价,以及国际市场供给的可能性。从模拟的结果来看,进口替代可能置换出 1 亿—2 亿亩耕地(见表 16-1)。显然,进口替代国内粮食生产为我们提供了一个新的更为广阔的思路。进口粮食替代并不意味着改变这些耕地的农业用途。置换出来的耕地也许什么都不种,撂荒,保护水资源和土地资源。

第 16 章 保护耕地,警钟长鸣

表 16-1 耕地调整量综合 （单位:万亩）

			耕地变化量	合计
耕地减少				-927
	N_a 灾害毁损		-37	-37
				-890
	N_b 建设占用	工矿仓储用地	-287	
		商业和服务业用地	-64	
		住宅	-190	
		公共管理和公共服务用地	-119	
		交通用地	-166	
		水利用地	-59	
耕地增加				1 521
	N_1 土地整治		525	525
	N_2 增产节省耕地		538	
		稻谷(播种面积)	190	
		小麦(播种面积)	501	
		烟草(播种面积)	25	
	N_3 宅基地		114	114
	N_4 集约节省	工矿仓储用地	100	100
		公共管理与公共服务用地	66	66
进口置换	N_5	方案一		19 278
		方案二		19 675
		方案三		20 073
		方案四		20 470
		方案五		20 868
		方案六		22 856
		方案七		24 844

虽然 18 亿亩耕地红线的提法并不准确,但是维持这个提法有益无害。18 亿亩耕地红线不仅仅是一个数字概念,更重要的是提醒大家关注保护耕地资源,关注粮食安全。中国人多地少,土地资源异常宝贵。一定要警钟长鸣,节约用地。总之,只要我们政策对头,措施到位,保护土地资源的前景是乐观的,

将耕地数量保持在18亿亩以上是完全有可能的。

16.2 抑制土地财政的冲动

2012年,全国土地出让金高达2.69万亿元,相当于同期全国地方财政总收入的40%以上。土地出让金在地方财政收入中的比重不断上升。有些县市的土地出让金收入超过了预算外财政收入的50%。在现行财税体制下,由于中央和地方的财权、事权不相匹配,地方政府为了实现工业化和城镇化的政绩,不得不依靠出让土地取得资金。2012年以来,地方政府的融资平台进入偿债高峰,而经济增速回落,税收下滑,地方政府,特别是县、市两级对土地财政的依赖程度愈发严重。一些地方政府通过变更规划或先占后补等手法"切香肠",逐步蚕食,将基本农田转换成非耕地,再摇身一变,变成可以招拍挂的住房建设用地。

江西省政协副主席陈清华指出:"如今到基层所过之处,几乎都是工地,到处都是征地拆迁。有的县少的卖地几个亿,多的十几二十个亿。中部很多地区甚至只有四五个亿的税收,却有十个亿的土地收益。"他担忧地表示,自从十八大提出要大幅度提高农民征地补偿标准后,地方反而趁势而上,掀起了近乎疯狂的土地收储热潮,都想赶在新政出台前低价获取农民的土地。"这样下去,耕地侵占只会增加,难以减少。"

国务院发展研究中心农村经济研究部部长徐小青说,就目前各地调研看到的情况,地方政府现实利益太大,18亿亩的"红线"坚守困难。"地方政府迫于财政压力,特别是粮食主产区的地方政府也日益面临财政增收压力,对守住红线担负国家粮食安全的责任意识逐渐淡漠。"[1]

保护耕地的要害在于规范地方政府行为。必须既治标又治本。需要尽快全面推动税制改革,分清中央政府和地方政府之间的权责,把房产税作为地方政府的主要财源。从源头上断绝地方政府靠卖地谋财的念头。

---

[1] 参见《财经》,"中国粮食安全报告",2013年12月9日。

16.3 耕地质量不容忽视

众所周知,在城镇化过程中新建的居民区、工业园区等大多在城镇周边,占用的土地大部分是优质良田。可是,新开垦的土地大部分位置偏远,土质、水利、耕作条件都比较差。强调耕地数量上占补平衡很重要,如果"占优补劣"很可能导致耕地质量下降。

中国土地勘测规划院土地研究所研究员刘康调查发现,近年来不少省份的耕地资源越来越少,占补平衡越来越难,只能被迫开发边界土地。粗略估计,我国每年占用耕地中一半是水田,而补充的耕地中水田不到20%。欠发达地区承担发达地区的造地任务,为获取指标交易费与实际造地之间的巨额差价,甚至破坏本地生态将耕地造在山上,实际上根本不能耕种。

有些专家提出从保证实物耕地总量红线转向保证以产量加权的土地当量红线,实现全国范围内的土地占补平衡。所谓的"当量",即占用耕地和补充耕地在产出能力及质量上要平衡,不是说占一亩就简单补一亩,而是以占用土地的产出能力为依据,补充的土地产出能力也必须与之平衡。换言之,占用一亩土地如果一年产粮食1 000公斤,补充的一亩土地如果一年只能产500公斤,那么就需要补充两亩地。这些都是很有见地的好主意。[①]

16.4 因地制宜,群策群力,保护耕地资源

近年来涌现出了许多节约集约用地的先进典型。

据《瞭望》2013年9月23日报道:从2009年起,广东省开展了大规模的旧城镇、旧村庄、旧厂房"三旧"改造活动。据初步调查,广东全省共有"三旧"改造用地360.5万亩,其中旧城镇83万亩,旧村庄144.5万亩,旧厂房133万亩。三年多来,共盘活再利用"三旧"用地21.7平方公里,平均节地率达

---

① 参见《土地制度改革与新型城镇化》,中国金融40人论坛课题报告。

67%,增加公共服务用地4.7平方公里,建筑密度降低35%以上,绿地率大幅提高。预计未来五年改造25万亩,按42%的节地率计算,通过"三旧"改造可挖掘出10.5万亩的用地潜力。建设用地一度高度紧张的广东,开展节约集约用地试点以来,全省每新增亿元GDP所需新增建设用地量逐年下降,单位面积产值逐年提高。2012年全省每平方公里建设用地第二、第三产业增加值为2.86亿元,比2008年增长了52%。

从2012年以来,浙江通过淘汰落后产能,共腾出土地资源12 744亩。推进低效利用建设用地二次开发、加快闲置土地处置。全省盘活存量建设用地约6.04万亩,超额完成年度目标任务的200%。

从全国来看,一些地区积极探索存量建设用地挖潜、提高增量土地利用效率等土地节约集约利用模式。

第一,从未利用地中"补"地。宁夏回族自治区吴忠市和甘肃省白银市等地按照"工业项目上山"的思路将工业用地指标调整到未利用的荒地荒坡,鼓励上山占用荒山、荒沟、荒草地。

第二,从存量土地中"要"地。福建省永春县、河北省黄骅市、武汉经济技术开发区等地采取协议收回、作价收购、调整置换、投资入股等方式,积极盘活存量土地,提高土地利用效率。

第三,从建设项目中"抠"地。宁夏回族自治区吴忠市和甘肃省武威市凉州区等地通过强化建设用地审批前后的监管,严把建设项目用地"入口"关,完善土地市场动态监测制度,提高了政府对土地市场的调控能力。

第四,从土地开发整理项目中"造"地。各地积极探索土地整理的新机制,努力优化土地利用布局和结构,依法从严从紧管理土地。江西省上高县对村庄内未利用的废水塘和低洼地进行改造、平整后解决一些村庄宅基地,把腾出的宅基地复垦成耕地。山东省兖州市大力实施土地开发整理复垦,向采煤塌陷区"要地"。①

任何时候都不要小看农民的创造力。人们一般认为,在经济发达的长江

---

① 引自《瞭望》杂志2013年各期的报道。

三角洲,人多地少,几乎不可能再通过整治来增加耕地了。在江苏昆山考察时,我们亲眼看到了农民新建的万亩良田。锦溪镇的三个农地合作社在2012年联合组建了长云农场,入股农民3926人,流转耕地4840亩。通过高标准的土地整治,新增农田占补用地指标600多亩。实现了农机、资金、技术、劳动力的优化配置。农田集中规划,服务集中支持,生产集中管理。实行了核定工时、核定产量、节本增效、超产奖励的包工定产机制。将分散、凌乱的小片农田整理成规范整齐的大片稻田。田容田貌焕然一新。2013年土地经营收益净增480万元。

在我国2.6亿农户当中,从事商品粮生产的农户不到40%。许多地方的粮食生产还停留在30年前的家庭承包责任制状态。昆山的经验告诉我们,若要集约使用土地、提高耕地使用效率,就要打破旧的生产结构,培育新的经营主体,促进农村劳动力分工分业,培养职业化农民。根据各地的具体情况,因地制宜,建立、健全家庭农场、合作社和农业企业等新型经营主体。构建所有权、承包权和经营权"三权分立"的新型农地制度。稳定集体所有权,保障农户承包权,用活耕地使用权。完善集体所有、农户承包、多元经营的农地制度。只有允许土地流转,集中使用土地才能更有效地提高土地使用效率,通过整治土地,增加耕地数量。务必要把政策扶持的重点放在新型农业经营主体上,加快构建新型农业经营体系。

昆山地近上海,人烟稠密。既然昆山能够通过挖潜、改造增加耕地,其他地方也一定能够做到。在保护耕地的问题上,任何悲观、无所作为的观点都是没有根据的。

16.5 建立保护耕地的长效机制

保护耕地资源往往遇到地方政府与农民短期利益和长期利益之间的矛盾。一些地方在经济发展和资源利用上,目光不够长远,重视当前收益,忽视长远规划,重局部、轻全局。因此,需要有顶层总体制度设计和配套政策,推进节约集约用地。

许多地方结合当地的实际情况,制定了资源节约集约利用的制度体系。例如,北京市构建了"规划管控、计划调节、标准控制、市场配置、政策鼓励、监测监管、考核评价、共同责任"制度体系,出台了一系列规范性文件。山东省国土资源厅成立了推进节约集约制度建设工作协调小组,具体负责组织实施节约集约用地制度研究和制定工作。湖北省政府出台了《关于促进全省节约集约用地的若干意见》,推进土地资源节约集约利用。江苏省昆山市、山东省高密市、武汉经济技术开发区、石河子开发区等地建立基本建设项目土地使用制度,设置项目准入门槛。江苏省江阴市实施节约集约用地"十八法"。湖北省咸宁市崇阳县设立"用地超市"整合用地资源,将节约集约利用土地纳入乡镇领导干部的实绩考核。浙江省的"土地集约利用评价"综合指数包括经济利用强度和人口利用强度、用地弹性、经济增长耗地和土地利用管理绩效四项层次指标,在干部政绩考核中的权重不亚于人均GDP。

不仅要建立各种保护耕地的规章制度,还要配套相应的监管机制。河北省清河县建立了七个土地执法监察分队,搞好土地动态巡查。对违法占地进行严肃查处,排除隐患。①

土地的粗放利用反映了制度建设的缺陷。迫切需要通过土地制度改革,优化土地资源配置,促进土地利用方式转变,从而改变城市发展方式乃至经济发展方式。

在深化经济体制改革的过程中要进一步解放思想,探讨农田产权归属,稳健地进行土地私有化试点,逐步摸索出一套适合国情的土地产权制度。既然城镇居民在1998年的房改中可以把"公房"的产权私有化,从而开辟了今天的房地产市场,为什么农民就不可以拥有世代耕种的耕地产权?有人说,如果实施土地私有化,就会导致两极分化,大量农民丧失土地,无以为

---

① 有关各地集约用地的综合报道参见《瞭望》,2013年9月23日。

生,天下大乱。这种说法值得斟酌。世界上大部分国家都实行土地私有化制度。我们的亚洲邻国几乎都允许农民拥有自己的土地产权。关键在于是否有一套合理的制度来保障农民的利益和社会稳定。制度创新是深化经济改革的关键所在。当然,土地制度事关重大,急不得。不妨让各种观点相互碰撞,百家争鸣,通过学术讨论,先摸出一个思路,再通过试点,摸着石头过河。

参考文献

Appenzeller(2004), "The End of Cheap Oil", National Geographic, June.

Gilmore, R. (1982), *A Poor Harvest—The Clash of Policies and Interests in the Grain Trade*, Longman, New York and London.

Kuznets, Simon (1955), "Economic Growth and Income Inequality", *The American Economic Review*, Vol. 45, No. 1.

Li Xin and Dianqing Xu(2013), "Clarification of Misled Data, Overestimated Per-capita Housing Area", *China Economic Journal*, Vol. 6, June-October, pp. 134—151.

Olson (1982), *The Rise and Decline of Nations: Economic Growth Stagflation and Social Rigidities*, New Haven, Yale University Press.

Paarlberg, R. (2000), "The Weak Link Between World Food Markets and World Food Security", *Food Policy*, Volume 25, Issue 3, June.

Senator Robert P. Casey in Senator Richard G. Lugar(2008), "A Call for A Strategic U. S. Approach to The Global Food Crisis", A Report of the CSIS Task Force on the Global Food Crisis Core Findings and Recommendations, July.

Werleigh (1995), "The Use of Sanction in Haidi: Assessing the Economic Realities", in Cortright and Lopez (ed.) *Economic Sanctions: Panacea or Peace Building in a Post-cold War World*, Westview Press.

Winters(1990), "Digging for Victory: Agricultural Policy and National Security", *The World Economy*, Vol. 13.

Woodward(1995), "The Use of Sanctions in Former Yugoslavia: Misunderstanding Political Realities", in Cortright and Lopez (ed.) *Economic Sanctions: Panacea or Peace Building in a Post-cold War World*, Westview Press.

陈盼等,"2013年玉米小麦供需分析及替代研究",《饲料广角》,2013年第13期。

陈锡文,"是否小康,得看老乡",《人民日报》,2013年11月19日。

陈义龙,"抓住生物能源的发展机遇",《人民日报》,2013年7月15日。

丁宁、徐滇庆,"人口扰动与就业压力",《数量经济技术与经济研究》,2006年第11期。

丁声俊,"中国书写世界粮食传奇",《人民日报》,2013年1月22日。

樊胜根、M.A.萨姆比拉,"21世纪的中国粮食供求,基本预测和政策建议",美国农业经济学会论文,1997年。

钢联咨询,"我国燃料乙醇发展状况及展望",2012年11月20日。

国家统计局,《中国农村统计年鉴,2012》,中国统计出版社,2013年。

国家统计局,《国际统计年鉴》,2013年。

国家统计局,《中国统计年鉴》,2013年。

国土资源部,《2005年土地变更调查报告》。

韩俊,《破解三农难题》,中国发展出版社。2008年。

惠宁,《中国农村剩余劳动力转移研究》,中国经济出版社,2007年。

黄祖辉等,《农业现代化:理论、进程与途径》,中国农业出版社,2003年。

胡坚,《张培刚传》,生活·读书·新知三联书店,2013年。

胡小平等,"2020年中国粮食需求结构分析及预测",《中国农村经济》,2010年第6期。

卢锋,"我国粮食供求与价格走势(1980—2007)——粮价波动、宏观稳定及粮食安全问题探讨",北京大学中国经济研究中心讨论稿,2007年12月。

卢锋,"中国农业革命(1978—2012)——大国城镇化的前提条件",北京大学国家发展研究院"中国经济观察第32次报告会"。

卢锋,"我国粮食贸易政策调整与粮食禁运风险评价",北京大学中国经济研究中心讨论稿,1997年8月。

聂振邦,《中国粮食发展报告,2005》,经济管理出版社,2006年。

秦兴方,《农村劳动力转移的次序》,社会科学文献出版社,2005年。

萨克斯,《贫穷的终结:我们时代的经济可能》,上海人民出版社,2007年。

宋伟、陈百明、杨红、陈曦炜等,"我国农村宅基地资源现状分析",《中国农业资源和区划》,2008年第3期。

陶然,"土地制度改革是新型城镇化的突破口",《比较》,2013年第15期。

天则经济研究所,《粮食安全与耕地保护》,2008年。

托达罗,《经济发展与第三世界》,中国经济出版社,1992年。

王绍光,"大豆的故事——资本如何危及人类安全",《开放时代》,2013年第3期,第87页。

王小鲁,"灰色收入与居民收入差距",《比较》,2007 年第 31 期。

王宏广,《中国粮食安全研究》,中国农业出版社,2005 年。

王仁贵,"破解新一轮谷贱伤农难题",《瞭望》,2013 年 6 月 10 日,第 9 页。

温铁军,《三农问题与世纪反思》,三联书店,2003 年。

吴敬琏,《吴敬琏自选集》,山西经济出版社,2006。

徐滇庆,《国际贸易、税制与经济改革策略》,中国社会科学出版社,1997 年。

徐滇庆、柯睿思、李昕,《终结贫穷之路》,机械工业出版社,2009 年。

徐滇庆、李昕,《经济命脉系三农:深化农业结构改革》,机械工业出版社,2010 年。

徐滇庆、李昕,《看懂中国贫富差距》,机械工业出版社,2011 年。

徐滇庆、王直、李昕,《从外贸顺差到汇率之争》,北京大学出版社,2013 年。

徐滇庆,《房产税》,机械工业出版社,2013 年。

徐滇庆、李昕,《房地产供求和保障》,机械工业出版社,2014 年。

尹成杰,《粮安天下:全球粮食危机与中国粮食安全》,中国经济出版社,2009 年。

曾毅、陈华帅、王正联,"21 世纪上半叶老年家庭照料需求成本变动趋势分析",《经济研究》,2012 年第 10 期。

张培刚,"新型发展经济学的由来和展望",《经济研究》,1991 年第 3 期。

张培刚,《农业国与工业化:农业国工业化问题再论》,华中科技大学出版社,2002 年。

张雪莲,"发展燃料乙醇对我国玉米生产和贸易的影响",《生态经济》,2013 年第 5 期,

中国科学院国情分析研究小组,《两种资源,两个市场:构建中国资源安全保障体系研究》,天津人民出版社,2001 年。

中国科学院国情分析研究小组,《农业与发展,21 实际中国粮食与农业发展的战略研究》,1997 年。

中国农业部,《中国农业发展报告,2012》。

周立,《粮食战争》,机械工业出版社,2008 年。